KEIN STRESS!

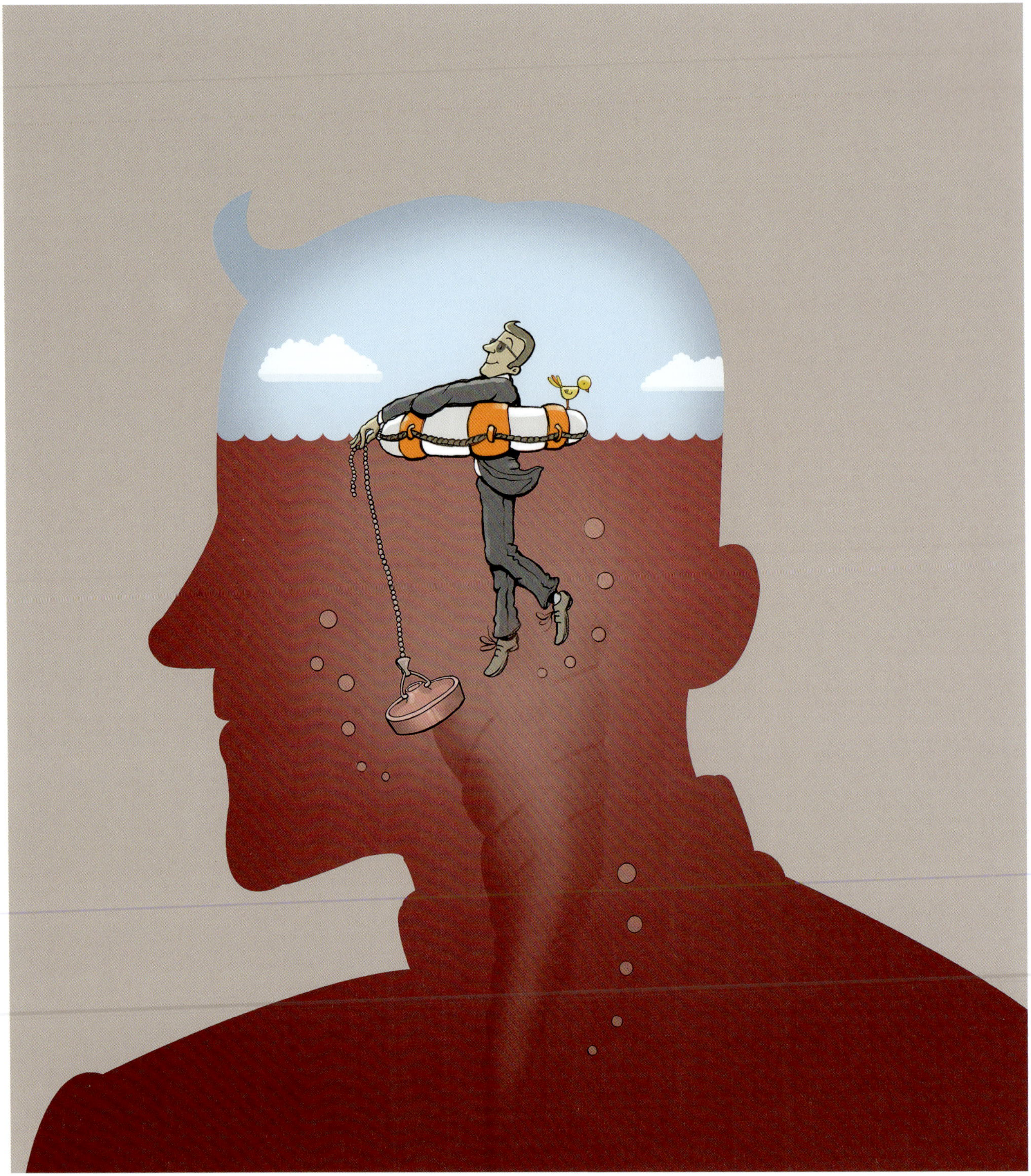

MATTHEW JOHNSTONE & DR. MICHAEL PLAYER

KEIN STRESS!

WIE SIE STRESS UND ANGSTGEFÜHLE BEWÄLTIGEN UND GELASSENER WERDEN

AUS DEM ENGLISCHEN VON VIOLA KRAUSS

KUNSTMANN

*Die Last wird leicht,
wenn mit Geschick man sie trägt.*

OVID

Für unsere Familien,
unsere Freunde und
alle Gestressten dieser Welt.

KEIN STRESS!
RIESEN-STRESS?

STRESS
WEG!

INHALT

Unsere Geschichten vom Stress

von Matthew Johnstone

Früher hatte ich welliges dunkelbraunes Haar, heute sehe ich ungefähr so aus wie eine Zigarette, deren Asche jeden Moment weggeschnipst wird. Zum Teil liegt das an meinen Genen und am Älterwerden, doch Tatsache ist, dass mein Haar im Lauf eines bestimmten Jahres Mitte dreißig die Farbe verloren hat – dank des unerbittlichen, wachsenden Stresses, den ich mir größtenteils selbst machte.

Nachdem ich etwa drei Jahre lang als Art Director in der Werbung gearbeitet hatte, wusste ich, was es heißt, wirklich gestresst zu sein. Ein Teil des Problems war mein Job. Der andere mein Perfektionismus. Ein bisschen Perfektionismus ist nicht schlecht, genau wie ein bisschen Stress auch. Er lässt uns stolz auf unsere Arbeit sein, motiviert uns und bringt unsere Stärken zum Vorschein. Problematisch wird es, wenn er alles bestimmt. Ich legte die Latte derart unerreichbar hoch, dass mich sämtliche Arbeitsergebnisse enttäuschten und ich meinen Kolleginnen und Kollegen nichts mehr zutraute. Keineswegs war ich der beste Art Director der Welt, aber ich nahm die Sache verdammt ernst – denn »man darf sich nicht auf seinen Lorbeeren ausruhen«.

Ich weiß noch genau, wie meine Schlafstörungen begannen. Es fühlte sich an, als ob elektrisch geladene Drähte durch meine Arme liefen, und eine Zeit lang blitzte es in meinen Augenwinkeln immer wieder stroboskopisch auf. Mittlerweile weiß ich, dass Stress sich auf viele verschiedene Arten äußern kann, und dass permanenter, nicht nachlassender und unbehandelter Stress unweigerlich beträchtliche psychische Erkrankungen wie Depressionen oder Angststörungen nach sich zieht. Und für unsere körperliche Gesundheit ist er auch nicht gerade förderlich. Einer meiner Brüder arbeitet als Psychiater, ein anderer hat Psychologie studiert, also hätte ich es wirklich besser wissen sollen. Aber ich bin ein Mann, hatte ein großes Ego und arbeitete in der Werbebranche, also drückte ich meine Gestresstheit weg und ertränkte sie in Arbeit, Alkohol und Freizeitdrogen. Das nahm den Druck weg und linderte die Qual, aber nur zeitweilig. Weil ich nicht auf mich geachtet hatte, war ich am Ende entsetzlich deprimiert. Seither widme ich mein Leben dem Thema psychische Gesundheit und versuche, anderen zu zeigen, wie sie nicht in die gleiche Falle geraten wie ich. Denn ich denke: Vorbeugung ist die beste Therapie.

Das vorliegende Buch enthält viele wichtige Infos des klugen Psychologen Dr. Michael Player, der sich allem, was mit Stress zu tun hat, mit größter Leidenschaft verschrieben hat. Viele Jahre lang hat er das Phänomen Stress als praktizierender klinischer Psychologe sowie als Wissenschaftler erforscht. In diesem evidenzbasierten Buch erklären wir, was genau Stress ist, und was dazu beiträgt, ihn zu lindern. Dazu gibt es jede Menge Bilder von mir, damit während des Lesens kein Stress aufkommt. Hier und da erzähle ich Geschichten aus meinem eigenen Leben, über Stress und andere Katastrophen. Diese »Kurzen Lektionen in Sachen Stress« bilden hoffentlich eine gute Ergänzung zu Michaels erhellenden Ausführungen.

Wenn Stress in Ihrem Leben eine große Rolle spielt, sollten Sie ihn nicht ignorieren und hoffen, dass er von alleine weggeht. Abschaffen können wir den Stress nicht, so schön es auch wäre. Aber wir können lernen, damit umzugehen, ihn zu verringern … und mit ihm zu tanzen. Betrachten Sie den Stress als ein eingebautes Alarmsignal dafür, dass in Ihrem Leben nicht alles in Butter ist. Betrachten Sie ihn als Verbündeten: Hören Sie ihm gut zu, und dann ändern Sie in aller Ruhe ein paar Dinge und schalten einen Gang herunter.

Kein Stress! Ich hoffe sehr, dass Ihnen dieses Buch dafür die richtigen Anregungen gibt.

von Dr. Michael Player

Da ich mich sowohl wissenschaftlich als auch praktisch mit geistiger Gesundheit beschäftige, bekomme ich einen sehr speziellen, genauen Einblick, welche Folgen Stress für unseren Geist, unseren Körper und unser Verhalten hat. Ich habe den biologischen Auswirkungen permanenten Stresses nachgeforscht: Er zerstört Zellen und lässt wichtige Hirnregionen schrumpfen und verkümmern. Und ich hatte Menschen in Behandlung, die derart gestresst waren, dass sie weder essen, schlafen, sich konzentrieren noch Entscheidungen treffen oder ihrer Arbeit nachgehen konnten. Manche waren nicht einmal in der Lage, das Haus zu verlassen.

Ich habe selbst erfahren, dass wir mithilfe bestimmter Techniken funktionierende Strategien für unser Wohlergehen entwickeln, auf diese Weise zu guter Gesundheit zurückfinden und ein ausgeglichenes Leben führen können. Diese Techniken stellen wir Ihnen hier vor. Wir statten Sie mit einem Bewusstsein für die Auslöser und Symptome Ihres Stresses aus und unterstützen Sie dabei, eine tragfähige Strategie zu erarbeiten, wie Sie besser mit Stress umgehen können, um sich wieder lebendig und gut zu fühlen!

Seit unserer gemeinsamen Arbeit für das Black Dog Institute sind Matthew und ich dicke Freunde, tauschen Gedanken und schlechte Witze aus und treten manchmal miteinander auf. In meine Vorträge baue ich gern Matthews Illustrationen ein, und die Leute lassen mich jedes Mal wissen, wie sehr diese Bilder sie berühren und wie viel es ihnen bedeutet, dass jemand genau weiß, was sie durchmachen. Matthew ist ein außerordentliches Talent, dessen Arbeiten mich stets aufs Neue inspirieren und erstaunen, und für mich ist es eine große Ehre, seine Illustrationen mit Worten begleiten zu dürfen.

Stress hat bei mir immer wieder zu Sorge und Angst, innerer Unruhe, Trauer und sogar Depressionen geführt. Bei vielen wichtigen Lebensentscheidungen und Bewältigungsmechanismen stand der Stress, den ich zu dieser Zeit empfand, im Mittelpunkt. Ich hatte eine Reihe stressiger Jobs – ich arbeitete in gefährlichen Funktionen auf Baustellen (um mir das Geld für die Uni zusammenzusparen), als Börsenmakler und Händler für Termingeschäfte in den volatilen Märkten der Neunziger- und frühen Nullerjahre sowie in fordernden Unternehmen mit übereifrigen, aber ahnungslosen Leitungsteams. Lange Zeit haben diese stressigen Jobs meine Gesundheit ernsthaft beeinträchtigt und mich dazu gebracht, mein Elend mithilfe der üblichen Verdächtigen verringern und verscheuchen zu wollen.

Den größten Stress aber erlebte ich während des Studiums meiner wahren Liebe – der Psychologie. Eigentlich hätte das die reine Freude sein sollen, aber mein selbst geschaffener innerer Druck brachte mich dazu, meinen Master zu machen, während ich gleichzeitig an meiner Doktorarbeit schrieb und Teilzeit (heißt: Vollzeit!) am Black Dog Institute arbeitete. Nie hatte ich so viel zu tun wie damals, und um ehrlich zu sein, zerbrach ich daran irgendwie.

Etwas hat sich während dieser Zeit in mir verschoben, und ich war danach ein anderer als zuvor. Ich musste sogar einen zweiwöchigen »Notfall«-Urlaub einlegen, um wieder auf die Beine zu kommen. Damals bekam das keiner mit, aber mir ging es wirklich schlecht.

Meine umfassende Kein-Stress!-Strategie, die mit den besten Techniken zur Stressbewältigung arbeitet, wird Sie nicht gegen Stress immunisieren können. Aber sie hilft Ihnen, die Symptome in den Griff zu kriegen, bis Sie irgendwann wissen, worauf es wirklich ankommt. Kleiner Tipp: Ihre Gesundheit.

Ich hoffe, dieses Buch wird Sie dabei unterstützen, Ihre persönlichen Erfahrungen zu nutzen und eines zu lernen: Kein Stress!

IHR MANTRA FÜR DIESES BUCH:

Wenn nicht jetzt, wann dann?

Einleitung

»Nicht der Stress bringt uns um, sondern unsere Reaktion darauf.« HANS SELYE

Hans Selye, der Vater der Stressforschung, hat Stress im Jahre 1936 – in einer Zeit, als dieser noch nicht als Ursache für viele Krankheiten unserer Zeit erkannt war – folgendermaßen definiert: »Die unspezifische Reaktion des Körpers auf jegliche Anforderung.« Später änderte er seine Definition von Stress als den »Anteil an Belastung und Verschleiß«, was meiner Meinung nach besser umschreibt, wie wir uns nach einer Stressperiode fühlen: müde, alt und zerschlagen.

Beginnen wir mit einigen vernichtenden Daten. Stress gilt inzwischen als einer der entscheidenden auslösenden Faktoren für *nahezu alle ernsten Erkrankungen* sowie für fünf der sechs häufigsten Todesursachen – Herzleiden, Krebs, Schlaganfälle, Erkrankungen der unteren Atemwege sowie Unfälle. Je nachdem, welche Studie wir zurate ziehen, ist Stress für 75 bis 90 Prozent unserer Besuche beim Allgemeinmediziner verantwortlich. Und die Weltgesundheitsorganisation WHO schätzt, dass stressbedingte psychische Erkrankungen, u. a. Depressionen und Angststörungen, bald noch weiter verbreitet sein und Herz-Kreislauf-Erkrankungen als Ursache Nummer 1 für Erwerbsunfähigkeit im Jahr 2030 überholt haben werden. Ganz schön alarmierend, finden Sie nicht auch?

Wenn Stress uns derart schlecht bekommt, sollten wir uns einfach davon fernhalten! Leider hat die Forschung gezeigt, dass die fünf Hauptstressoren (Dinge, die uns Stress verursachen) unsere finanzielle Situation, unsere Gesundheit, Beziehungen, das Führen eines gesunden Lebenswandels sowie die Gesundheit unserer Liebsten sind. Wer kann denen schon entkommen?

Je mehr Stress wir erfahren, desto mehr wird zudem unser Stresspfad (eine bestimmte Kombination miteinander verbundener Zellen im Gehirn) getriggert, und desto wahrscheinlicher ist es, dass wir mit wenig konstruktiven Taten und Gedanken reagieren, die uns nur noch mehr stressen. Je öfter dieser neuronale Pfad aktiviert wird, desto mehr verfestigt er sich im Lauf der Zeit. Das heißt, er lässt sich durch immer niedrigschwelligere Ereignisse triggern – was zu Überreaktionen führen kann (man nennt das »Stress-Sensibilisierung«). Das können wir tagtäglich beobachten: Leute, die völlig ausrasten, weil sie einen Bus verpasst oder Kaffee verschüttet haben. Obwohl der Auslöser an sich also nicht weiter dramatisch ist, muss man mit noch einer weiteren Sache klarkommen, und in der Summe wird es dann irgendwann zu viel.

Sobald wir Stress als unvermeidlichen Bestandteil des Lebens akzeptieren, der sich nicht einfach an- und abstellen lässt wie ein Wasserhahn, können wir lernen, damit umzugehen (aus der Welt schaffen können wir ihn nicht). Dieses Buch zeigt Ihnen, wie. Es gibt ein paar einfache Regeln dabei: Hören Sie nicht auf Ihren Verstand! Probieren Sie alles aus und schauen Sie, was für Sie passt. Nehmen Sie sich jetzt etwas Zeit und bemühen Sie sich darum, die besten Methoden zu erlernen, um Ihr Verhältnis zum Stress in den Griff zu bekommen – denn dieses Verhältnis ist eines, das Ihnen bleibt.

Alle Techniken in *KEIN STRESS!* habe ich auf ihre Wirksamkeit erprobt. Jede ist in gewisser Weise nützlich, doch welche für Sie persönlich die richtigen sind, finden Sie nur durch Ausprobieren heraus. Sie können sich nicht vorstellen, wie viele große, bullige LKW-Fahrer es gibt, die nach einem langen Tag auf der Autobahn nichts lieber tun, als sich auf einer Wolke schwebend zu imaginieren und sich dabei zu entspannen. Legen Sie sich während des Lesens ein **NOTIZBUCH** zurecht, damit Sie festhalten können, was Ihnen wichtig erscheint oder Sie inspiriert. Das, was wir zu Papier bringen, setzen wir nämlich eher in die Tat um.

Auf ein weniger gestresstes Leben! Gehen Sie es an, haben Sie Geduld und bleiben Sie dran. Sie sind es sich wert, und Ihr zukünftiges Ich wird es Ihnen danken!

WICHTIGE BOTSCHAFT DER AUTOREN

Wunderbar, dass Sie dieses Buch gekauft haben. Falls Ihnen der Stress momentan jedoch total über den Kopf wächst, sollten Sie nicht davor zurückscheuen, sich die nötige Hilfe und Unterstützung zu suchen.

Unterhalten Sie sich erst einmal mit einer Person, der Sie vertrauen: einem Freund, Ihrem Hausarzt oder jemandem in der Personalabteilung … Sie müssen das nicht alleine durchstehen. Geteiltes Leid ist halbes Leid, und das Leben ist einfach zu kurz, um sich ständig mies zu fühlen.

1 WAS IST STRESS?

ANZEICHEN, SYMPTOME UND AUSLÖSER VON STRESS

In diesem Kapitel zeigen wir Ihnen:

- ✦ Warum und wie wir uns gestresst fühlen
- ✦ Die Anzeichen, Symptome und Auslöser von Stress
- ✦ Wie Sie Ihren Stresspegel im Auge behalten und in den Griff kriegen

12
AIRBAG
AUSLÖSEN

WARUM FÜHLEN WIR UNS GESTRESST?

Stress kann alles sein, was uns körperlich, geistig oder emotional beansprucht. Er gehört zum Leben dazu, und ein moderater Stresspegel tut uns sogar gut. Er motiviert uns und schenkt uns die nötige Energie, etwas zu erledigen.

So würden wir zum Beispiel nicht für eine Prüfung lernen oder uns für eine wichtige Präsentation ins Zeug legen, wenn wir uns wegen des Resultats nicht ein wenig stressten. Dr. Kelly McGonigal von der Universität Stanford zufolge belastet uns gar nicht der Stress selbst, sondern die Art, wie wir darüber denken. Ihre Studien ergaben: Wenn wir glauben, dass uns der Stress schadet, dann tut er das auch!

Wenn wir uns bedroht fühlen (egal, ob wir es tatsächlich sind), zündet der Sympathikus ein Feuerwerk körperlicher Symptome, bekannt als »Kampf-oder-Flucht-Reaktion«. In grauer Vorzeit war das für uns Menschen lebensnotwendig, um den zahlreichen natürlichen Feinden entkommen zu können. Wenn ein solcher in die Nähe kam, aktivierte das Alarmsystem des Gehirns quasi einen automatisch vorprogrammierten Fluchtplan und half uns zu überleben.

Das steckt noch immer in uns. Das Herz schlägt schneller, um Blut in unsere Gliedmaßen zu pumpen, wir atmen tiefer, damit unsere Muskeln mit mehr Sauerstoff versorgt werden, wir schwitzen stärker, um den Hitzeverlust zu beschleunigen, wir verlangsamen weniger wichtige Körperfunktionen wie die Verdauung, unsere Pupillen weiten sich, damit wir fokussierter sind, und es werden Adrenalin und Cortisol ausgeschüttet, damit wir zur Tat schreiten können. Je nach Art der Bedrohung bedeutet das: fliehen oder dableiben und kämpfen.

Das Problem besteht darin, dass unser Alarmsystem heutzutage Dinge als »Bedrohung« ausmacht, die unser Leben gar nicht wirklich in Gefahr bringen: ein Abgabetermin, der Streit mit einer Kollegin, oder ein 1:0 für die gegnerische Mannschaft eine Minute vor Abpfiff.

In diesen Fällen ist es falscher Alarm, denn es besteht keinerlei körperliche Gefahr, dennoch reagiert unser Körper so als ob. Bei dieser Stressreaktion konzentriert sich unser Gehirn ausschließlich auf die unmittelbare Bedrohung; der rationale Teil des Gehirns wird ausgeklinkt. Wir verlieren also das große Ganze aus den Augen, wodurch wir schlechter ruhig bleiben, logisch denken und die Probleme vernünftig lösen können.

Wenn wir besser mit Stress umzugehen lernen, aktivieren wir genau das Gegenteil unserer Kampf-oder-Flucht-Reaktion – die besänftigende »Entspannungsreaktion« nämlich, die vom Parasympathikus gesteuert wird.

WIE SICH STRESS ÄUSSERT UND WIE ER SICH ANFÜHLT

Schauen Sie sich diese Liste mit Symptomen gründlich durch und beurteilen Sie, ob sich eins oder mehrere davon regelmäßig bei Ihnen bemerkbar machen. Sie wissen dann, wo der größte Handlungsbedarf besteht. Schreiben Sie diese Symptome in Ihr NOTIZBUCH.
Sich darüber klar zu werden, ist der entscheidende erste Schritt in Richtung Besserung.

PHYSISCH

- Verspannungen (z. B. in Nacken und Schultern)
- Kopfschmerzen
- Sie haben Probleme beim Einschlafen oder Durchschlafen und/oder wachen sehr früh auf
- Müdigkeit
- Herzrasen
- Atemnot
- Energielosigkeit
- Appetitlosigkeit oder Essattacken
- Sie knirschen mit den Zähnen
- Übelkeit, Knoten oder Schmetterlinge im Bauch

MENTAL

- Sie haben Konzentrationsschwierigkeiten
- Sie sind nicht in der Lage, Aufgaben anzugehen oder fertigzustellen
- Sie haben Entscheidungsprobleme
- Sie sorgen sich und malen sich das Schlimmste aus
- Sie grübeln – Ihre Gedanken kreisen um ein Problem, anstatt eine Lösung zu suchen
- Sie sind gereizter, frustrierter oder bissiger als sonst
- Sie vergessen wichtige Verpflichtungen, z. B. Rechnungen zu bezahlen

SOZIAL

- Sie ziehen sich aus dem gesellschaftlichen Leben zurück
- Sie sind in Gesprächen abgelenkt
- Sie meiden andere Menschen (sagen z. B. Sitzungen oder Unternehmungen ab)
- Sie möchten im Bett bleiben und sich die Decke über den Kopf ziehen
- Sie sehen Ihre Freunde seltener

VERHALTENSBEZOGEN

- Sie blaffen Ihre Mitmenschen an
- Sie lassen Mahlzeiten aus
- Sie »sündigen« beim Essen öfter als gewöhnlich (z. B. mit Schokolade, Chips, süßen Getränken)
- Sie fallen anderen Menschen ins Wort
- Sie meiden Ihre Kolleginnen und Kollegen
- Sie sind schnell frustriert wegen Dingen, die Ihnen normalerweise nichts ausmachen
- Sie verhalten sich im Straßenverkehr aggressiv
- Sie fertigen immer längere To-do-Listen an
- Sie nehmen Arbeit mit nach Hause
- Sie arbeiten auch am Wochenende
- Sie klagen ständig über Müdigkeit
- Sie machen häufiger Pausen
- Sie machen mehr Fehler als sonst
- Sie versäumen Abgabetermine oder Sitzungen, die Sie normalerweise nie versäumen
- Sie lassen sich öfter krankschreiben
- Sie leben mehr in den sozialen Medien als im echten Leben
- Sie trinken mehr Alkohol als gewöhnlich

EMOTIONAL

- Traurigkeit oder Überempfindlichkeit
- Übellaunigkeit oder Gereiztheit
- Niedergeschlagenheit oder Leere
- Sie sind ängstlich oder nervös

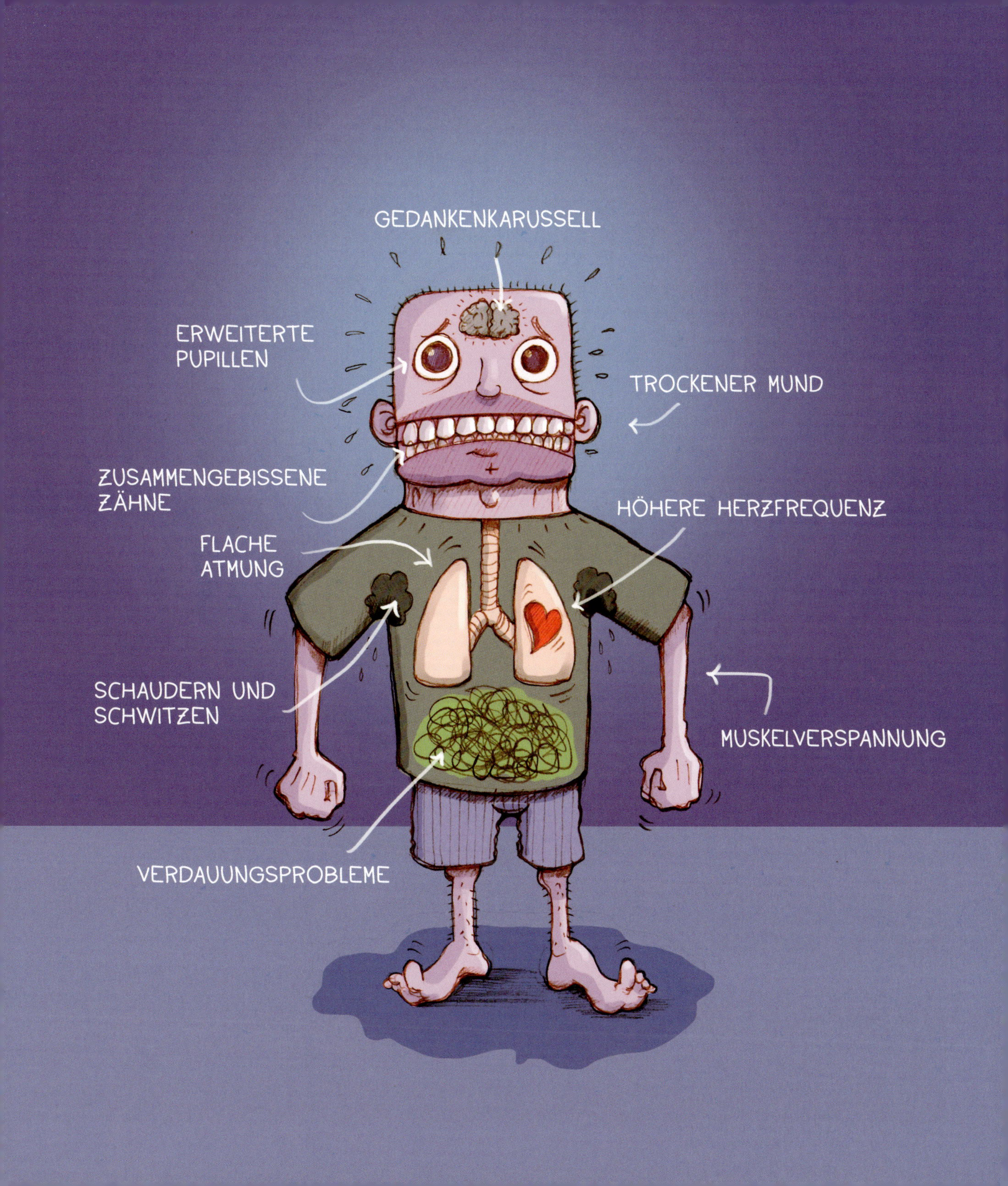
GEDANKENKARUSSELL
ERWEITERTE PUPILLEN
TROCKENER MUND
ZUSAMMENGEBISSENE ZÄHNE
HÖHERE HERZFREQUENZ
FLACHE ATMUNG
SCHAUDERN UND SCHWITZEN
MUSKELVERSPANNUNG
VERDAUUNGSPROBLEME

HOCH-
ZIEHEN!

WOHER KOMMT UNSER GANZER STRESS?

Die Frage klingt vielleicht merkwürdig, aber wie konnten wir es bloß zulassen, so verdammt gestresst zu werden? Tatsächlich stellt unsere moderne Lebensweise eine Bedrohung für das Leben selbst dar. Kaum zu fassen, wo wir im Westen doch in den sichersten und wohlhabendsten Gesellschaften und in der friedlichsten Epoche unserer Geschichte leben.

Noch dazu hat die Automatisierung unser Leben angeblich vereinfacht, die globale Vernetzung hat die Beziehungspflege erleichtert, wir haben mehr Wahlmöglichkeiten, besseren öffentlichen Nahverkehr, größere Fernseher und klügere Telefone. Und dennoch fühlen wir uns so gestresst und unglücklich wie nie zuvor. Was läuft bloß falsch?

Es lohnt sich, darüber Überlegungen anzustellen. Schreiben Sie sich auf, ob einer dieser Punkte zu Ihrem persönlichen Stresspegel beiträgt.

- Obwohl wir über mehr »Freunde« und dank der Technik über eine bessere »Vernetzung« verfügen, sind unsere persönlichen Beziehungen und sozialen Bindungen schwächer geworden. Die evolutionäre Psychologie zeigt, dass menschliche Beziehungen und familiäre Bande Angstgefühle verringern können. Doch das vergessen wir gern aufgrund der folgenden Tatsache.
- Unsere Ziele tendieren mehr in Richtung Geld, Ruhm und Image, was in eindeutigem Zusammenhang mit Angststörungen und Depressionen steht.
- Wir saugen wesentlich mehr Informationen in uns auf, und eine Menge davon ist Panikmache. Wir leben in einer Kultur, in der Angst dazu benutzt wird, uns zu motivieren. Ständig sind wir einem Trommelfeuer von Warnungen ausgesetzt – vor Terrorismus, einer stagnierenden Wirtschaft, erhöhter Kriminalität, Migration usw.
- Wir kämpfen gegen unangenehme Gefühle an, anstatt ihnen freien Lauf zu lassen. Wir weichen Situationen aus, die uns nervös machen, und versuchen, uns von jedem unangenehmen Gefühl abzulenken oder es zu betäuben.
- Wir haben zu hohe Erwartungen, vermutlich weil in unserer Gesellschaft gerne betont wird, dass wir *alles sein und erreichen können, was wir uns vornehmen.* Deshalb verspüren wir den Druck, mehr sein und mehr tun zu müssen.

Stress wird dadurch verursacht, dass du ›hier‹ bist, während du eigentlich ›dort‹ sein möchtest.

ECKHART TOLLE

WAS IST DIE HAUPTURSACHE FÜR IHREN STRESS?

Wovon fühlen Sie sich jetzt, im Moment, am meisten gestresst? Gehen wir zuerst die Lebensbereiche durch, die potenziell Probleme bereiten, dann wird es Ihnen leichter fallen herauszufinden, welche der nachfolgenden Interventionen für Sie passen.

FINANZEN

Glauben Sie, Sie kommen nie auf einen grünen Zweig, egal was Sie auch tun? Sind Sie am Monatsende stets im Minus, nehmen Sie an Lotto- und Gewinnspielen teil, oder haben Sie sich damit abgefunden, auf den Tod eines Familienangehörigen warten zu müssen, bis Sie sich den Kredit für ein Eigenheim leisten können?

ARBEIT

Gibt es eine Diskrepanz zwischen den an Sie gestellten Erwartungen und dem, was Sie sich zutrauen? Haben Sie mit schlechter Zeiteinteilung und Prokrastination zu kämpfen? Müssen Sie sich mit unfreundlichen oder narzisstischen Kollegen herumschlagen oder gar mit einem Kontrollfreak als Vorgesetzten? Ist die Angst vor Kündigung für Sie ein Thema?

GESUNDHEIT

Machen Sie sich Sorgen wegen Ihres Ess- und Trinkverhaltens, Ihres Schlafpensums oder irgendwelcher anderer ungesunder Angewohnheiten? Kriegen Sie den Sport, den Sie unbedingt treiben sollten, nicht unter, etwa weil Arbeit und Pendeln so viel Zeit in Anspruch nehmen?

MENSCHEN

Bereiten Ihnen die Menschen in Ihrer Umgebung Schwierigkeiten? Werden Sie gemobbt? Sind Sie umgeben von Menschen, die Ihre Gutmütigkeit ausnutzen? Verbringen Sie viel Zeit allein? Evolutionspsychologisch betrachtet, befinden sich Einzelgänger in ständiger Alarmbereitschaft, weil keiner da ist, der sie beschützen kann; deshalb schütten sie mehr Stresshormone aus.

FAMILIE

Bereitet Ihnen Ihre Familie nicht die Freude, die sie Ihnen eigentlich bereiten sollte? Sind Ihnen die Nächsten nicht immer auch die Liebsten?

SOZIALLEBEN

Haben Sie das Gefühl, Sie müssten den Bildern von einem »perfekten« Körper oder bester Charaktereigenschaften entsprechen? Müssen Sie andauernd die sozialen Medien füttern, um dabei zu sein, »gemocht« und »geteilt« zu werden, toll auszusehen, toll zu sein oder einfach nur akzeptiert zu werden? Früher hörte das Mobbing am Schultor auf. Heute kann es uns bis nach Hause und tief in die Nacht hinein verfolgen.

ELEKTRONISCHE GERÄTE

Sind Sie süchtig nach Ihrem Smartphone? Durch das Internet haben wir Zugang zu einem Haufen Informationen über einen Haufen Dinge, deretwegen wir uns unnötigerweise sorgen. Und da wir auch noch süchtig nach unseren Geräten sind, kommen wir niemals zur Ruhe.

KONKURRENZ

Machen Sie sich Sorgen über Prüfungen, eine Beförderung, einen Berufswechsel? Bereitet Ihnen das moderne Mantra »Stillstand bedeutet Rückschritt« Unbehagen?

VERÄNDERUNGEN

Fühlen Sie sich überfordert von gesundheitlichen Problemen, dem Verlust Ihres Jobs, Ihres Partners oder Haustiers oder von Ihrem Umzug?

UMWELT

Leben Sie in einer lauten Wohnung, mit wenig Natur in der Nähe? Wenn wir von zu vielen Menschen und von Menschenhand geschaffenen Dingen umgeben sind, fällt die Entspannung schwer. Die Menschheit hat sich in natürlichen weiten Flächen entwickelt, deshalb können wir bei natürlichem Licht, umgeben von Pflanzen und Tieren, so gut loslassen.

DIE ZUKUNFT

Machen Sie sich Sorgen, ob Sie es jemals zu etwas bringen werden, oder fürchten Sie, das sowieso alles sinnlos ist?

WOZU ALL DIESE BELASTUNGEN FÜHREN

SIE VERÄNDERN UNSERE

- Gedanken
- Gefühle und Stimmungen
- Fähigkeit, Probleme zu lösen
- Motivation und Energie
- Verhaltensweisen
- Allgemeine Gesundheit

Unzählige psychische und physische Erkrankungen sind auf Stress zurückzuführen.

DIE ALLTÄGLICHEN AUSLÖSER VON STRESS

Die meisten von uns führen ein schnelles, dichtes, atemloses Leben und bewältigen die folgenden Stressauslöser vermutlich ohne Probleme! Jeder einzelne für sich allein bringt uns vielleicht nicht zum Ausrasten oder Zusammenbrechen, aber sie tragen zu unserem Stress und einem höheren Risiko bei, wenn auf einmal ein paar davon zusammenkommen oder plötzlich etwas sehr Schlimmes geschieht. Schreiben Sie Ihre persönlichen Auslöser in Ihr NOTIZBUCH, dann wissen Sie, worauf Sie achten müssen.

TRAGEN DIESE AUSLÖSER ZU IHREM STRESS BEI?

- ☐ Alltägliche Ärgernisse – Autoschäden, Zugverspätungen, Versäumen eines Termins
- ☐ Große Veränderungen – Wohnungswechsel, neuer Job
- ☐ Arbeitspensum, Bangen um den Arbeitsplatz, Überstunden
- ☐ Ihr Chef ist unzufrieden mit Ihrer Arbeit
- ☐ Probleme in Freundschaft und Partnerschaft
- ☐ Sie haben zu viel um die Ohren
- ☐ Körperliche Erkrankungen – Grippe oder Erkältungen, Schlappheit
- ☐ Ein ungesunder Lebenswandel – nicht genügend Bewegung, nicht genügend Schlaf, ungesunde Ernährung, Alkohol- und/oder Drogenkonsum
- ☐ Sie haben nicht genügend Auszeiten – Urlaub und Freizeitaktivitäten, die Ihnen Spaß machen
- ☐ Sie können Rechnungen, Miete oder Hypothek nicht bezahlen
- ☐ Sie müssen Schlange stehen oder auf irgendetwas oder irgendjemanden warten
- ☐ Schwierige oder laute Nachbarn
- ☐ Probleme mit den Kindern oder der Kinderbetreuung
- ☐ Streit mit jemandem, der Ihnen wichtig ist
- ☐ Sie erhalten eine schlimme Nachricht
- ☐ Zeitdruck oder unmögliche Abgabetermine
- ☐ Sie haben Schuldgefühle wegen etwas, das Sie getan haben
- ☐ Jemand ist wütend oder sauer auf Sie
- ☐ Sie leiden unter einem schwierigen Kollegen oder Vorgesetzten
- ☐ Sie stecken im Verkehr fest
- ☐ Sie finden keinen Parkplatz
- ☐ Sie sind zu spät dran
- ☐ Sie haben schlecht geschlafen
- ☐ Fortwährender Baustellen- und anderer Lärm
- ☐ Jemand sagt etwas Ärgerliches oder Verstörendes zu Ihnen
- ☐ Sie sagen etwas Gemeines zu jemand anderem

IHR STRESSOMETER

Ein äußerst wichtiger Hinweis: Selbstbeobachtung hilft Ihnen, sich weniger gestresst zu fühlen. Je bewusster Sie sich Ihres Stresslevels sind, desto besser können Sie ihn kontrollieren. Der *Stressometer* kann Ihnen dabei helfen – er ist ein Thermometer für Ihren Stress!

Tragen Sie jeden Tag drei Messungen in Ihr **NOTIZBUCH** ein – morgens, mittags, abends. Nutzen Sie hierfür eine Skala von 1 bis 10: 10 bedeutet irre angespannt, wie eine jeden Moment zuschnappende Bärenfalle, und 0 heißt so gechillt, dass Ihnen beinahe die Augen zufallen.

Überprüfen Sie damit in der kommenden Woche, wann Ihr Stressometer in die Höhe schnellt. Sie werden bald merken, wann Sie alles im Griff haben und wann Sie sich gestresst fühlen. Und Sie werden dahinterkommen, bei welchen Gelegenheiten Ihr Stressometer hochschnellt und sich »erhitzt« – oder eben wann er fällt und »abkühlt«. Sie können dann den Stresspegel bewusst niedriger halten, indem Sie bei Bedarf einige abkühlende Aktivitäten einplanen oder die erhitzenden reduzieren. Sie können sogar, was noch besser ist, vorbauen: Wenn ein stressiges Ereignis bevorsteht, planen Sie einige abkühlende Aktivitäten ein, um Ihr Stresslevel schon im Vorhinein zu senken. Das verschafft Ihnen einen gewissen Spielraum und die Gewissheit, dass Sie cool bleiben werden, wenn nicht alles nach Plan läuft.

Natürlich hängt unser Stressempfinden nicht nur von einem oder auch ein paar Stressauslösern ab. Vielmehr ist es unsere *Antwort* darauf, die aus einem Auslöser eine extreme Stresserfahrung macht. Diese Antwort liegt im wortwörtlichen Sinne in unserer Ver*antwort*ung, es geht also um eine richtige und angemessene Reaktion von unserer Seite.

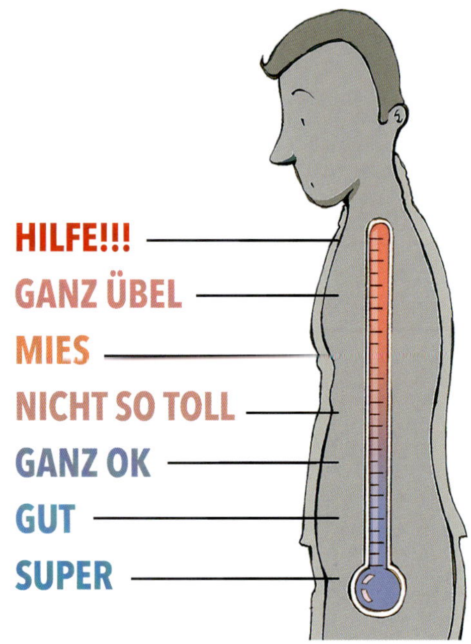

MEIN STRESSOMETER	MO	DI	MI	DO	FR	SA	SO
MORGENS	5	8	6				
MITTAGS	7	7	5				
ABENDS	3	7					

Selbstbeobachtung hilft Ihnen, sich weniger gestresst zu fühlen!

VERHALTENSWEISEN UND AKTIVITÄTEN, DIE DEN STRESS IN DIE HÖHE TREIBEN

Einige dieser Verhaltensweisen mögen Ihnen sofortige Erleichterung oder direkten Trost verschaffen, doch auf lange Sicht bescheren sie Ihnen nichts als Probleme. Machen Sie sich bewusst, dass diese kurzzeitigen Tricks Ihren Stresspegel letztendlich *erhöhen*. Unser Stressempfinden können wir nur ändern, indem wir klug reagieren und uns um abkühlende Maßnahmen bemühen.

VERHALTENSWEISEN UND AKTIVITÄTEN, DIE DEN STRESS SENKEN

Entwickeln Sie ein Bewusstsein dafür, was Sie in Aufregung versetzt und was Ihnen hilft, wenn Sie unter Druck stehen. Erstellen Sie eine Liste mit den Dingen, die Ihr Gemüt erhitzen, und eine zweite Liste mit den Dingen, die Ihnen einen kühlen Kopf bescheren. Das ist bei jedem anders. Denken Sie daran: Wissen ist Macht.

Aus meinem Leben: Kurze Lektionen in Sachen Stress

1 | EINE LEKTION ÜBERS SCHWIMMEN

von Matthew Johnstone

Nach einer Silvesterfeier in Byron Bay vor vielen Jahren beschlossen meine beiden Freunde und ich, am Kings Beach im Freien zu übernachten. Unter einem Ast bauten wir mithilfe einer Plane einen simplen Unterschlupf. Und bei der warmen Sommerluft und dem Rauschen der Wellen schliefen wir auch schnell ein.

Gegen fünf Uhr wurde ich vom Sonnenaufgang und dem Ruf der Natur geweckt. Das Meer lag vor mir, perfekt wie auf einer Postkarte, also entschloss ich mich, die anderen ihrem Schönheitsschlaf zu überlassen und nackt hineinzuhüpfen. Kaum war ich ins Wasser gehechtet, erfasste mich eine heftige Strömung.

Ich bin kein sonderlich guter Schwimmer, geriet sofort in Panik und ruderte in Richtung Küste, aber es war, als sei ich an einem Laternenpfahl festgebunden, während mir jemand zuruft, ich solle wegrennen. Ich schlug wild um mich und schrie nach meinen schlafenden Freunden, doch sie waren einfach zu weit weg. Langsam machte sich Erschöpfung breit, ich schluckte Wasser und mir schoss durch den Kopf: »Das war's dann wohl … und ich bin auch noch splitternackt!«

Während ich ein letztes Mal vergeblich versuchte, Richtung Küste zu schwimmen, tauchten plötzlich eine schwache Erinnerung und eine leise Stimme in meinem panischen Hirn auf: »Niemals gegen die Strömung, sondern mit ihr schwimmen.« Also drehte ich mich auf den Rücken, blickte in den Morgenhimmel, beruhigte meinen Atem und ließ mich treiben. Ich wurde ein gutes Stück aufs Meer hinausgezogen, bevor die Strömung einen Bogen zurück zum südlichen Teil des Strands machte. Irgendwann schaffte ich es heraus und an Land, wo ich eine Zeit lang wie ein Sandschnitzel dalag und völlig erschöpft darüber nachdachte, was gerade passiert war. Seither ist mir klar, dass in einer stressigen Situation zu stecken, sich ganz ähnlich anfühlt, wie von einer Strömung erfasst zu sein.

Auch der Stress beraubt uns sämtlicher Energie, Klarheit, Kreativität und Rationalität. Er bringt uns um unsere Problemlösungskraft und ist eine echte Gefahr für unsere Gesundheit und unser Wohlbefinden.

»Akzeptanz« ist es, was wir in die Gleichung mit einbringen müssen. »Ja, ich stehe ganz schön unter Druck. Im Moment passt alles nicht so richtig. Ich probiere jetzt mal etwas Neues, damit mein Geist zur Ruhe kommt und mein Stress nachlässt.«

Diese Akzeptanz und die bewusste Kursänderung berauben den Stress seiner Macht und bringen uns in ruhigere Gewässer.

DIE MORAL VON DER GESCHICHTE

Wogegen du dich wehrst,
das bleibt bestehen.

PACK ICH
NICHT

2 GEHIRN UND GEIST

GLANZLEISTUNGEN, FALLGRUBEN UND FAKTEN

In diesem Kapitel zeigen wir Ihnen:

- Wie die Physiologie des Gehirns Ihren Geist und Ihre Handlungen beeinflusst
- Wie Sie Ihren Geist beruhigen und den Stresspegel senken
- Wie Sie komplizierte Gedanken, die Sie blockieren, stressen und sich mies fühlen lassen, in den Griff kriegen

DEM VERSTAND KANN MAN NICHT TRAUEN

In diesem Kapitel bringen wir Ihnen die Neurobiologie Ihres Gehirns nahe und erklären, wie es auf Stress reagiert und ihn bewältigt, und welche Verhaltensweisen daraus resultieren. Dadurch wird besser verständlich, wieso wir oft zu Verhaltensweisen getrieben werden, die unseren Stress nur noch vergrößern. Anschließend beschäftigen wir uns mit einigen Methoden, die mithilfe von Achtsamkeit unseren Stressometer abkühlen.

Ich behandele unseren Verstand dabei als eine Art separate Entität, die mit unserem wahren Selbst, unserem Bewusstsein, unserer Seele – oder wie auch immer Sie unser innerstes Wesen auch nennen mögen – nichts zu tun hat. Und ich werde Ihnen zeigen, dass der Verstand nicht der vertrauenswürdige Verbündete ist, für den wir ihn vielleicht halten. Um zu verstehen, wieso uns der Verstand derartigen Stress macht, obwohl er weiß, wie schlecht das für uns ist, müssen wir zunächst seine Funktion unter die Lupe nehmen.

Aber der Verstand hält uns doch am Leben …

In grauer Vorzeit waren wir weder so wild wie ein Säbelzahntiger noch so schnell wie ein Gepard oder so stark wie ein Nilpferd. Deshalb mussten wir besser aufpassen und unsere irdischen Rivalen im Denken übertreffen, wenn wir nicht als irdische Mahlzeit enden wollten. Der Psychologe Dr. Russ Harris beschreibt unser Gehirn als eine »Nicht-getötet-werden-Maschine«, dieses Ziel hat oberste Priorität. Da es damit auch sehr erfolgreich war (schließlich sind wir noch nicht ausgestorben), übertrugen wir ihm mehr und mehr Verantwortung für unser Leben. Bald wurde das Gehirn zu einem übergroßen Diktator, der auch dort Probleme macht, wo gar keine Probleme sind – es versetzt uns in Angst und Schrecken, wenn wir vor einer Gruppe Kollegen sprechen sollen, oder lässt uns in kalten Schweiß ausbrechen, wenn die Chefin an unserem Schreibtisch vorbeispaziert.

Je mehr Angst der Verstand in uns auslöst, desto mehr Macht besitzt er über uns, wir hören nämlich tendenziell eher auf ihn, wenn er so etwas wie »Geh da bloß nicht hin« oder »Lass das besser sein« sagt. Je mehr Angst wir haben, desto gestresster fühlen wir uns. Und bald schon richten wir uns ausschließlich nach unserem Verstand, machen keinen Gebrauch von unserer Gabe der Einsicht (der Fähigkeit, in uns hineinzuhorchen), und es geht nur noch um das Überleben statt um das Leben.

Wieso entmachten wir unseren Verstand nicht einfach – schließlich wissen wir, dass es uns nicht guttut, ständig unter Stress und Angstgefühlen zu leiden. Vermutlich weil er ein äußerst charmanter und überzeugender Diktator ist: Er kann uns alles Mögliche einreden und möchte Veränderungen um jeden Preis verhindern. Stellen Sie sich diesen kleinen Diktator vor, wie er am Kopf eines Konferenztischs hockt und sagt: »Unter meiner Führung geht es uns doch gut, oder? Lass uns bloß nichts daran ändern!«

Der Verstand mag sich Änderungen oft verweigern, doch es gibt genügend Gründe, sozusagen über seinen Kopf hinweg zu handeln. Dies ist eine der Schlüssellektionen, die Sie aus diesem Buch mitnehmen können: dahinterzukommen, wie der Verstand funktioniert und mit welchen Tricks er es schafft, uns in einer unglücklichen Situation verharren zu lassen.

DAS MENSCHLICHE GEHIRN

Unser Gehirn hat sich von unten nach oben entwickelt, und es weist viele Gemeinsamkeiten mit dem unserer tierischen Verwandtschaft auf. Ganz unten sitzt das *Reptiliengehirn* (oder der Hirnstamm), an der Stelle, wo die Schädelbasis in das Rückenmark übergeht. Es ist von Geburt an aktiv und steuert das, was wir bereits als Säuglinge können: Hunger, Schmerz und Temperaturempfinden. Es sorgt dafür, dass wir weinen, essen, schlafen, Pipi und Kacka machen können – also sämtliche lebensnotwendigen Funktionen beherrschen, die automatisch ablaufen müssen. Hirnstamm und Hypothalamus kontrollieren Herz und Lunge, sie sorgen von Geburt an für das Gleichgewicht unserer Körperfunktionen, die sogenannte Homöostase.

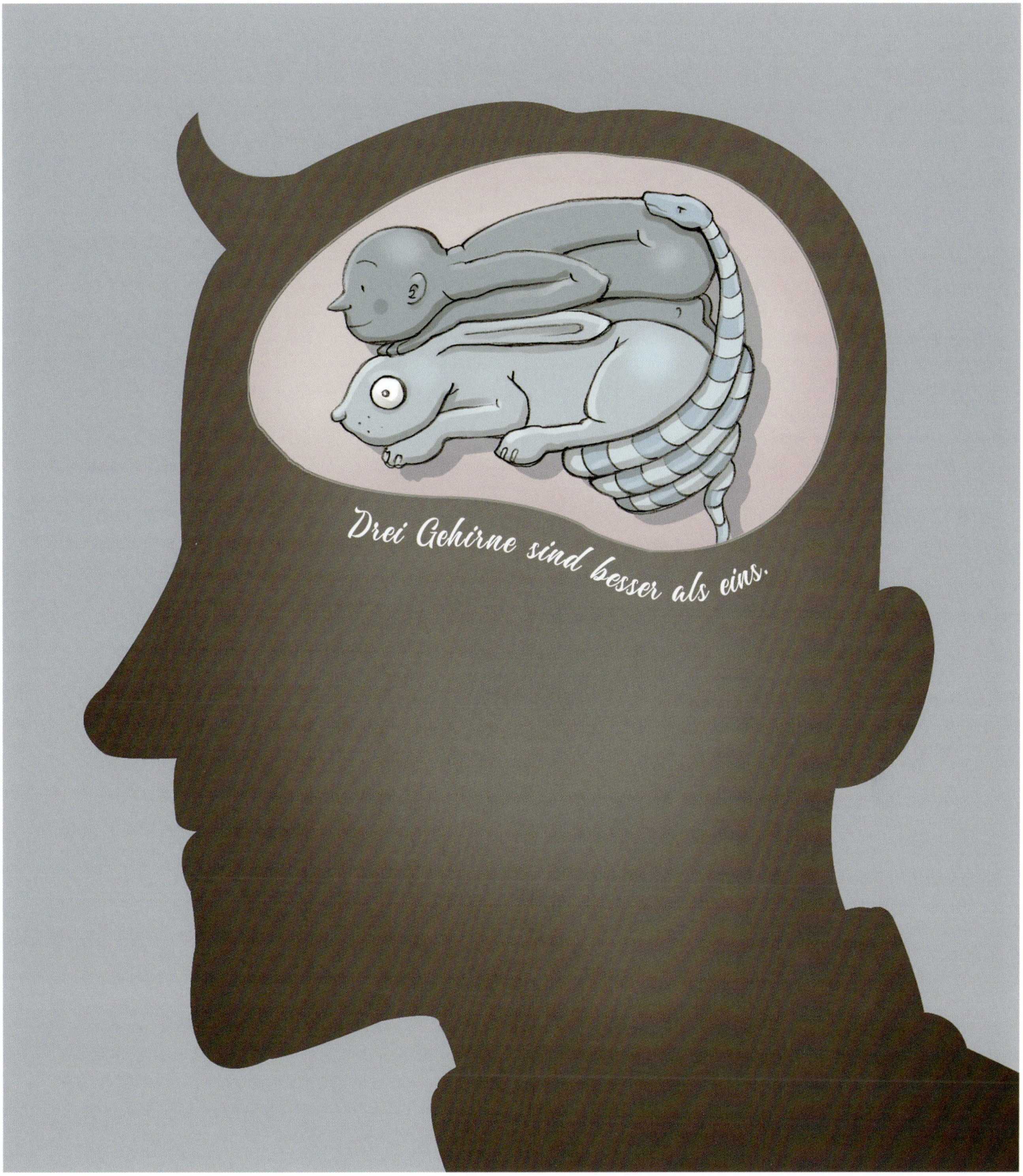
Drei Gehirne sind besser als eins.

Die Hauptaufgabe des Körpers besteht darin, das Gehirn spazierenzutragen.

THOMAS A. EDISON

Darüber liegt das *Säugergehirn* (oder limbisches System), das Zentrum für Lernen und Emotionen.

Zu seinen Aufgaben gehört es, Gefahren aufzuspüren, zu bewerten, was uns Angst oder Glück bereitet, und festzustellen, was wichtig für uns ist oder was wir außer Acht lassen können. Diese Hirnregion wird von unseren Erfahrungen und Handlungen überformt. Während der ersten sechs Lebensjahre ist diese Fähigkeit des Lernens aus Erfahrungen – genannt Neuroplastizität – besonders wichtig, weil wir da eine Menge neuer Erfahrungen sammeln und in unserem Gehirn die meisten Verknüpfungen und Pfade ausbilden. Der Nachteil: Wird ein bestimmter Pfad wiederholt aktiviert – zum Beispiel in schwierigen Situationen aufgeben und dicht machen (also hilflos reagieren) –, kann er zu unserem Standard-Betriebsmodus werden und uns dauerhaft Probleme machen.

Diese beiden Gehirne bilden das sogenannte *emotionale Gehirn*, den Schlüsselteil des zentralen Nervensystems, das nahezu alle unserer Gefühle, Verhaltensweisen und Reaktionen auf die Umwelt steuert. Das emotionale Gehirn soll hauptsächlich für unsere Sicherheit sorgen und wird alles dafür tun, dass wir es bis ins reproduktive Alter schaffen und unser Erbgut weitergeben. Es sendet sogar ein chemisches Signal, wenn ein potenzieller Partner in unserer Nähe ist – diese überwältigende Verlegenheit, Sie wissen schon.

Ganz oben sitzt das *rationale Gehirn* (der Neocortex). Andere Säugetiere besitzen zwar ebenfalls einen Neocortex, doch der des Menschen ist deutlich weiter entwickelt. Unser rationales Gehirn ist komplexer als unser emotionales. Während das emotionale Gehirn die automatisch ablaufenden, vorprogrammierten muskulären und physiologischen Reaktionen steuert, ist der Neocortex das Zentrum unserer außergewöhnlichen exekutiven Funktionen. Sie machen uns einzigartig, indem sie uns ermöglichen, zu denken und zu handeln, statt nur zu reagieren, unsere Emotionen zu kontrollieren, logisch zu denken, uns Dinge vorzustellen und vorauszusehen, zu planen und zu reflektieren.

Ein Beispiel zur Verdeutlichung: Sie befinden sich gerade in der Stadt und hören einen Knall, der klingt wie ein Schuss. Ihr emotionales Gehirn reagiert als Erstes, scheucht Sie auf und zündet das Angst-Feuerwerk. Mit kurzer Verzögerung kommt Ihr rationales Gehirn ins Spiel, verarbeitet die Tatsachen – Stadt, tagsüber, keine gefährliche Gegend, keine sichtbar bewaffneten Menschen zu sehen – und kommt zu dem Schluss, dass es sich wohl eher um einen Auspuffknall handelt. Sie fahren also wieder herunter. So sind also beide Gehirne lebensnotwendig.

EMOTIONEN VERSUS GEFÜHLE

Die meisten verwenden die Begriffe »Emotionen« und »Gefühle« als seien sie Synonyme; doch obwohl sie eng miteinander verknüpft sind, bedeuten sie etwas Grundverschiedenes.

Emotionen können wir uns als eine in Bewegung befindliche Energie vorstellen – sie sind instinktiv und körperlich und gehen Gefühlen voraus. Es handelt sich dabei um biologische Signale wie schwitzende Hände oder Herzrasen; sie lassen sich also objektiv feststellen, indem wir Durchblutung, Hirnaktivität und Hautleitfähigkeit messen.

Gefühle setzen ein, nachdem wir eine Emotion hatten – sie sind die mentale Interpretation der physischen Reaktionen. Sie resultieren daraus, dass unser Gehirn eine Emotion wahrnimmt und ihr Bedeutung verleiht. Obwohl Gefühle gedanklichen Input benötigen, laufen sie häufig unterbewusst ab und lassen sich deshalb kaum exakt messen.

Um es auf das vorherige Beispiel mit dem Knall zu übertragen: Die körperliche Angsterfahrung entstammte hier unserem emotionalen Gehirn und das *Gefühl* von Furcht unserem rationalen Gehirn.

Emotionen haben wir zwar jeden Augenblick unseres Lebens, doch meist ist unser Geist derart beschäftigt, dass wir sie gar nicht wahrnehmen und ihnen deshalb ausgeliefert sind – und genau das bereitet uns Stress! Wenn wir also wirklich etwas ändern wollen, müssen wir die enormen Auswirkungen unserer Emotionen auf Gesundheit, Wohlbefinden, Selbstvertrauen, Erfolg, Versagen, Motivation und wichtige Lebensentscheidungen im Blick haben. Wenn wir nichts über die Funktionsweise unserer Emotionen wissen, können wir kaum zum Kapitän unseres Lebens werden.

GUTE UND SCHLECHTE BOTENSTOFFE DES GEHIRNS

Das nächste Puzzlestück für das Verständnis unserer Emotionen ist die chemische Kommunikation im Gehirn, denn diese steuert die Emotionen selbst sowie unsere Suche nach ihrer Bedeutung. Tatsache ist: In den viel zu seltenen (und kurzen) Momenten, in denen wir uns richtig gut fühlen, ist das nicht die direkte Folge von etwas, das wir oder eine andere Person getan haben. Es ist die Folge dessen, dass unser Gehirn die Ausschüttung eines »guten« Botenstoffs veranlasst hat – Dopamin, Serotonin, Oxytocin oder Endorphin. Wir machen uns vor, dass uns unsere Handlungen oder die Menschen in unserem Leben am Herzen liegen, dabei ist das Einzige, worum es uns wirklich geht, mehr von diesen Botenstoffen zu bekommen. Vielleicht empört Sie diese Aussage, aber lesen Sie bitte weiter.

SCHLECHTE BOTENSTOFFE

Bevor wir uns diesen »guten« Botenstoffen zuwenden, schauen wir uns zunächst die »schlechten« an, unsere Stresshormone – Adrenalin (oder Epinephrin) und das berüchtigte Cortisol. Diese beiden sind eigentlich nicht immer schlecht, sondern von entscheidender Bedeutung für unser Stresssystem, das eine blitzschnelle Reaktion auf Bedrohungen ermöglicht. Unter der Regie einer Gehirnregion namens Amygdala (unser »Rauchwarnmelder«) bereiten uns die beiden nämlich auf einen Kampf gegen den Feind oder die Flucht vor Gefahr vor. In hoher Dosierung schaden sie uns zwar, aber sie können uns buchstäblich das Leben retten.

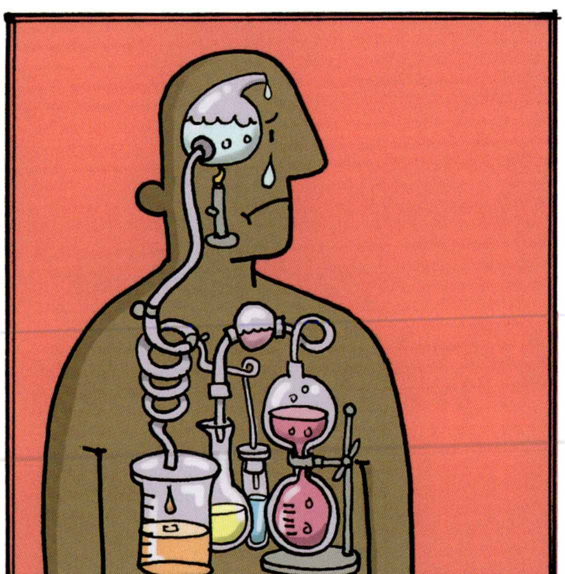

ADRENALIN

Während der Kampf- oder Flucht-Reaktion sorgt das Adrenalin dafür, dass wir uns auf die Bedrohung fokussieren, und beschleunigt unseren Puls und unsere Durchblutung, damit wir eine drohende Gefahr bewältigen oder jemand anderen retten können oder weniger Schmerz empfinden, falls wir trotz einer Verletzung fliehen müssen. Manche Leute sind derart scharf auf dieses Gefühl, dass sie aus Flugzeugen springen, Bungeejumping machen oder Achterbahn fahren. Zu viel Adrenalin ist allerdings ungesund, schadet dem Herzen und führt zu Schlaflosigkeit und einer unangenehmen, nervösen Angespanntheit, die uns offensichtlich nur noch mehr stresst.

CORTISOL

Auch Cortisol ist wichtig für uns – wenn Anlass und Zeitpunkt stimmen. Cortisol hilft uns morgens aus dem Bett und beim Regulieren unseres Blutdrucks, Stoffwechsels und Blutzuckerspiegels. Es unterstützt Heilungsprozesse und sogar die Gedächtnisbildung, indem es uns lebenserhaltende

Lektionen erteilt wie: Finger weg von der heißen Herdplatte! Cortisol wird ausgeschüttet, wenn wir eine Gefahr für unser Leben erkennen; es verursacht uns ein ungutes Gefühl und lenkt auf diese Weise unsere Aufmerksamkeit auf die Bedrohung. Dasselbe passiert aber auch, wenn wir eine Enttäuschung erleben, obwohl das gar keine echte Bedrohung darstellt. Sogar eine Erinnerung – etwa daran, wie Sie von einem geliebten Menschen verlassen wurden – kann Cortisol im Körper freisetzen. Und sofern wir uns nicht in einer echten Lebensgefahr befinden, setzt unser rationales Gehirn dann eine Kaskade negativer Gedanken und Gefühle über die anderen, die Welt und vor allem uns selbst in Gang, die eine noch höhere Cortisol-Ausschüttung zur Folge hat.

Heutzutage haben viele einen dauerhaft erhöhten Cortisolspiegel – und das macht uns krank. Mit zu viel Cortisol im Blut fühlen wir uns gereizt und leiden unter Stimmungsschwankungen, Gewichtszunahme, Benommenheit, Essattacken, Verspannungen und Müdigkeit. Doch sobald uns bewusst wird, wie schlecht wir uns fühlen, können wir diese Negativspirale durchbrechen, indem wir uns auf etwas Positives konzentrieren. Ablenkungen sind eine hervorragende Methode, unser Gehirn von seiner nervenaufreibenden Suche nach nicht lebensbedrohlichen Gefahren abzubringen, und sie helfen dem Körper, wieder zur Ruhe zu kommen.

CORTISOL IST SCHON NACH ETWA 20 MINUTEN ABGEBAUT. VERSUCHEN SIE ALSO, RUHIG ZU BLEIBEN – WAS NICHT GERADE LEICHT IST, WENN DER VERSTAND KREISCHT:

**GLEICH IST ES AUS,
TU DOCH ENDLICH WAS!!!**

GUTE BOTENSTOFFE

Die Ausschüttung der guten Botenstoffe passiert in kurzen Schüben von nur wenigen Minuten, was einem ziemlich ungerecht erscheinen mag. Doch die Natur hat ihren eigenen Plan: Um mehr zu kriegen, müssen wir auch mehr tun.

DOPAMIN

Dopamin beschert uns ein Hochgefühl, wenn eine Belohnung in Sicht ist. Schon die Annäherung an eine mögliche Belohnung setzt eine kleine Menge Dopamin frei. Natürlich wäre es schön, wenn wir uns ständig in diesem Hochgefühl suhlen dürften, nur würden wir uns dann um nichts bemühen. Das Dopamin signalisiert uns, wann wir auf dem richtigen Weg sind und Gas geben müssen, um es bis zur Belohnung zu schaffen. Wenn der Dopaminspiegel wieder sinkt, meinen wir oft, irgendetwas fehle in unserem Leben oder stimme nicht. Unser Hirn ist jedoch darauf programmiert, erst einmal auf null zurückzuschalten und auf die nächste Gelegenheit zu warten, sich einer wichtigen Aufgabe zu stellen. Selbst wenn wir also das größte Kunststück der Welt vollbracht haben, fällt der Dopaminspiegel bald wieder ab, und wir müssen uns eine neue große Herausforderung suchen, um wieder einen Treffer zu landen.

Lassen Sie sich von diesen Dompamintiefs nicht herunterziehen. Befolgen Sie lieber die folgenden Tipps von Dr. Loretta Breuning, die zum Thema Glückshormone umfassend geforscht hat:

❶ Spaß an Neuem haben

Unser Gehirn sehnt sich nach neuen Erkundungen. Wenn wir dieses Bedürfnis also mit unseren sonstigen Zielen verknüpfen, tun wir etwas für unseren Dopaminhaushalt. Bemühen Sie sich darum, neue Dinge zu lernen, zu erleben und zu sehen, und die Hochs sind Ihnen garantiert.

❷ Nach kurzen und langfristigen Zielen suchen

Halten Sie den Dopaminfluss am Laufen, indem Sie sich sowohl schnell erreichbare als auch langfristige Ziele setzen. Schon das Erreichen einer Etappe beschert Ihnen ein Hoch, Sie müssen es also gar nicht gleich bis zum Ende schaffen.

❸ Nicht zu viel, aber auch nicht zu wenig wollen

Bei einem zu hoch gesteckten Ziel wird kein Dopamin ausgeschüttet, denn Sie rechnen nicht mit einer Belohnung. Zu leicht erreichbar darf das Ziel aber auch nicht sein, weil es dann keine neuen Erfahrungen mit sich bringt.

SEROTONIN

Im Urwald wird den ranghöheren Tieren der größte Respekt entgegengebracht, sie können sich häufiger paaren und ihr Erbgut dementsprechend häufiger weitergeben. Daher ist unser Gehirn versessen auf Respekt und belohnt diesen mit Serotonin. Aus demselben Grund suchen viele auf so tragische Weise nach gesellschaftlicher Anerkennung (z. B. im Reality-TV), und es ist auch der Grund dafür, dass wenig attraktive, jedoch reiche oder berühmte Männer schöne Partnerinnen abkriegen.

Serotonin ist das Signal unseres Gehirns an uns, dass es uns gut geht; es gibt uns das wunderbar beruhigende Gefühl, dass wir in der Lage sind, unsere Bedürfnisse zu stillen. Allerdings wird Serotonin innerhalb weniger Minuten verstoffwechselt, weshalb unser Gehirn ständig auf der Suche nach neuen Wegen ist, mehr davon zu bekommen. Was wir haben, halten wir dementsprechend für selbstverständlich, und uns fallen überall Dinge auf, die nur die anderen haben. Der Jagd unseres Gehirns nach Serotonin entspringen solche Gedanken wie »Ich bin nicht gut genug« oder »Ich habe nicht genug«. Als Reaktion darauf setzt das Gehirn wiederum Cortisol frei, woraus Angst, Panik und ein Gefühl von Dringlichkeit erwachsen. Unserem rationalen Gehirn wird damit mitgeteilt, dass es nach Bedrohungen Ausschau halten soll, und schon wird die Negativspirale in Gang gesetzt. Bald glauben wir, mit unserem Leben stimme etwas nicht: Wir finden uns wahlweise zu dick / alt / arm / dumm. Kleine Enttäuschungen wachsen zu großen Sorgen um die Zukunft, die Welt und uns selbst … Hallo, Depression!

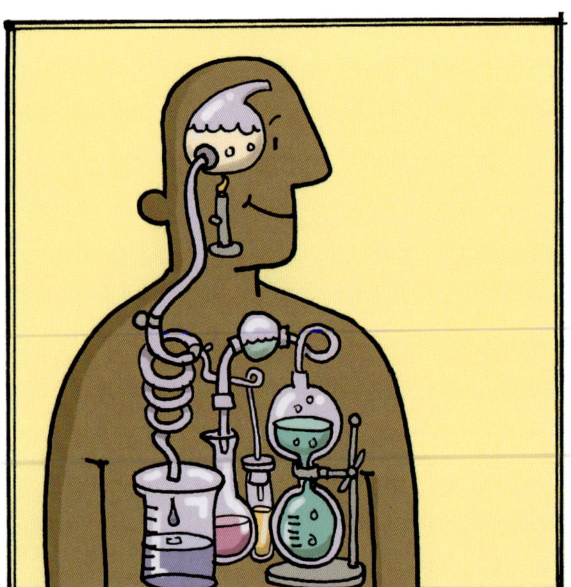

Wenn sich dieses Gefühl in Ihnen breitmacht, halten Sie inne und sagen Sie sich, dass es nicht mehr ist als eine chemische Reaktion, die wir aus grauer Vorzeit geerbt haben. Freuen Sie sich an dem, was Sie haben.

OXYTOCIN

Das auch als »Kuschelhormon« bekannte Oxytocin wird durch Berührung und Vertrauen freigesetzt. Es strömt, wenn wir uns sicher und geborgen und von einem oder mehreren Menschen unterstützt fühlen. In der Wildnis konnte man ohne die Unterstützung einer Gemeinschaft kaum überleben, deshalb hat sich durch natürliche Selektion ein Gehirn herausgebildet, das uns mit einem wunderbar warmen Gefühl belohnt, wenn wir soziale Bindungen eingehen.

Sind wir mit jemandem beisammen oder berührt uns eine Person, der wir vertrauen, löst das einen Oxytocin-Schub aus. Wird dieses Vertrauen enttäuscht, kommt es zu einem Cortisol-Schub.

Oxytocin soll und kann nicht zu einem dauerhaften Vergnügen werden, aber wir bekommen mehr davon, wenn wir:

- vertrauensvoll und gleichzeitig behutsam auf neue Menschen zugehen, das Vertrauen zu ihnen Schritt für Schritt aufbauen.
- uns die Wonnen einer Massage gönnen.
- lernen zu erkennen, wann wir grundsätzlich in Sicherheit sind. Beim gegenteiligen Gefühl handelt es sich meist nur um einen chemischen Überlebensmechanismus unseres Körpers. Lassen Sie los … es geht vorüber.

ENDORPHIN

Endorphin senkt unser Schmerzempfinden, indem es ein euphorisches Gefühl auslöst, das dem des Schmerzmittels Morphium ähnelt. Evolutionsgeschichtlich betrachtet ermöglichte es einem verletzten Tier, seinem Angreifer zu entfliehen. Diese Linderung hält etwa 20 Minuten an, dann kehrt der Schmerz umso heftiger zurück, damit sich Ihr Verstand wieder auf Ihre Blessuren konzentriert, Sie diese reparieren und sich anschließend fortpflanzen und Ihre Gene weitergeben … Alles klar?

Einer der besten Methoden, um die Endorphinproduktion anzukurbeln, ist sportliche Betätigung. Übermäßiges Trainieren bis hin zu Schmerzen und zum Läuferhoch schießt allerdings weit über das Ziel hinaus. Zumal sich ein ähnliches Stimmungshoch auch einfach durch Meditieren erreichen lässt, wie wir in Kürze sehen werden.

Unsere moderne Gesellschaft kann uns dazu verleiten, mit der Macht der Endorphine unsere Schmerzen zu vergessen. Dabei fahren wir besser damit, die Höhen und Tiefen des Lebens einfach zu akzeptieren, statt die Realität in einer Woge der Glückseligkeit wegzuspülen!

JAGEN SIE DEM GLÜCK NICHT HINTERHER

Der »Glückskult« unserer heutigen Gesellschaft schreibt uns vor, dass wir ständig happy sein müssen. Da unsere guten Botenstoffe allerdings nur wenige Minuten lang wirken, ist diese Jagd kraftraubend und führt zu nichts. Wenn wir hingegen unsere evolutionär geprägte Physiologie einfach akzeptieren, macht uns das zufriedener, lässt uns weniger schlechte Hormone produzieren und dadurch weniger Stress empfinden.

Sie können die Endorphinproduktion ankurbeln, indem Sie:

- lachen
- Freundschaften pflegen
- Zeit in der Natur verbringen
- Sport treiben – ohne dabei ins Extrem zu gehen.

Nicht alles im Leben unterliegt unserer Kontrolle …

… unsere Reaktion darauf allerdings schon.

WIE WIR AUF STRESS REAGIEREN

Obwohl unsere biologischen Grundlagen die gleichen sind, reagiert jeder Mensch aufgrund seines genetischen Erbes und seiner Erfahrungen unterschiedlich auf Stress.

Tierversuche haben ergeben, dass im Gehirn des Nachwuchses gestresster Mütter bleibende Schäden entstehen, die eine höhere Anfälligkeit für Stress bewirken. Das Verhalten der Eltern beeinflusst nämlich die Empfänglichkeit ihrer Kinder für Stress und auch die Art, wie diese ihn bewältigen. Kinder folgen den Taten, nicht den Worten ihrer Eltern, und dank der Neuroplastizität hinterlässt das, was wir in unseren prägenden Jahren lernen, bleibende Spuren. Wenn ein Kind mit Angststörungen zu mir in die Praxis kommt, muss ich deshalb oft zuerst den unter Ängsten leidenden Elternteil behandeln, bevor ich mich um das Kind kümmern kann.

Junge Menschen sind außerdem mit einer stressigeren Welt konfrontiert. Der Druck, den Gruppenzwang, soziale Medien, Schule, Prüfungen, Selbstwertgefühl, familiäre Probleme und die Jobsuche in einer wettbewerbsorientierten, volatilen Wirtschaft ausüben, ist heute meist schwerer auszuhalten als damals bei uns. Die Veränderungen des Hormonhaushalts und der eigenen Rolle sorgen bei Heranwachsenden für zusätzlichen Stress, Angstgefühle und sogar Depressionen. Ja, die Belastungen, die das simple »Erwachsenwerden« mit sich bringt, sind sehr stark mitverantwortlich für das Ausbilden psychischer Störungen. Der WHO zufolge machen psychische Erkrankungen weltweit bei den 10- bis 24-Jährigen etwa die Hälfte aller Krankheiten aus. Wir sollten uns daher bewusst machen, wie wir uns verhalten, und welchen Belastungen unsere Kinder ausgesetzt sind, dann können wir sie dabei unterstützen, gesund zu bleiben und alles gut zu bewältigen.

EIN MODELL FÜR UNSERE STRESSREAKTION

Das transaktionale Stressmodell von Lazarus und Folkman macht unseren Stress an den Interaktionen mit unserer Umwelt fest. Diesem Modell zufolge beinhaltet unsere Reaktion auf jeden Stressor:

- die Bewertung seines Schweregrads
- die Beurteilung, wie gut wir mit ihm umgehen können.

Mir gefällt dieses Modell, weil es berücksichtigt, dass eine bestimmte Bedrohung für jeden von uns etwas anderes bedeutet. Es ist unsere Wahrnehmung, die daraus einen Rückschlag, eine Herausforderung oder eine gute Gelegenheit macht. Außerdem kann man das Modell zur Erklärung stressbasierter Erkrankungen heranziehen. Menschen mit einer Angststörung (also mit krankhaftem Stress) etwa haben eine verzerrte Wahrnehmung der Welt. Je stärker sie von negativen Ereignissen ausgehen und je mehr sie davon überzeugt sind, diese nicht meistern zu können, desto schwerwiegender sind ihre Symptome. Sobald sie ihre Wahrnehmung vermeintlicher Bedrohungen ändern und/oder an ihren Bewältigungsstrategien arbeiten, geht es ihnen besser.

Aus meinem Leben: Kurze Lektionen in Sachen Stress

2 | EINE LEKTION ÜBER HUNDE

von Matthew Johnstone

Auf einer Reise durch die USA wurde ich zu einer Surftour nach Baja California in Mexiko eingeladen, der kleinen Landzunge, die südlich an San Diego und Tijuana grenzt. Baja ist karg und trocken … man kann aber hervorragenden Hummer essen und Wellen reiten. Bedauerlicherweise konnte ich nicht Wellenreiten.

Eines Nachmittags machte ich mich auf zu einer langen Wanderung entlang eines felsigen Küstenwegs. Nach etwa einer Stunde stieß ich auf ein auf einer Felskuppe gelegenes Häuschen mit Blick aufs Meer. Um die Wanderung fortzusetzen, musste ich durch den Hinterhof, und da ich nicht unbefugt eindringen wollte, rief ich freundlich »Hola!«. Die Antwort waren wütendes Gebell und Pfotengescharre. Auf einmal kamen zwei kleine Pudel und ein riesiger Pitbull auf mich zugerast. Die Pudel ließen sich zurückfallen und kläfften: »Unser Kumpel wird dich richtig fertigmachen!«

Der Pitbull hatte die Ohren angelegt, fletschte die Zähne und knurrte. Da ich mit Hunden aufgewachsen bin, wusste ich, dass sie Angst spüren und darauf reagieren. Während er mich umkreiste, holte ich also tief Luft und sagte so ruhig und aufmunternd wie irgend möglich: »Buen muchacho, buen muchacho!« (Braver Hund, guter Hund.) Hunde reagieren wohl eher auf den Tonfall als auf Worte – mein Glück, denn mein Spanisch ist miserabel! Anstatt mir meinen Fuß zu amputieren, beschnüffelte er ihn, hob das Bein und pinkelte mir auf die Turnschuhe. Das hielt ich ehrlich gesagt für einen ziemlich guten Ausgang, und so sagte ich noch einmal: »Buen muchacho!« Mit hoch erhobenem Kopf trottete der Pitbull mit seinen kleinen Amigos von dannen.

Nach Weiterwandern war mir nun nicht mehr zumute, also stapfte ich mit schmatzenden Schuhen zurück ins Lager.

DIE MORAL VON DER GESCHICHTE

Bekommen wir in einer stressigen Situation die eigene Reaktion auch nur ein Stück weit in den Griff, wendet das alles zum Guten.

DIE GESCHICHTE VON CARL
WOZU STRESS DIE MENSCHEN BRINGEN KANN

Unsere Bewältigungsstrategien haben einen ebenso starken Einfluss auf unser Stressempfinden wie unsere biologischen Voraussetzungen. Wie mein ehemaliger Klient Carl mit seinen Belastungen umging, hat – wie er selbst sagt – beinahe sein Leben ruiniert. Seine Geschichte ist ein abschreckendes Beispiel dafür, wie wir *nicht* versuchen sollten, Stress zu bewältigen.

Mit 35 war Carl ein profilierter leitender Angestellter eines börsennotierten Unternehmens und trug die Verantwortung für einen Jahresumsatz von 250 Millionen Dollar. Als ich ihn kennenlernte, war er von seiner Frau, mit der er 14 Jahre verheiratet gewesen war, und seinen beiden kleinen Kindern weggezogen. Er lebte aus dem Koffer im Wohnzimmer seines Cousins. Dort war gerade genug Platz für ein schmales Bett und einen Sessel, den er als Nacht-, Frisier- und Ablagetisch für sämtliche übrig gebliebenen Habseligkeiten nutzte.

Carls Persönlichkeit war beeindruckend – charmant, besonnen und charismatisch. Er konnte super mit Menschen umgehen, war der geborene Verkäufer und inspirierte seine Mitmenschen, es ihm gleichzutun. Wegen seiner durchgängig herausragenden Verkaufsleistungen wurde er zum landesweiten Vertriebsleiter befördert. Kurz bevor ich ihn kennenlernte, hatte ihn allerdings sein gesunder Menschenverstand verlassen. Einige Stressoren hatten sich bei ihm aufbauen und vervielfachen können, denn er war alles andere als gut mit ihnen umgegangen. Er hatte begonnen, den jeweils einfachsten Weg zu nehmen, hatte mehr Zeit im Büro und weniger Zeit daheim verbracht und seine Familie gemieden, weil er das Gefühl hatte, er würde ihr nicht gerecht.

Er meinte, er mache sich innerlich ständig Druck, als fleißig und erfolgreich dazustehen, deswegen habe er sich nie Zeit für sich selbst genommen. Er ist nicht mehr ins Fitnessstudio gegangen, hat sein Basketballteam verlassen und keine Abendspaziergänge mehr mit Frau und Kindern gemacht. Er aß nur noch unregelmäßig, viel Fertigkram und wenig nährstoffreich. Er wandte sich Alkohol und Drogen zu, um die obligatorische »Kundenbespaßung« besser durchzustehen. Von seiner Frau fühlte er sich missverstanden und entfremdet, und er begann eine Affäre mit einer Kollegin allein aus dem Grund, dass »wir so viel Zeit zusammen verbrachten und sie mich zu verstehen schien«. Er erzählte, er habe sich derart geschämt, dass er sich jeden Abend mit noch mehr Alkohol und Drogen betäuben musste.

Carls Tage waren lang, hart und ohne Pause. Sein Telefon begann um 7 Uhr früh zu klingeln und verstummte erst wieder gegen 8, 9 Uhr abends. Er hatte das Gefühl, »allem verzweifelt hinterherzuhecheln« oder »alles mechanisch zu erledigen, ohne jemals vorwärtszukommen«. Obwohl er im Büro noch immer »der Erfolgreichste« war, fühlte er sich so elend wie nie zuvor. Die Sonntage, seine einzigen freien Tage, verbrachte er mit seinen Kindern und unternahm hin und wieder Ausflüge mit ihnen, doch für keinen war das eine wirklich lustige oder bereichernde Erfahrung. Seine ganze Familie wurde in Mitleidenschaft gezogen.

Eines Tages hatte Carl wieder einmal einen Mahnbescheid wegen Geschwindigkeitsüberschreitung in der Post, doch diesmal entzog man ihm die Fahrerlaubnis für drei Monate, weil er zu viele Punkte angesammelt hatte. Für Carl war das die totale Katastrophe – er brauchte seinen Führerschein, denn er musste sich regelmäßig mit den Vertriebsleitern im ganzen Land treffen. Das setzte Carl noch mehr unter Druck, und so heckte er den Plan aus, einen Kollegen eine eidesstattliche Erklärung unterschreiben zu lassen, dass dieser der Raser gewesen sei, nicht er selbst.

Wie jeder weiß, machen Lügen alles nur noch schlimmer. Carl diskutierte seinen Plan mit dem Firmenanwalt, der ihm bei der Führerscheinrettung behilflich sein sollte. Was Carl nicht wusste: Die Firma wollte den Anwalt kündigen, also nutzte dieser Carls Lügengeschichte, um seiner Abfindungsforderung Nachdruck zu verleihen. Daraufhin wurde Carl mit Kündigung gedroht, wenn er die Dinge nicht ganz schnell wieder in Ordnung brachte.

Die folgenden Wochen waren für Carl »die absolute Hölle« – alles, wofür er in der Vergangenheit so hart gearbeitet hatte, schien zusammenzubrechen. Polizei und Vorstand musste er den Betrugsversuch beichten, wodurch er und sein Kollege in ernsthafte Schwierigkeiten kamen und ihre Vertrauenswürdigkeit verloren. Aufgrund seiner schlechten Bewältigungsstrategien und der miesen Entscheidungen, die er in der stressigen Situation getroffen hatte, schien der tiefe Fall von der Spitze, für die er Gesundheit, Familie und Selbstachtung geopfert hatte, unvermeidlich.

Carls Geschichte zeigt uns, wie anfällig der Stress uns dafür macht, wichtige Menschen wegzustoßen und Notlösungen zu suchen, welche die Probleme nur vergrößern. Schuld daran ist ein Konstruktionsfehler unseres Gehirns – die für die rationale Entscheidungsfindung zuständige Hirnhälfte wird im Rahmen der Stressreaktion blockiert.

WIE WIR MIT STRESS UMGEHEN

Die Art, wie wir Stress bewältigen, kann unsere Entscheidungsfähigkeit also beeinträchtigen und unseren Stress dadurch noch verschärfen. Werfen wir einen Blick auf die Forschung zum Thema Bewältigungsstrategien (auch »Coping-Strategien« genannt), um zu sehen, ob Sie persönlich Ihren Stress verringern oder verschlimmern.

BEWÄLTIGUNGSSTRATEGIEN

Die Wissenschaft unterscheidet zwischen zwei Formen von Bewältigung oder »Coping« – aktiver und passiver (mehr dazu auf der Seite gegenüber). Wir pendeln zwar zwischen beiden hin und her, doch eine davon ist unser Standardmodus.

Wenn wir uns gestresst fühlen, würden wir am liebsten so lange den Kopf in den Sand stecken, bis das Problem verschwindet, doch diese passive Herangehensweise macht meistens alles schlimmer. Dann flattern letzte Mahnbescheide ins Haus, verschärft sich die finanzielle Notlage, verschlechtern sich die Beziehungen noch weiter, und unsere Sorgen werden immer größer.

Männer wie Frauen verdrängen gerne ihren Stress, doch die Art und Weise, wie sie ihn verdrängen, unterscheidet sich voneinander. Männer schauen üblicherweise Sport oder Pornos, während Frauen eher shoppen gehen oder sich mit Freundinnen auf einen Kaffee oder einen Wein treffen. Gestresste Männer, insbesondere diejenigen, die ohnehin

PASSIVE BEWÄLTIGUNGSSTRATEGIE

Hier tun wir nicht viel, sondern warten und hoffen, dass die Situation besser wird oder sich von alleine auflöst. Wir umgehen das Problem, verkriechen uns oder tun so, als ob alles nicht so schlimm wäre. Auch Vermeidungsverhalten wie Alkohol- oder Drogenkonsum, Frustessen oder übermäßig viel Schlaf gehören dazu.

AKTIVE BEWÄLTIGUNGSSTRATEGIE

Hier unternehmen wir entweder selbst etwas, um das Problem zu lösen, oder wir holen uns Hilfe und Unterstützung von anderen. Die aktive Bewältigungsstrategie ist so ziemlich das genaue Gegenteil der passiven. Anfangs fürchten wir uns womöglich etwas davor, aber diese Strategie verleiht uns das Gefühl, unser Leben selbst in der Hand zu haben. Sie schenkt uns das nötige Selbstvertrauen, um die richtigen, unsere Situation verbessernden Entscheidungen zu treffen und dadurch unserem Stress entgegenzuwirken.

schon niedergeschlagen sind, betäuben gerne ihre Gefühle oder spielen mit dem Feuer. Sie trinken oder nehmen Drogen, zocken um Geld, gehen fremd oder prügeln sich. Beide Geschlechter greifen gern zu Alkohol und Zigaretten, Frauen neigen außerdem zu übermäßigem Essen, um mit Stress fertigzuwerden.

Anfangs mag all dies das Leid erfolgreich lindern, doch da wir mit diesen Stressreaktionen negative Emotionen verknüpfen, entstehen ungute Bewältigungspfade im Gehirn. Diese bauen noch mehr Stress auf, sobald die positiven Effekte nachlassen – durch erhöhten Blutdruck, größere innere Unruhe, gestörten Schlaf oder noch mehr zwischenmenschlichen oder finanziellen Druck.

Sich abzulenken (Serien schauen, im Netz surfen, Musik hören, in den sozialen Medien unterwegs sein) oder sich abzuschotten, sind andere beliebte Verdrängungstaktiken. Sich die Decke über den Kopf zu ziehen, mag sich anfangs gut anfühlen, doch es macht uns einfach nur müde. Mit der daraus entstehenden Lethargie können wir uns schlechter fokussieren und sind noch weniger in der Lage, mit dem jeweiligen Stressor umzugehen. Wenn wir uns isolieren, bringen wir uns außerdem um Trost und Unterstützung von Seiten unserer Familie und Freunde. Und wir können unseren Stress nicht in einen Kontext einordnen – das Leben besteht aus so viel mehr als nur diesem einen Moment oder Umstand.

AKTIVE BEWÄLTIGUNG VON STRESSOREN

STRESSOR	HERANGEHENSWEISE
SICH ZU VIEL AUFLADEN	Lernen Sie, Nein zu sagen und zu delegieren. Erstellen Sie eine Liste und gehen Sie jede Aufgabe Schritt für Schritt an.
NICHT GENÜGEND AUSZEITEN	Legen Sie tägliche Pausen fest. (Gleich heute mit einer ausreichenden Mittagspause beginnen.)
ZU WENIG RAUSKOMMEN	Planen Sie einen Urlaub oder Wochenendtrip und beginnen Sie mit den Vorbereitungen dafür.
KEINE ZEIT FÜR SPORT	Jeden Tag etwas Bewegung einbauen, auch wenn es anfangs nur 10 Minuten sind. Suchen Sie eine Sportart, die Sie mögen und die nicht viel kostet.

WIE WIR UNS NOCH MEHR STRESS HERBEIDENKEN

Selbst wenn wir die meiste Zeit eine eher aktive Bewältigungsstrategie verfolgen, können wir unserer Wahrnehmung zum Opfer fallen, die mitunter Probleme sieht, wo gar keine sind. Studien haben gezeigt, dass unser Verstand eine Menge Denkfehler und falscher Annahmen macht, d. h. viele unserer Stressoren sind nur *eingebildete* Stressoren, sie existieren nicht wirklich.

Der Trick besteht darin, zu erkennen: Es sind unsere *Gedanken*, nicht die realen Umstände, die die Emotion und die Stressreaktion herbeigeführt haben. Sobald wir unseren Gedanken nicht mehr uneingeschränkt glauben, kann die Emotion abflauen, der problemlösende Teil unseres Gehirns reaktiviert und letztendlich das Problem gelöst werden.

Es ist nicht ganz leicht, den wachsamen Pförtner für unsere Gedanken zu spielen, wenn uns jeden Tag Zehntausende davon durch den Kopf schießen! Die überwältigende Mehrheit unserer Gedanken ist, so wird vermutet, negativ und repetitiv. Unsere Gedanken sind also nicht nur negativ und kreisen um Dinge, die entweder gar nicht passieren oder uns keinen Schaden zufügen werden, sondern es sind auch noch die gleichen wie am Tag zuvor. Fazit: Wir müssen uns dessen bewusst sein, auf welche Weise der Verstand um Aufmerksamkeit buhlt.

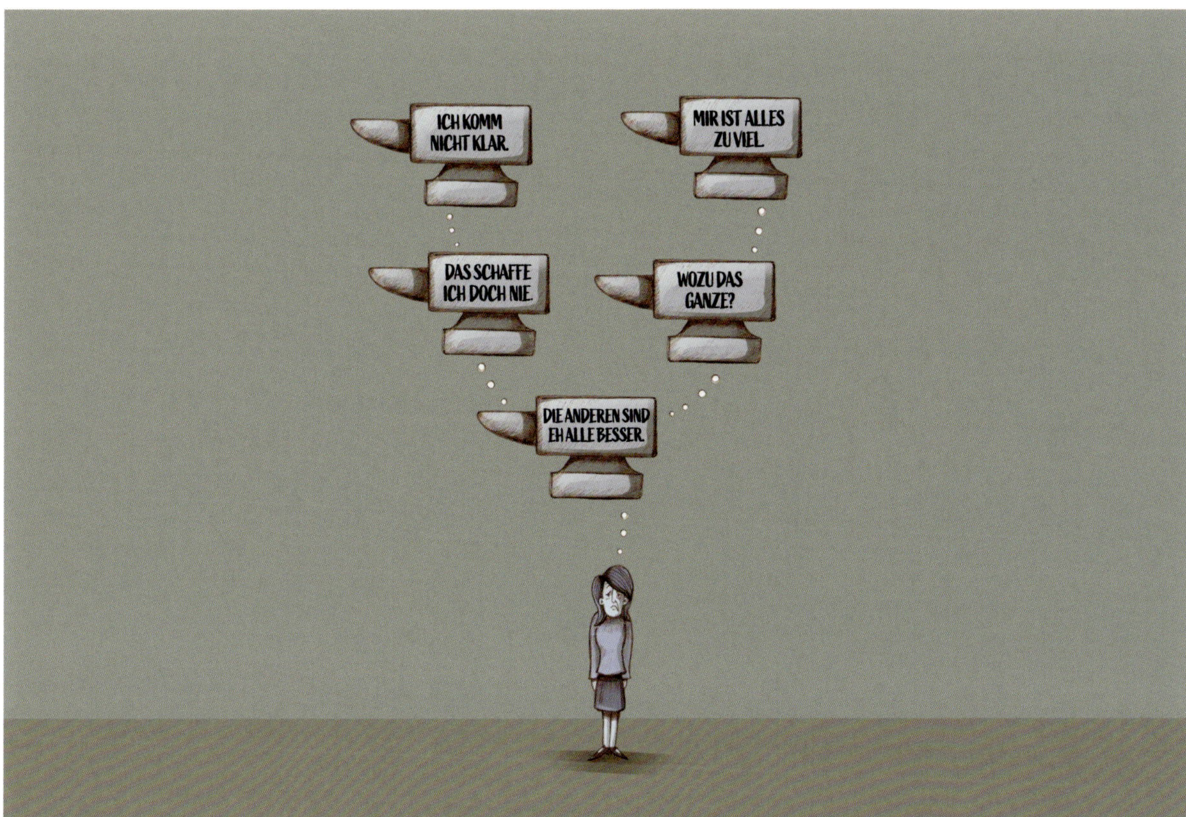

Wie Sie Ihre falschen Annahmen loswerden

FALSCHE ANNAHMEN UND DENKFEHLER

Hier ist eine Liste der falschen Annahmen und Denkfehler, die unser Verstand Tag für Tag produziert, Minute für Minute, Sekunde für Sekunde. Wie viele davon haben Sie heute schon abgehakt?

KATASTROPHISIEREN Alles über Gebühr aufblasen: aus einer Mücke einen Elefanten machen. Sie gehen vom Schlechtesten aus und denken sich die schlimmstmöglichen Katastrophen aus, die aus einer relativ kleinen Sache erwachsen könnten.

SCHWARZ-WEISS-DENKEN Auch Alles-oder-nichts-Denken oder dichotomes Denken genannt: ein Denken ausschließlich in Extremen, ohne Schattierungen und Zwischenstufen. Sie neigen dazu, sich selbst, die anderen und einfach alles als entweder komplett falsch oder komplett richtig, komplett gut oder komplett böse zu betrachten.

PERSONALISIEREN Zu denken: »Das ist alles mein Fehler«. Sie geben sich selbst die Schuld an allem, was falsch läuft, auch wenn Sie nur zu einem Teil oder überhaupt nicht verantwortlich sind.

VOREILIGE SCHLÜSSE ZIEHEN Auf der Basis von »Gedankenlesen« oder »Wahrsagen«. Sie gehen gewohnheitsmäßig von etwas Negativem aus, auch wenn es dafür keine wirklichen Anhaltspunkte gibt. Sie glauben, die (negativen) Gedanken oder Absichten anderer lesen zu können (»Sie hält mich für einen Versager«). Sie haben auch den Eindruck, eine Zukunft voraussehen zu können, in der alles übel kommen wird (»Ich werde garantiert gefeuert«).

SELEKTIVE AUFMERKSAMKEIT Nicht das große Ganze sehen. Sie fokussieren sich auf die negativen Aspekte einer Situation und vergessen, ignorieren oder leugnen sämtliche positiven Aspekte. Ein typisches Beispiel von »Tunnelblick«.

SOLLEN- UND MÜSSEN-SÄTZE Sie haben unrealistische Erwartungen und setzen sich selbst und die anderen unter unnötigen Druck. Sie benutzen die Formulierungen »Ich sollte« und »Ich muss«, um an diesen starren Erwartungen festzuhalten.

ETIKETTIEREN Sie geben sich oder anderen häufig aufgrund einiger weniger Vorkommnisse abfällige Bezeichnungen. Am häufigsten in etwa so: »Ich bin ein Idiot/Lügner/Betrüger« oder »ein schlechter Partner/Sohn« etc.

ÜBERGENERALISIEREN Sie übertragen ein bestimmtes Vorkommnis aus der Gegenwart oder Vergangenheit auf jede andere Situation. Sie verwenden Satzbausteine wie »Ich konnte noch nie …«, »Du machst andauernd …«, »Die lassen immer …«. Diese Generalisierungen treffen niemals zu.

EMOTIONALE BEWEISFÜHRUNG Die Welt ausschließlich durch eine emotionale Brille sehen. Sie lassen Ihre Gefühle bestimmen, wie Sie eine Situation oder sogar sich selbst einschätzen. Was kein Problem ist, wenn man ruhig und konzentriert ist, bei Stress und Niedergeschlagenheit jedoch zu einem echten Problem wird, denn dann leiten Sie alles aus Ihren Gefühlen ab und ignorieren dabei die Fakten: »Ich fühle mich wie eine Versagerin, also bin ich auch eine«.

MAXIMIEREN UND MINIMIEREN Sie lobpreisen das Können anderer und schmälern gleichzeitig Ihre eigenen Fähigkeiten und Leistungen, indem Sie sagen, das Erreichte sei Zufall oder Glück gewesen. Sie übertreiben die negativen Aspekte einer Situation, ihre positiven Aspekte hingegen ignorieren Sie oder spielen Sie herunter.

DENKFEHLER ÜBERLISTEN

Wenn Sie bemerken, dass ein Denkfehler Sie blockiert und Ihren Stressometer aufheizt, ist das hier Ihre Notfallmaßnahme.

ÜBUNG: GEDANKEN SIND KEINE FAKTEN

Stellen Sie sich ein Sofa vor. Nicht irgendeines, sondern das atemberaubend schönste und bequemste Sofa, das Sie herbeifantasieren können. Fangen wir mit der Farbe an – uni oder gemustert? Dann das Gestell – aus Metall oder Holz? Und welches Material – schweres Leder oder weicher Stoff? Wie viele Menschen finden darauf Platz? Welche Kissen liegen darauf? Hat es eine verstellbare Rücklehne oder eine Massagefunktion? Stellen Sie sich in den nächsten paar Minuten Ihr ganz persönliches Traumsofa vor, von Ihnen und für Sie designt.

Und dann setzen Sie sich auf dieses Sofa und lesen weiter … Was soll das heißen, Sie können das nicht?

Klar können Sie nicht. Trotz der ganzen Geistesarbeit ist dieses wunderbare Sofa natürlich nur ein Gedanke und damit – wie jeder andere Gedanke, den Sie jemals hatten oder haben werden – nicht echt.

Gedanken sind keine Fakten. Keine Befehle, die wir befolgen müssen. Keine universalen oder absoluten Wahrheiten, kein Grund zur Furcht. Sie sind lediglich das Resultat elektrischer Aktivität zwischen einer Anzahl von Neuronen (Nervenzellen) in unserem Gehirn, mit der wir eine Geschichte zusammenbauen. Und sämtliche Gedanken über uns selbst – wie schlecht oder unzulänglich wir sind – sind genauso real wie jenes Sofa. In stressigen Phasen, wenn unser Denken oft ziemlich irrational wird, produzieren wir noch mehr negative Gedanken über uns selbst, was auf die Stimmung drückt und uns noch mehr gefährdet.

VERHALTEN IM NOTFALL

STELLEN SIE SICH DIESE FRAGEN. BLEIBEN SIE AUF DEM BODEN DER TATSACHEN:

- Lässt sich diese Situation auch anders sehen?
- Ist meine Reaktion wirklich angemessen?
- Was ist das Schlimmste, das passieren kann? Was das Beste?
- Kann ich die Situation irgendwie verändern?
- Was wird höchstwahrscheinlich passieren? Wie gehe ich damit um?
- Was würde ich einer Freundin in der gleichen Situation raten?

STRESS UND DAS ABC-MODELL

Wir alle schieben unser Unglück hin und wieder (oder immer!) auf die anderen, die Umstände, die Gene oder gar den Staat. Im Fachjargon heißt das *externale Kontrollüberzeugung*, wir übernehmen also keine Verantwortung für das, was uns geschieht. So zu denken, ist problematisch, denn dann fühlen wir uns ganz tief im Innern der Gnade der Welt ausgeliefert und nicht als Herr unseres Schicksals. Ganz eng mit dieser Idee verknüpft ist auch der weit verbreitete Glaube, dass das, was uns geschieht, ein gutes, schlechtes oder anderweitiges Gefühl in uns auslöst. Dabei ist es unsere *Interpretation* des Geschehnisses, das ein bestimmtes Gefühl in uns auslöst.

Dazu ein Beispiel: Ihre Chefin behandelt Sie ungerecht – sie heimst nach einem erfolgreichen Projektabschluss die ganzen Lorbeeren allein ein, obwohl dieser Erfolg Ihrer harten Arbeit zu verdanken war. Eine mögliche Schlussfolgerung daraus wäre, dass Ihre Chefin Sie verärgert. Tatsache ist jedoch, dass nicht Ihre Chefin Sie verärgert. Sie war zwar respekt- und gefühllos, doch verärgert hat Sie allein Ihre Wahrnehmung, Ihre Interpretation der Geschehnisse. Es bedarf also immer eines Zwischenschritts. Ihrer Chefin gehen Sie jetzt vielleicht erst mal aus dem Weg oder Sie stecken nicht mehr so viel Arbeit in ihr nächstes Projekt – aber den Schlüssel zu Ihren Gefühlen sollten Sie ihr nicht aushändigen.

Die von Aaron Beck und Albert Ellis in den 1960er-Jahren entwickelte Kognitive Verhaltenstherapie (KVT) liefert uns ein tragfähiges Gerüst, mit dem wir unsere Reaktionen auf Ereignisse überprüfen können, indem es jede Situation in klare Schritte zerlegt.

1. SCHRITT: AUSLÖSENDES EREIGNIS

Das Ereignis, das vorgefallen ist.

2. SCHRITT: BEURTEILUNG

Wie wir das Ereignis bewerten bzw. interpretieren.

3. SCHRITT: KONSEQUENZEN

Unsere Gedanken, Emotionen, Gefühle und Verhaltensweisen.

Wie wir das ABC-Modell anwenden

Wenn wir jedes Ereignis, das uns bekümmert, auf die grundlegenden ABC-Komponenten herunterbrechen, erkennen wir, wo unsere Denkweise ein wenig verzerrt ist und was daran uns womöglich Stress bereitet. Nutzen Sie die einfache Tabelle auf der gegenüberliegenden Seite zur Klärung Ihrer Gedanken und Gefühle, wenn ein Ereignis eine starke Emotion (und meist auch eine starke Reaktion) hervorruft.

Achten Sie auf all die Denkfehler (in Klammern), die unsere Emotionen und Gefühle steuern und damit unser Verhalten beeinflussen. Sie bringen uns dazu, den uns unterstützenden Menschen auszuweichen und die Aufgabe selbst zu verdrängen (also eine passive Bewältigungsstrategie zu nutzen). Sie können sich auch auf unsere Ruhezeiten auswirken und für körperlichen Stress sorgen.

Das Erlernen des neuen ABCs erfordert ein wenig Übung, besonders weil wir so gewohnt sind, auf das Ereignis zu reagieren und nach Umständen und Menschen zu suchen, denen wir die Schuld zuschieben können. Doch sobald Sie den Dreh raus haben, sind Sie merklich weniger reaktiv, haben Ihre Emotionen besser im Griff und fühlen sich viel weniger gestresst!

A AUSLÖSENDES EREIGNIS	B BEURTEILUNG	C KONSEQUENZEN
Wo waren Sie, was ist passiert? Fassen Sie sich kurz und bleiben Sie bei den Fakten.	Was ging Ihnen durch den Kopf? Wie haben Sie die Situation interpretiert? Was haben Sie gemutmaßt oder vorhergesagt?	Welche Emotionen hatten Sie? Wie haben Sie sich gefühlt? Wie haben Sie sich verhalten?
▪ Mir wurde ein neues Projekt mit einer knappen Abgabefrist übertragen.	▪ Ich habe keine Ahnung, wie man das macht. (Maximieren und Minimieren) ▪ Das kriege ich niemals in der Zeit hin. (Voreilige Schlüsse ziehen – Wahrsagen) ▪ Mein Chef wird total sauer auf mich sein. (Voreilige Schlüsse ziehen – Wahrsagen) ▪ Die werden mich feuern. (Katastrophisieren)	▪ **EMOTIONEN:** traurig, angstvoll ▪ **GEFÜHLE:** besorgt, verärgert, gestresst, beschämt ▪ **VERHALTEN:** vor den Kollegen verkrochen, im Netz gesurft, statt zu arbeiten ▪ **KÖRPERLICHE SYMPTOME:** Schlafprobleme, Verspannungen, Bauchschmerzen

Bei Gedanken, Gefühlen und Emotionen handelt es sich keineswegs um Fakten.

SELBSTCOACHING: ÜBERPRÜFEN SIE IHRE GEDANKEN

Indem wir quälende Gedanken überprüfen, können wir ihren Einfluss auf unsere Stimmung und auf unser Handeln erwiesenermaßen verringern. Wenn wir überarbeitet, gestresst oder einfach nur müde sind, kann die Überprüfung der Gedanken den entscheidenden Unterschied bewirken, wie es uns damit geht.

Bevor Sie mit diesem Selbstcoaching beginnen, stellen Sie sich zunächst die folgenden beiden Fragen:

1. Löst dieser Gedanke in mir ein besseres oder ein schlechteres Gefühl aus?
2. Hilft mir dieser Gedanke beim Planen der nächsten Schritte oder entmutigt er mich und hält mich davon ab, etwas zu unternehmen?

Wie Sie Ihre Gedanken überprüfen

Wenn Sie feststellen, dass Ihnen der Gedanke ein schlechtes Gefühl gibt und Sie vom notwendigen Handeln abhält, ist das Überprüfen der Gedanken eine gute Maßnahme, um zu einer realistischeren Sichtweise auf sich selbst oder Ihre Situation zu gelangen. Holen Sie sich dafür Ihr **NOTIZBUCH**.

1. SCHRITT

Notieren Sie, was Ihnen auf die Stimmung schlägt

Zum Beispiel: »Mein Chef gab mir meinen Bericht mit einem Haufen Korrekturen zurück.«

2. SCHRITT

Notieren Sie, welche Gefühle das in Ihnen auslöst

Nehmen Sie die Wörter, die Ihnen sofort in den Kopf schießen, ob positiv oder negativ. »Beschämt« und »besorgt« könnten das bei obigem Beispiel sein. Andere typische Begriffe: erfreut, glücklich, zufrieden, akzeptierend, überrascht, bekümmert, verärgert, frustriert, gestresst, traurig oder wütend.

3. SCHRITT

Notieren Sie Ihre negativen oder nicht konstruktiven Gedanken

Was geht Ihnen durch den Kopf? Was genau beunruhigt Sie an dieser Situation? Zum Beispiel: »Mein Chef denkt bestimmt, dass ich nichts kann und nichts bringe. Was, wenn ich gefeuert werde? Wie soll ich dann Miete und Essen bezahlen? Das stellt mein ganzes Leben auf den Kopf!«

Sich ein paar vernünftige Fragen zu stellen, bringt unsere Gedanken wieder ins Gleichgewicht und trägt dazu bei, den Stress herunterzufahren.

4. SCHRITT

Beruhigen Sie sich und spüren Sie alle Ihre Denkfehler auf (vergleiche Seite 47)

Bei unserem Beispiel wären das: Katastrophisieren, das Ziehen voreiliger Schlüsse, außerdem Übergeneralisierung und zur Abrundung noch ein Schuss Schwarz-Weiß-Denken. Ganz schön viele Denkfehler für eine einzige Situation!

5. SCHRITT

Suchen Sie sich 3 Fragen aus dieser Liste aus

Notieren Sie anschließend Ihre Antworten.

- Basieren Ihre Gedanken auf Fakten? Welche sind diese Fakten?
- Ließe sich vernünftiger / ausgewogener / konstruktiver darüber nachdenken?
- Ist die Situation wirklich so schlimm, wie Sie es sich gerade vorstellen?
- Liegen Sie richtig, bloß weil Sie etwas vermuten?
- Ließe sich alles auch in einem anderen Licht betrachten?
- Wie würden andere Menschen die Situation sehen? Wie würden sie das Ganze bewerten?
- Fokussieren Sie sich vielleicht auf die negativen Aspekte und ignorieren alles andere?
- Welche positiven Aspekte haben Sie bislang nicht bemerkt?
- Was könnten Sie unmittelbar jetzt unternehmen, um mit dieser Situation besser umgehen zu können?
- Was wäre das Schlimmste, das passieren kann? Wie wahrscheinlich ist das? Und falls es passieren würde, wie könnten Sie damit fertigwerden?
- Wie geht das Ganze im schlimmsten, im besten und im wahrscheinlichsten Fall aus?
- Übergeneralisieren Sie vielleicht?

6. SCHRITT

Formulieren Sie eine ausgewogenere und realistischere Sichtweise Ihrer Situation

Verwenden Sie hierzu die Antworten auf die von Ihnen im 5. Schritt ausgewählten Fragen, zum Beispiel: »Mein Chef ist bislang immer zufrieden mit meiner Arbeit gewesen, also ist es wohl eher unwahrscheinlich, dass ich wegen dieses einen Berichts gefeuert werde. Korrekturen habe ich schon immer mal von ihm bekommen, wobei sein Feedback stets nützlich und niemals pingelig und kleinlich war. Einen persönlichen Hintergrund hatte es daher wohl kaum. Ich habe öfter zu hören bekommen, wie schwierig dieses Projekt doch sei, wenn mein Chef es mir anvertraut hat, wird er also kaum denken, dass ich nichts kann.«

Eine ausgewogenere Reaktion ist demnach: »Ich muss die Anmerkungen meines Chefs genau durchgehen und schauen, ob ich daraus etwas lernen kann. Wenn ich mir wegen irgendetwas nicht sicher bin, kann ich immer noch nachfragen.«

7. SCHRITT

Betrachten Sie Ihre Gefühle jetzt nochmals

Sie könnten zum Beispiel denken: »Ehrlich gesagt bin ich noch immer etwas enttäuscht, dass ich nicht gleich alles richtig gemacht habe – aber ich bin perfektionistisch veranlagt, also ist das kein Wunder. Ich kann die Rückmeldung nun besser annehmen und fühle mich tatkräftiger und weniger besorgt.«

Aus meinem Leben: Kurze Lektionen in Sachen Stress

3 | EINE LEKTION ÜBER EIN BUCH

von Matthew Johnstone

Im Jahre 2009 arbeitete ich wie wild an dem Buch *The Alphabet of the Human Heart: The A to Zen of Life*, das ich gemeinsam mit meinem Kindheitsfreund James Kerr schrieb, der mich übrigens auch dazu gebracht hatte, in die Werbung zu gehen. James ist ein hervorragender Autor, und in meinen Augen war er genau der Richtige für dieses Buch.

Es waren nur noch wenige Monate bis zum Abgabetermin bei unserem Verlag, und mein Perfektionismus und Stressgefühl hatten leider den Höhepunkt erreicht. Ich hatte zur Entlastung eine Grafikerin engagiert, doch – oh Wunder! – es klappte nicht mit ihr, also entließ ich sie. James arbeitete vor sich hin, aber ich hatte noch nichts davon gesehen, und das machte mich nervös. Da er in London lebt, konnten wir außerdem nur ganz früh morgens oder spätabends miteinander sprechen. Ich konzipierte, illustrierte, gestaltete, versuchte, mit John in Kontakt zu bleiben – und hatte zunehmend weniger Spaß.

Eines Abends rastete ich dann aus und knallte John folgende E-Mail hin: »Kann nicht schlafen. Macht mir alles keinen Spaß mehr. Abgabetermin wird nicht klappen, taugt bestimmt eh alles nichts. Hasse meine Zeichnungen.« Kleine Warnung: Bei loderndem Zorn oder akutem Stress bloß keine E-Mails verschicken, denn Tonfall kann man nicht lesen. Für James muss sie ziemlich überraschend gekommen sein, schließlich hatte ich bislang keine Zweifel geäußert.

Von Zeit zu Zeit haben wir Offenbarungen, uns überkommt etwas oder wir werden wie vom Blitz getroffen. Das passiert aufgrund eines zufällig mitangehörten Gesprächs, einer Überschrift oder eines Graffitos. Bei mir war es die wohlüberlegte Antwort von James. Seine E-Mail lautete ganz einfach: »Lies das verdammte Buch!«

Das war ehrlich gesagt ein äußerst kluger Ratschlag. James hatte absolut recht. Im Buch ging es um Sinnhaftigkeit, Zielgerichtetheit und Ausgeglichenheit, und ich setzte nichts von dem um, was ich schrieb. Keiner hämmerte an meine Tür und schrie: »Wo bleibt das Buch?«. James sagte nicht: »Deine Zeichnungen und Ideen sind totaler Mist!« Da war bloß ich, und ich quälte mich selbst.

Als ich die E-Mail las, musste ich laut loslachen. Ich fuhr sofort den Computer herunter und machte mich daran, mich um mich selbst zu kümmern. Ich schwor mir, nie wieder derart neben die Spur zu geraten, und das ist ehrlich auch nie wieder passiert.

DIE MORAL VON DER GESCHICHTE

In kurzen Sätzen steckt mitunter große Weisheit.

Seien Sie freundlich zu sich selbst.

GEHEN SIE AUF ABSTAND ZU IHREN GEDANKEN

Die Methode, Gedanken zu überprüfen, wird zwar bei den meisten übereifrigen Gedanken funktionieren, doch es gibt Situationen, da ist es schwierig, wenn nicht gar unmöglich, einen negativen Gedanken abzuschütteln (meist betrifft er wahrscheinlich Sie selbst). In diesen Fällen kleben wir regelrecht an einem Gedanken – wir sind in einer *Fusion mit ihm*, wie es in der Fachsprache heißt. Dann müssen wir uns wieder von ihm lösen, *kognitive Defusion* ist angesagt.

In solchen Situationen bekommen wir zu hören, dass wir distanziert oder geistesabwesend wirken oder in unserer eigenen Welt versunken scheinen, und dass wir uns doch bitte entspannen und nicht weiter daran denken sollen. Aber was passiert, wenn wir versuchen, an irgendetwas *nicht* zu denken? Richtig, wir alle wissen es: Wir können *nur noch* daran denken. Versuchen Sie mal, *nicht* an einen tanzenden rosa Elefanten zu denken … sehen Sie?

Kognitive Defusion

Studien haben gezeigt, dass uns die kognitive Defusion unterstützt, beharrlich haftende Gedanken loszuwerden. Es handelt sich dabei um eine psychologische Technik der Akzeptanz- und Commitmenttherapie (ACT), die uns hilft, trotz dieser Gedanken zurechtzukommen. Sie können damit sozusagen die Lautstärke in Ihrem Gehirn nach unten drehen, bis die Gedanken sich von übermächtigem Heavy Metal zu einer Art Hintergrundgeräusch gewandelt haben.

Entscheidend dabei ist, dass Sie auf Abstand gehen und Ihre Gedanken aus der Entfernung betrachten, anstatt sich

von ihnen überwältigen zu lassen. Ziel ist es, den Blick auf *Ihre Gedanken* zu lenken, statt den Gedanken zu erlauben, Ihren Blick auf *die Welt* zu lenken.

Nehmen wir ein Beispiel. Nachdem Ihnen bei der Arbeit ein Patzer unterlaufen ist, mögen Sie denken: »Ich bin total dämlich, wie konnte das nur passieren?« Während Sie das denken, ist Ihnen gar nicht klar, dass es sich dabei um einen Gedanken handelt. Sie sind mit ihm verschmolzen, er ist das, was Sie glauben (oder was Sie gesagt bekamen). Also hat es für Sie den Anschein, als seien Sie das tatsächlich – dämlich. Nun sollten Sie etwas Distanz schaffen, damit der Gedanke Sie nicht bis nach Hause verfolgt und Ihnen das Leben schwer macht.

Wie wir uns mittels Defusion von einem Gedanken lösen

Mithilfe der folgenden Schritte können Sie die kognitive Fusion und Defusion austesten. Das wird Ihnen weiterhelfen, wenn es dringend nötig ist, und das Verhältnis zu Ihrem Verstand nachhaltig verändern.

1. SCHRITT

Spüren Sie einen negativen Gedanken auf

Notieren Sie einen negativen, übertrieben selbstkritischen Gedanken in Ihrem **NOTIZBUCH**, beispielsweise die Antwort auf eine der folgenden Fragen: Was sagt Ihr Verstand über Ihren Körper, wenn Sie in den Spiegel schauen? Was sagt Ihr Verstand über Ihre Kompetenzen bei der Arbeit? Was sagt Ihr Verstand darüber, was Ihre Freunde von Ihnen halten?

2. SCHRITT

Fassen Sie den Gedanken in einen kurzen Satz und verschmelzen Sie mit ihm (Kognitive Fusion)

Zum Beispiel »Ich bin zu fett.« Konzentrieren Sie sich die nächsten 20 Sekunden auf diesen Gedanken – schenken Sie ihm Ihre volle Aufmerksamkeit, glauben Sie so fest wie nur irgend möglich daran. Was fällt Ihnen auf? Fühlt sich ganz schön furchtbar an, finden Sie nicht? Wenn wir das nämlich so sagen, glauben wir auch daran.

3. SCHRITT

Lösen Sie sich von dem Gedanken (Kognitive Defusion)

Lassen Sie den Gedanken in Ihrem Kopf noch einmal ablaufen, leiten Sie ihn aber mit dem Satzteil »Ich denke gerade, dass …« ein. Also zum Beispiel: »Ich denke gerade, dass ich zu fett bin.« Lassen Sie diesen neuen Satz 20 Sekunden lang ablaufen.

4. SCHRITT

Lösen Sie sich noch stärker von dem Gedanken (Kognitive Defusion)

Lassen Sie den Gedanken noch einmal in Ihrem Kopf ablaufen, leiten ihn diesmal aber mit »Mir fällt auf, dass ich gerade denke, dass …« ein. Also zum Beispiel: »Mit fällt auf, dass ich gerade denke, dass ich zu fett bin.« Lassen Sie diesen Satz 20 Sekunden lang ablaufen.

Spüren Sie dieser Übung einen Moment lang nach. Haben Sie sich von dem Gedanken ein wenig distanziert oder gelöst? Kam er Ihnen weniger »echt« vor? Wenn nicht, gehen Sie die Übung noch einmal mit einem anderen Gedanken durch.

Das bloße Voranstellen einiger Wörter kann Ihnen dabei helfen, sich von einem quälenden Gedanken zu lösen. Probieren Sie auch folgende Satzbausteine aus:

»Mein Verstand sagt mir gerade, dass …«

»Mit fällt auf, dass mir mein Verstand gerade sagt, dass …«

»Hey, Verstand, nicht ICH bin das Problem, sondern eindeutig DU!«

Kognitive Defusion mittels Visualisierung

Der Psychologe Dr. Russ Harris und andere ACT-Forscher haben eine Vielzahl an Methoden der kognitiven Defusion erarbeitet. Manche Menschen schätzen die verbale Herangehensweise sehr, andere nutzen lieber ihre Vorstellungskraft, um sich von ihren Gedanken zu lösen. Wenn wir uns unsere Gedanken bildlich vorstellen, können wir sie leichter als von uns getrennte Objekte begreifen und dadurch klügere und ausgewogenere Entscheidungen für das weitere Vorgehen treffen. Und denken Sie daran: Unser Tun beeinflusst unsere Gefühle.

Lassen Sie uns das gleich in die Praxis umsetzen. Visualisieren Sie einen Gedanken – oder benennen Sie ihn oder geben Sie ihm eine Farbe –, und lassen Sie ihn anschließend los. Hier einige Vorschläge für mögliche Visualisierungen:

- Wolken, die am Himmel schweben oder fliegende Vögel.
- Wellen, die sich im Meer auf und ab bewegen. Sie können sie vom Land aus betrachten, ohne davongespült zu werden.
- Blätter und Zweige, die einen Fluss hinuntertreiben. Sie müssen nicht hineinspringen; Sie können alles von einer Brücke aus betrachten.
- Züge, die ein- und abfahren, während Sie ihnen vom Bahnsteig aus zusehen.
- Koffer, die am Flughafen auf ein Gepäckband plumpsen. Sie können ihnen beim Vorbeifahren zuschauen, ohne sie in die Hand nehmen zu müssen.
- Fremde Menschen, die auf der Straße an Ihnen vorbeigehen. Sie können ihnen zunicken, müssen aber nicht anhalten und sich mit ihnen unterhalten.
- Pop-up-Fenster im Internet. Sie müssen sie nicht anklicken.

Unsere größte Waffe gegen den Stress ist unsere Fähigkeit, einen Gedanken dem anderen vorzuziehen.

WILLIAM JAMES

Weitere Techniken der kognitiven Defusion

Hier sind fünf weitere Methoden, mit denen Sie sich von problematischen Gedanken lösen können:

1 Wiederholen Sie den Gedanken

Sagen Sie den Gedanken immer wieder auf, schneller und schneller. Probieren Sie es jetzt gleich aus, wenn Sie ungestört sind. Sie werden staunen, wie schnell der Gedanke bedeutungslos – und vor allem wirkungslos – wird.

2 Geben Sie Ihrer Geschichte einen Titel und danken Sie Ihrem Verstand

Bringen Sie den Gedanken auf den Punkt, indem Sie ihm einen Titel geben. Falls Sie zum Beispiel immer wieder »Ich bin eine solche Lusche« denken, dann nennen Sie ihn »Die Geschichte von der Lusche«. Wenn der Gedanke das nächste Mal aufkommt, sagen Sie: »Ah, da ist wieder die Geschichte von der Lusche. Herzlichen Dank, Verstand«. Anschließend lenken Sie Ihre Aufmerksamkeit wieder auf das, was Sie gerade tun.

3 Verfremden Sie den Gedanken durch alberne Intonation

Sagen Sie den Gedanken in Zeitlupe oder mit alberner Stimme oder singen Sie ihn zur Melodie eines Kinderlieds.

4 Verfremden Sie den Gedanken, indem Sie ihn in Buchstaben verwandeln

Stellen Sie sich vor, Ihr Gedanke würde wie bei einem Bildschirmschoner über den Computer laufen oder wie beim Karaoke fortlaufend mit einer anderen Farbe unterlegt.

5 Verfremden Sie den Gedanken, indem Sie einen Comicstrip daraus machen

Machen Sie aus Ihrem Gedanken einen Comic mit Handlungsabfolge. Achten Sie darauf, dass er ein möglichst bescheuertes, slapstickhaftes Ende hat.

Die kognitive Defusion ist eine der wichtigsten Kompetenzen, die Sie sich aneignen können. Probieren Sie jeden Tag eine neue Methode. Setzen Sie für Ihre beharrlich wiederkehrenden Gedanken die ein, die Ihnen am besten gefällt.

Aus meinem Leben: Kurze Lektionen in Sachen Stress

4 | EINE LEKTION ÜBER SCHLECHTE NACHRICHTEN

von Matthew Johnstone

Als ich mich einmal mit einem Freund im Café traf, meinte ich: »Echt grauenhaft, was da gerade in Syrien passiert, oder?« Er entgegnete mir: »Was passiert denn gerade in Syrien?« Ich sagte: »Na, du weißt doch, die Regierung bombardiert die Zivilbevölkerung, und der IS verübt diese absolut furchtbaren Gräueltaten.« »Nein, das wusste ich nicht«, meinte er zu mir. »Ernsthaft? Schaust du denn keine Nachrichten?«, rief ich. Woraufhin er antwortete: »Nein, ich meide sie, so gut es geht. Hauptsächlich, weil sie einfach nur schlimm, belastend und deprimierend sind. Und da ich gegen all das kaum etwas tun kann, stecke ich lieber positive, konstruktive Energie in meine Familie und Freunde, in meine Firma und die Gemeinde, wo ich sehr wohl etwas zum Guten verändern kann. Wenn wirklich etwas Wichtiges passiert, werde ich darüber sowieso von anderen informiert, wie gerade von dir.«

Neben der Tatsache, dass ich mich wie der Überbringer schlechter Botschaften fühlte, fand ich zunächst, dass er einfach nur den Kopf in den Sand steckt. Je mehr ich allerdings darüber nachdachte, desto klarer wurde mir, dass er nicht ganz unrecht hatte. Die Abendnachrichten sind in der Regel eine krasse Mischung aus Verkehrsunfällen, Mordfällen, Entführungen, Terroranschlägen und Naturkatastrophen mit einem vereinzelten Katzenbaby oder Pandabären am Ende, damit wir nicht völlig verzweifeln. Die guten Nachrichten und großartigen Errungenschaften von Menschen auf der ganzen Welt haben einfach nicht die gleiche Zugkraft, Dramatik oder die gleichen Einschaltquoten wie die schlechten Nachrichten. Doch wenn unser Blick ausschließlich auf Terrorismus, Gewalt, globale Konflikte, Umweltzerstörung und so weiter fixiert ist, wird sich das unweigerlich in unserer eigenen Weltsicht niederschlagen und unsere Angst, Sorge und Anspannung befeuern.

Nehmen Sie sich also ein Beispiel an meinem Freund und versuchen Sie, den Konsum ausschließlich schlechter Nachrichten etwas einzuschränken.

DIE MORAL VON DER GESCHICHTE

Hin und wieder gilt:
Was ich nicht weiß,
macht mich nicht heiß.

DIE MACHT DER ABLENKUNG

Manche problematischen Gedanken überwältigen uns derart, dass wir weder stillsitzen noch uns auf unsere Aufgaben konzentrieren können. Das passiert mitunter bei Beziehungsproblemen, einem Jobverlust oder anderen schlechten Nachrichten, die uns richtig aufwühlen.

Hier werden simple Ablenkungsmanöver als eine Methode genutzt, die Kontrolle über Ihre Reaktionen wiederzuerlangen. Diese Ablenkungsmanöver lenken Ihre Aufmerksamkeit aufs Hier und Jetzt und helfen Ihnen, akuten Stress besser zu bewältigen.

Eine wichtige Anmerkung: Diese Methode sollte lediglich kurzfristig eingesetzt werden, und zwar nur, wenn sich das Problem gerade nicht anderweitig loswerden oder lösen lässt. Wir raten also davon ab, von Ablenkungsmanövern ständig Gebrauch zu machen – sonst werden sie zu einer weiteren ungesunden Verdrängungstaktik für wichtige Lebensprobleme.

Die unseren Emotionen folgenden Handlungen ändern

Wir suhlen uns gerne in unseren Emotionen und handeln dann oft auf eine Weise, die diese nur noch verstärken. Wenn Sie jedoch genau das Gegenteil dessen tun, was Ihre Emotionen Ihnen sagen, gehen Sie auf Distanz zu dem Gedanken, Gefühl oder Stressor, der vorher übermächtig schien. Nachdem Sie mithilfe dieser Technik Ihren Stressometer heruntergekühlt haben, können Sie einige der anderen in diesem Buch beschriebenen Methoden anwenden, um Ihre Situation besser in den Griff zu kriegen.

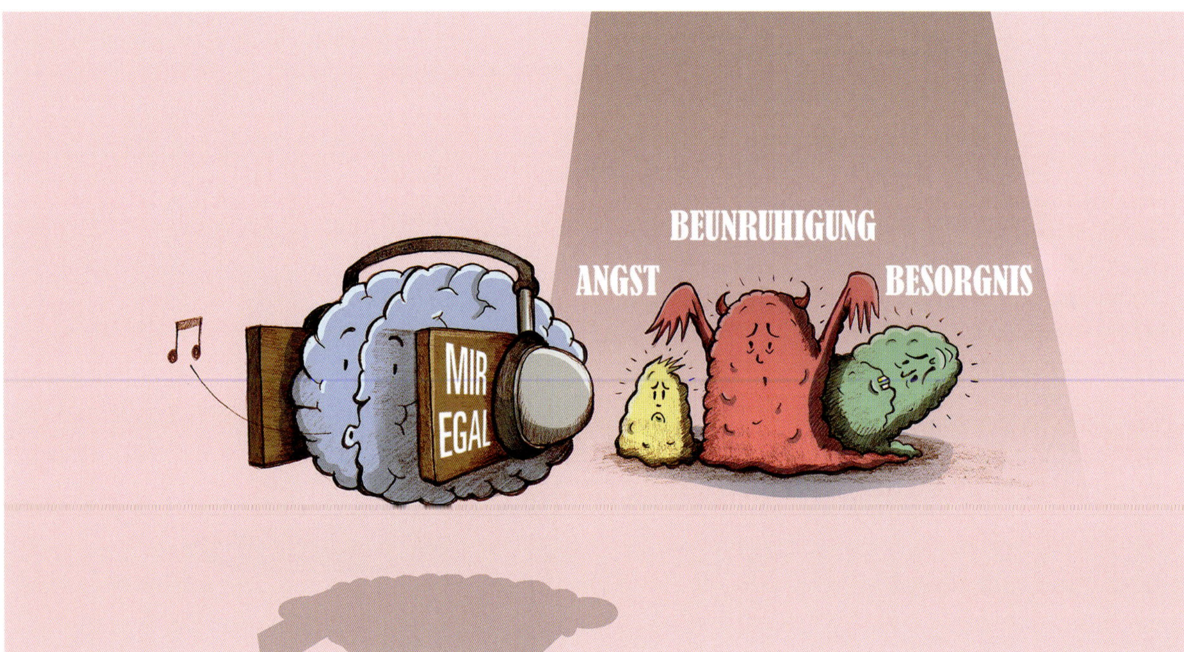

ENTGEGENGESETZTES HANDELN

Diese Technik entstammt der Dialektisch-Behavioralen Therapie der Psychologieprofessorin Marsha Linehan. Es geht dabei nicht darum, die Emotionen abzublocken oder zu unterdrücken, sondern darum, nicht danach zu handeln. Dadurch können Ihre Emotionen abklingen, und Sie sind in der Lage, Schritt für Schritt an Ihren Gefühlen zu arbeiten.

1. Werden Sie sich über Ihre Gefühle klar und finden Sie heraus, ob Sie daran etwas ändern möchten.

2. Suchen Sie sich eine bestimmte Aktivität, die Ihnen Konzentration abverlangt und deshalb Ihre mentalen Ressourcen von übermächtigen Gedanken und Emotionen weglenkt.

3. Sobald die Intensität der Emotion dank des entgegengesetzten Handelns nachgelassen hat, können Sie klarer denken und sind in der Lage, konstruktivere Entscheidungen bezüglich des Stressors treffen.

Je nach Emotionslage kann Ihnen Folgendes helfen:

- Suchen Sie nach einem Lied, das die entgegengesetzte Emotion in Ihnen auslöst.
- Suchen Sie sich ein Buch, das Ihre Aufmerksamkeit fesselt und Sie emotional in Anspruch nimmt.
- Schauen Sie einen inspirierenden Film, der Ihnen andere Gefühle beschert.
- Legen Sie eine kurze, wirklich intensive Sporteinheit ein, die Ihre Körperchemie ändert und die Stimmung hebt.
- Spielen Sie mit einem Kind oder einem Haustier.
- Betätigen Sie sich kreativ – Zeichnen, Malen, Modellbauen oder erlernen Sie eine neue Fertigkeit.
- Gehen Sie zu einer Veranstaltung oder in ein Konzert oder ins Theater.
- Treffen Sie sich mit einem Freund. Versuchen Sie, dabei nicht über Ihr Problem zu reden – lenken Sie Ihre Aufmerksamkeit auf etwas anderes und hören Sie Ihrem Freund interessiert zu.

ACHTSAMKEIT VOR ACHTLOSIGKEIT

Zahlreiche Studien haben erwiesen, dass Achtsamkeit einer der besten Wege ist, unseren Stress effektiv abzubauen. Möglicherweise ist es sogar das effektivste Werkzeug überhaupt, das wir ohne fremde Hilfe anwenden können, und es ist bereits seit Jahrhunderten erfolgreich in Gebrauch. Achtsamkeit ist eine Form der Meditation, doch Sie müssen keineswegs eine religiöse oder spirituelle Neigung haben, um sie anzuwenden und Nutzen daraus zu ziehen. Schauen wir uns einmal genau an, worum es dabei geht.

ACHTSAMKEIT KANN:

- Stress reduzieren
- Angstgefühle verringern
- Depressionen lindern und einem Rückfall vorbeugen
- Für einen besseren Schlaf sorgen
- Unseren Umgang mit quälenden Gedanken verbessern
- Sich positiv auf Suchtverhalten auswirken
- Positive Gefuhle verstarken, indem der für Glücksgefühle und Optimismus verantwortliche Hirnbereich aktiviert wird
- Die Eigenwahrnehmung verbessern
- Die Sozialkompetenz verbessern und Beziehungsstress mildern
- Die Lebensqualität verbessern
- Sich positiv auf den Körper auswirken, etwa das Immunsystem stärken, Schmerzen lindern und den Blutdruck senken
- Die Struktur des Gehirns verändern und die Funktion des Gehirns verbessern
- Die Konzentrationsfähigkeit sowie das Denkvermögen unter Druck erhöhen
- Das Erinnerungsvermögen und die Fähigkeit zum Multitasking verbessern.

Stellen Sie sich vor, wie viel einfacher es wäre, Ihrer Arbeit nachzugehen, Vater oder Mutter zu sein oder für ein politisches Amt zu kandidieren, wenn Sie sich all das zunutze machen könnten.

Was bedeutet Achtsamkeit?

Bei der Achtsamkeit geht es darum, genau auf Ihre unmittelbaren Sinnesempfindungen zu achten – was Sie sehen, hören, riechen, schmecken und fühlen. Doch auch Emotionen, Gedanken und Handlungen können dazugehören. Sie müssen auf all das natürlich nicht gleichzeitig achten, ganz im Gegenteil. Ziel ist, sich auf nur eine Sache zu fokussieren, die Sie in der Gegenwart hält, und dabei nicht zu bewerten, ob diese Sache gut oder schlecht ist.

Wenn meine Klienten zu mir sagen: »Wieso sollte ich in der Gegenwart sein wollen? Ich hasse die Gegenwart, deswegen bin ich doch hier!«, erinnere ich sie daran, dass nicht das Hier und Jetzt das Problem darstellt, sondern ihre Denkweise im Hier und Jetzt. Von den drei Orten, an denen sich Ihr Denken aufhalten kann – die Vergangenheit, die Gegenwart, die Zukunft –, führt nur die Gegenwart weder zu Grübelei noch zu Sorge.

Und wenn Sie sich nicht sorgen oder selbst quälen, können Sie Ihre Gedanken an einen reelleren Ort lenken: »Hey, es läuft zwar alles nicht perfekt, aber es passt schon. Ich bin sicher, habe Kleidung und eine Unterkunft, und ich kann etwas unternehmen, um meine Lage zu verändern.«

Achtsamkeit programmiert das Gehirn neu

Wir alle sollten mehr Achtsamkeit in unser Leben integrieren, das ist wissenschaftlich erwiesen. Insbesondere kann man durch Achtsamkeit übereilten Reaktionen vorbeugen, die bei Stress oder Ärger ja nur allzu leicht passieren. Viele gewichtige Gründe sprechen dafür, uns tagtäglich darin zu üben. Wissenschaftler der Universität Yale haben herausgefunden,

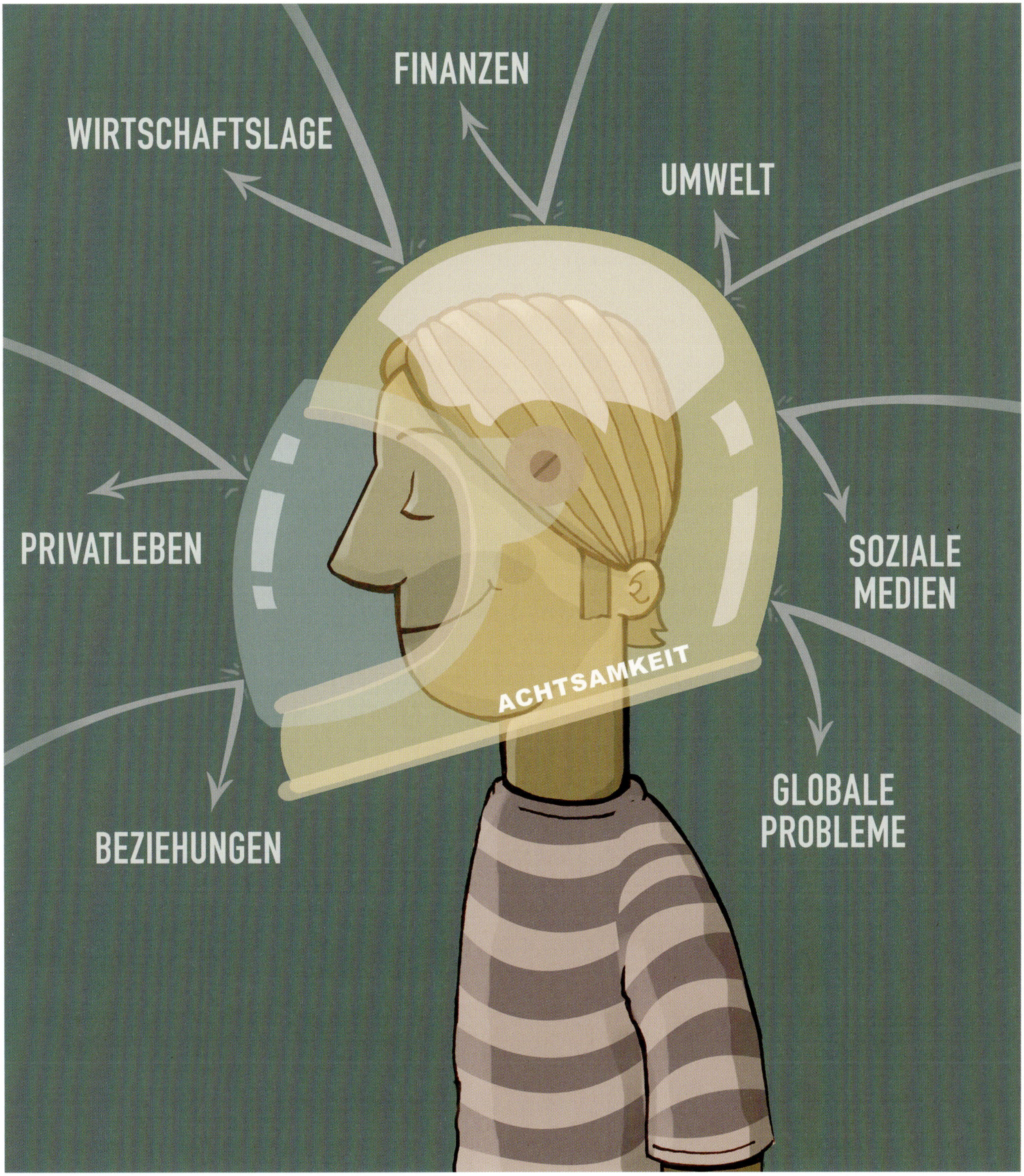
FINANZEN
WIRTSCHAFTSLAGE
UMWELT
PRIVATLEBEN
SOZIALE MEDIEN
ACHTSAMKEIT
GLOBALE PROBLEME
BEZIEHUNGEN

dass Achtsamkeitsmeditation die Aktivität im sogenannten Leerlaufnetzwerk (auch »Default Mode Network« oder abgekürzt DMN genannt) des Gehirns herunterfährt. Dieses Netzwerk von Neuronen ermöglicht es unserem Verstand, vom gegenwärtigen Augenblick abzudriften. Warum tut das unser Gehirn? Evolutionsbedingt war es zwar auf körperliche Bedrohungen fokussiert, doch die Bedrohungen, mit denen wir heutzutage konfrontiert sind, sind eher psychologischer als physischer Natur. Wenn unser Gehirn sich auf solcherlei Bedrohungen fokussiert, widmet es sich eher dem inneren Dialog als dem unmittelbaren Erleben.

Das DMN ist zu einer Art Autopilot für uns geworden. Es stellt so ziemlich das genaue Gegenteil des »Aufmerksamkeitsnetzwerks« (auch »Focused Attention Network« oder abgekürzt FAN genannt) dar, welches aktiviert wird, wenn wir »präsent« bzw. achtsam sind. Dieser Modus versetzt uns in die Lage, ein Problem kreativ zu lösen, eine Erfahrung zu genießen oder uns in eine Tätigkeit ganz hineinzuversenken. Ist das FAN, also das Aufmerksamkeitsnetzwerk, aktiviert, ist unsere Aufmerksamkeit in der Regel nach außen gerichtet. Das passiert zum Beispiel, wenn wir mit einem kleinen Kind spielen. Wir sind voll und ganz bei der Sache, und meistens macht es großen Spaß! Kinder kennen nur die Gegenwart, und sie merken es ziemlich schnell, wenn unsere Aufmerksamkeit davon abdriftet.

Leider verbringen wir etwa 50 Prozent unserer Zeit (manche sogar noch viel mehr) im abschweifenden DMN-Modus. Dann malen wir uns »Was wäre, wenn«-Szenarios aus und denken uns ziellose Dialoge aus, indem wir aus den halbgaren Wahrheiten verschiedener Lebensphasen Geschichten erdichten, die unserem Selbst Schaden zufügen und niemandem etwas bringen.

Im DMN-Modus grübeln wir mehr über die Vergangenheit nach und sorgen uns mehr um die Zukunft, also sind wir meist unglücklich. Eine Studie der Harvard-Universität hat gezeigt, dass die Teilnehmer sich weit unglücklicher fühlten,

> *Nur wer für den Augenblick lebt, lebt für die Zukunft.*
>
> HEINRICH VON KLEIST

wenn ihre Gedanken am Umherschweifen waren, als wenn sie das Hier und Jetzt bewusst erlebten, egal bei welcher Tätigkeit.

Selbst angenehme Tagträumereien riefen nicht mehr Glücksgefühle hervor als das bloße Sein im Augenblick. Die mentale Präsenz hatte sogar viermal so viel Einfluss auf die Zufriedenheit der Teilnehmer wie das, was sie taten.

Offensichtlich ist für unsere Zufriedenheit das, was wir denken, viel wichtiger als das, was wir tun. Mit diesem Wissen haben wir deutlich mehr Einflussmöglichkeiten auf unser Glücksgefühl. Manchmal blockieren wir uns total mit *vermeintlichen* Gegebenheiten und sagen Dinge wie: »Ach, wenn ich nur mit dieser Person zusammen wäre oder jenen Job hätte, dann wäre ich glücklich« – doch alles deutet darauf hin, dass das nicht der Punkt ist. Wir müssen schlicht achtsamer sein.

Diese Studie bringt uns direkt zu aktuellen Konzepten von Wahrnehmung. Dr. Amit Sood von der Mayo Clinic in den USA zufolge leben wir in zwei Parallelwelten. Die eine sei perzeptiv, darin nähmen wir die externe Realität mittels unserer fünf Sinne wahr. Die andere sei konzeptionell, nämlich unsere innere Landschaft, bestehend aus Gedanken, Gefühlen und Emotionen. Die beiden seien untrennbar miteinander verwoben und beeinflussten sich ständig gegenseitig. Wir alle wissen zum Beispiel, dass eine beruhigende äußere Umgebung (ein paar Tage im Wald oder im Gebirge) unsere Gedanken und Gefühle besänftigen oder verändern kann: »Es ist alles nicht so schlimm, ich schaff das schon.« Auch wenn wir unsere Gedanken und Gefühle bezüglich einer Person besänftigen, verändert sich unsere Wahrnehmung: »Naja, so schlimm ist er ja gar nicht. Ich komm schon irgendwie mit ihm klar.«

Aus all diesen Studien geht hervor, dass wir mehr Kontrolle über unser Stress- und Glücksempfinden haben, als wir meinen. Die Grundlage dafür ist, achtsamer durchs Leben zu gehen.

Die Bausteine der Achtsamkeit

Um achtsam zu sein, benötigen wir drei Dinge:

❶ Bewusste Wahrnehmung (oder »Gewahrsein«)

Sie wirkt wie ein Lichtkegel, der in einem dunklen Zimmer eingeschaltet wird. Davor war alles schwarz (wir konnten nichts wahrnehmen), doch sobald das Licht angeht, können wir die Präsenz von beispielsweise einem Stuhl oder einem Tisch wahrnehmen. Eine bewusste Wahrnehmung können wir auch für bestimmte Geräusche, Gerüche, Geschmäcker, Düfte, Gefühle, Gedanken und so weiter entwickeln.

❷ Aufmerksamkeit

Dabei handelt es sich um die zielgerichtete mentale Aktivität. Unsere Aufmerksamkeit können wir auf jede Sache lenken, die wir bewusst wahrgenommen haben. Dadurch können wir präsent sein und achtsam mit einer oder mehreren Sinneserfahrungen umgehen.

❸ Ein Objekt der Beobachtung

Das, was wir tatsächlich wahrnehmen. Etwas, das wir sehen, hören, fühlen, schmecken und/oder riechen möchten, ist das Objekt der Beobachtung. Beachten Sie, dass es der Verstand ist, der sämtliche Informationen über dieses »Etwas« besitzt.

WIE SIE SICH IN ACHTSAMKEIT ÜBEN

Für jede Achtsamkeitspraxis gelten die folgenden 4 Schritte:

1. SCHRITT

Suchen Sie sich ein Objekt der Beobachtung

Das kann wirklich alles sein. Am einfachsten ist etwas, auf das Sie sich leicht konzentrieren können, z. B. ein Musikstück, Ihr Atem, etwas zum Essen.

2. SCHRITT

Richten Sie Ihre gesamte Aufmerksamkeit auf dieses Objekt

Konzentrieren Sie sich sorgsam darauf. Haben Sie sich einen Gegenstand ausgesucht (etwa eine Blume), so betrachten Sie ihn, als ob Sie ihn zum ersten Mal sehen würden. Nehmen Sie seine Formen, Farben, Texturen und Gerüche wahr und das Spiel von Licht und Schatten darauf. Handelt es sich um Musik, achten Sie auf alle Klänge, auch die jedes einzelnen Instruments und jeder einzelnen Stimme, inklusive der Schwankungen von Tonhöhe, Klangfarbe und Lautstärke. Denken Sie daran: Bewerten Sie diese unterschiedlichen Details nicht, nehmen Sie diese einfach nur wahr.

3. SCHRITT

Registrieren Sie, wenn Ihre Aufmerksamkeit abschweift

Das wird auf jeden Fall passieren und ist völlig normal. Es geht allein darum, es zu registrieren. Ob es ein paar Sekunden oder ein paar Minuten andauert, ist ganz egal; nehmen Sie es einfach nur zur Kenntnis.

4. SCHRITT

Bringen Sie Ihre Aufmerksamkeit sanft zu der Aufgabe zurück

Das heißt, nehmen Sie das Objekt wieder ganz bewusst wahr. Verurteilen Sie sich nicht dafür, dass Sie die Konzentration verloren haben, bringen Sie Ihre Aufmerksamkeit jedes Mal einfach wieder zurück.

Seien Sie nachsichtig mit sich selbst, wenn Ihnen bewusst wird, dass Sie abgeschweift sind. Betrachten Sie es als Gelegenheit, die Aufmerksamkeit zurückzubringen, und machen Sie sich dabei klar: Sie üben sich gerade in Achtsamkeit!

Wiederholen Sie die Schritte 3 und 4 immer wieder. Denken Sie daran: Es geht hier *nicht* darum, das Geplapper im Kopf loszuwerden – das ist schlicht unmöglich. Vielmehr geht es darum, dieses Geplapper offen, neugierig und urteilsfrei wahrzunehmen und die Aufmerksamkeit anschließend wieder zurück zum unmittelbaren Moment zu bringen. Sie werden währenddessen feststellen, dass sich Ihr Geist beruhigt, und nach den Übungen fühlen Sie sich meist entspannt. Obgleich Entspannung nicht das eigentliche Ziel der Achtsamkeit darstellt, ist sie doch ein angenehmer Nebeneffekt.

Manche Leute sagen zu mir: »Ich hab's probiert, ich krieg's nicht hin, das ist irgendwie nichts für mich.« Nach ein paar Versuchen aufzugeben ist aber in etwa so, als würde man eine Runde joggen gehen und erwarten, danach fit zu sein. Achtsamkeit ist eine Fertigkeit, und wie bei allen Fertigkeiten gilt: Übung macht den Meister. Also seien Sie geduldig mit sich selbst und bleiben Sie dran – Sie werden es sich danken.

TIPPS ZUR ACHTSAMKEIT

- Legen Sie eine feste Zeit zum täglichen Üben ein. Das erhöht die Wahrscheinlichkeit, dass Sie es wirklich tun.
- Verbringen Sie nicht mehr als zwei Tage am Stück ohne Achtsamkeitsübungen – sonst ist es sehr wahrscheinlich, dass Sie es ganz sein lassen.
- Für den Anfang reichen schon 5 Minuten täglich. Wenn Sie sich dann einen Monat lang 10 bis 15 Minuten pro Tag vornehmen, wird das Üben zur Gewohnheit. Sie werden es dann problemlos in Ihren Alltag integrieren und den Nutzen bereits deutlich spüren.

Achtsamkeit ist die leise Kunst, Acht zu geben.

Wenn Sie sich in Achtsamkeit üben,
fühlen Sie sich
GUT

Achtsamkeit für jeden Tag

In Achtsamkeit kann man sich auf viele Weisen üben. Daheim im Liegen oder auf Ihrem Lieblingsstuhl, am Schreibtisch im Büro oder draußen im Park während der Mittagspause. Es gibt unzählige Möglichkeiten.

Das Ganze muss keine wirklich offizielle Übung mit Hinsetzen usw. sein. Achtsamkeit können Sie ganz ungezwungen während Ihrer tagtäglichen Verrichtungen praktizieren – beim Duschen, Zähneputzen, Kochen und Essen und sogar beim Gassigehen mit dem Hund. Für welche Variante Sie sich auch entscheiden, das Ziel ist, sich des Geplappers im Kopf bewusst zu werden und Ihre Aufmerksamkeit behutsam zum unmittelbaren Moment zurückzubringen (etwa Geruch, Textur und Geschmack des Apfels, den Sie gerade essen, wahrzunehmen).

Nehmen Sie für den Anfang irgendetwas, was Sie jeden Tag tun. Konzentrieren Sie sich darauf, als ob Sie diese Tätigkeit noch nie ausgeführt hätten oder als ob Sie diese einer Person aus einem fremden Kulturkreis oder gar von einem fremden Planeten zeigen würden. Nehmen Sie sämtliche Arbeitsschritte dieser Tätigkeit bewusst wahr – hierdurch aktivieren Sie wahrscheinlich die bewusste Wahrnehmung sämtlicher Sinne –, richten Sie aber Ihr besonderes Augenmerk auf Ihre Körperbewegungen. Übertreiben und verlangsamen Sie Ihre Bewegungen, damit Sie sich völlig in den Moment versenken.

ACHTSAMKEIT ÜBEN BEIM:

- Essen oder Trinken – zum Beispiel beim Frühstück oder Morgentee/-kaffee
- Arbeiten im Haushalt
- Musikhören
- Anziehen am Morgen und Ausziehen am Abend
- Pendeln zur Arbeit
- Spazierengehen im Park
- Wahrnehmen der anderen – in die Augen schauen, aktiv zuhören, mit Bedacht sprechen.

Achtsames Duschen

Wenden wir uns dem Beispiel Duschen zu, und zwar zunächst dem acht*losen* Duschen: Dabei greifen wir verschlafen nach dem Wasserhahn und ziehen kurz darauf wegen des kalten Wassers den Arm gleich wieder weg. Wir werfen unseren Schlafanzug achtlos auf den Boden, nur um später mit nassen Füßen darauf herumzutrampeln, wenn wir nach dem Handtuch grapschen. Stehen wir schließlich unter der Dusche, sind wir uns des Wassers auf unserem Körper kaum bewusst, weil wir ständig vom Kampf mit dem Temperaturregler unterbrochen werden. Das eigentliche Duschen besteht dann aus planlosen, hektischen Handbewegungen von unterschiedlich starkem Druck überall auf dem Körper. Die ganze Zeit über springen Ihre Gedanken hin und her zwischen der Fernsehsendung des gestrigen Abends, der Einladung zum Abendessen Ihres unterstützungsbedürftigen Kumpels und wie Sie diese umgehen könnten, und der täglichen Denksportaufgabe, wie Sie Ihren verhassten Job behalten und dabei so wenig Energie wie möglich investieren. Den bevorstehenden Tag begrüßen Sie mit einem tiefen Seufzer.

Beim *achtsamen* Duschen hingegen schenken Sie jedem Handgriff, Vorgang und Ergebnis Beachtung. Bei der Bedienung des Wasserhahns nehmen Sie das Geräusch des Wassers wahr, wie es auf den Boden prasselt und in den Abfluss hineinfließt. Sie ziehen sich mit Bedacht aus und hängen Ihren Schlafanzug an einem Haken oder Handtuchhalter auf oder falten ihn ordentlich zusammen. Sie steigen in die Dusche und schließen Tür oder Vorhang hinter sich. Anschließend beobachten Sie die unterschiedliche Temperatur Ihrer Haut: der Partien, die sofort mit dem heißen Wasser in Berührung kommen, und derjenigen, bei denen das nicht der Fall ist. Als Nächstes geben Sie darauf acht, wie sich das Wasser auf Ihrem Kopf anfühlt, auf Gesicht, Schultern, Brust und Rücken, und wie es Ihnen an den Beinen hinabrinnt. Wieder nehmen Sie die Temperatur des Wassers wahr und seinen Druck auf Ihrer Haut. Sie beobachten, wie das Wasser an den Fliesen und dem Glas der Duschkabine abperlt. Sie sehen den Dampf aufsteigen. Sie achten völlig wertfrei auf den Geruch des Duschgels, wie es sich auf der Haut anfühlt und ob es sich an unterschiedlichen Körperstellen unterschiedlich anfühlt.

Achten Sie darauf, ob irgendwelche Gedanken auftauchen und Sie ablenken. Mit großer Wahrscheinlichkeit wird das immer wieder passieren – denn die meisten von uns sind unter der Dusche mehr damit beschäftigt, den bevorstehenden Tag zu planen und sich darüber Sorgen zu machen, als sich zu waschen. Ärgern Sie sich jedoch nicht darüber, sondern stellen Sie einfach nur fest, dass Ihre Gedanken abgeschweift sind. Akzeptieren Sie jeden Gedanken und lassen Sie ihn los, indem Sie eine Bezeichnung dafür finden (etwa »Arbeitsgedanke«, »Freundinnengedanke«). Anschließend bringen Sie die Aufmerksamkeit *voller Nachsicht* zu Ihrer Duschtätigkeit zurück. Wenn sich Ihre Aufmerksamkeit schwach anfühlt, stellen Sie die Wassertemperatur kälter – und Sie werden merken, wie Sie tiefer durchatmen, sich aufrichten und sich ganz leicht auf die neuen Sinneseindrücke konzentrieren können.

Wenn Sie es sich vorgenommen hatten, bleiben Sie auch beim Verlassen der Dusche sowie beim Abtrocknen und bei der Körperpflege noch achtsam. Sie werden merken, dass dies gar nicht viel mehr Zeit in Anspruch nimmt, als wenn Sie sich abhetzen. Dafür sind Sie ruhig und zentriert, haben einen kristallklaren Verstand und sind bestens gewappnet für die Fahrt zur Arbeit und alles, was der Tag für Sie bereithält.

Probieren Sie das schon in dieser Woche an einem Tag aus und integrieren Sie es dann in Ihren Alltag.

Achtsam mit Gedanken und Gefühlen umgehen

Bei den Achtsamkeitsübungen gibt es kein Richtig oder Falsch – solange Sie dem, was Sie gerade erleben, Ihre Aufmerksamkeit schenken, *praktizieren* Sie Achtsamkeit. Wenn Sie eine Übung machen und Enttäuschung in Ihnen aufkommt, bedeutet allein die Wahrnehmung dieser Enttäuschung schon Achtsamkeit.

Gefühle und Gedanken eignen sich bei Achtsamkeitsübungen sowieso sehr gut als Objekte der Beobachtung – sie sind unsere ständigen Begleiter. Üben Sie dabei, diese gleich nach dem Auftauchen wieder loszulassen, denn Grübelei ist unser Erzfeind. Sie sorgt dafür, dass unser Verstand die Kontrolle über uns übernimmt, und wie wir bereits wissen, ist dieser Diktator nicht unbedingt unser Freund!

Darum geht es:

- Den Gedanken oder das Gefühl bewusst wahrnehmen
- Den Gedanken oder das Gefühl akzeptieren
- Den Gedanken oder das Gefühl loslassen
- Dem Drang widerstehen, den Gedanken oder das Gefühl zu bewerten oder darauf zu reagieren.

5 | EINE LEKTION ÜBER AUTOPILOTEN

von Matthew Johnstone

Als ich in San Francisco lebte, entdeckte ich meine Leidenschaft fürs Fotografieren. Besonders auf heruntergekommenen Brachen oder Industriegeländen machte ich gerne Fotos. Das nannte ich: »Schönheit dort entdecken, wo es keine gibt«. Neben meiner Kamera hatte ich noch ein kleines Diktiergerät im Auto dabei, auf dem ich Orts- und Straßennamen von Orten festhielt, wo ich vielleicht noch einmal bei besserem Licht fotografieren wollte. »Hübsches altes Straßenschild an der Ecke Leavenworth und Eddy Street.«

Eines Tages blickte ich beim Fahren nach unten und bemerkte, dass das kleine rote Licht bei der Aufnahmetaste des Diktiergeräts leuchtete. Ich fuhr rechts ran, drückte die Stopptaste und dachte, ich spule mal zurück, um anzuhören, was ich aufgenommen hatte. Zu meiner Überraschung hörte ich mich zehn Minuten lang summen, pfeifen, mit den Fingern auf das Lenkrad trommeln, Leuten sagen, sie sollten sich gefälligst beeilen, eine auf Rot springende Ampel verfluchen und vor mich hinmurmeln. Wirklich seltsam war, dass ich mich an nichts davon erinnern konnte, als ich es mir noch mal anhörte. Das war mein inneres mentales Gefasel auf Autopilot – und auf laut gestellt.

Mir wurde dadurch klar, wie oft wir durchs Leben spazieren, ohne uns damit zu beschäftigen, wo wir sind, was wir tun, wie wir uns fühlen und was wir denken. Merkwürdigerweise entdeckte ich ungefähr zu dieser Zeit die Achtsamkeit für mich.

DIE MORAL VON DER GESCHICHTE

»Achtsamkeit ist nicht schwierig, wir müssen nur daran denken.«

SHARON SALZBERG

3 ANGST

DIE KÖRPERLICHEN AUSWIRKUNGEN VON STRESS VERRINGERN

In diesem Kapitel zeigen wir Ihnen:

- Wie Sie die Angstreaktion deaktivieren, die Stress in Ihnen auslöst
- Wie Sie Ihre Entspannungsreaktion aktivieren, um Stress abzubauen

relax

WIR MÜSSEN UNS ENTSPANNEN

Ist Ihnen schon mal aufgefallen, dass Sie unter Stress mehr Fehler machen als gewöhnlich? Und Ihre Mitmenschen ebenso? Haben Sie sich auch schon sagen hören: »Ich fass es nicht. Was haben die sich bloß dabei gedacht?« Nun, aus neurobiologischer Perspektive haben sie tatsächlich nicht gedacht – zumindest nicht vernünftig. Stress blockiert das rationale, klare Denken, und hier zeigen wir Ihnen, wie Sie es wiedererlangen.

Wenn meine Klienten unter großem Druck stehen, sind sie nicht in der Lage, mir zuzuhören oder sich mit dem zu beschäftigen, was ich sage – egal wie hilfreich es sein mag. In diesen Fällen spreche ich anfänglich nicht ihre Probleme an, sondern versuche, sie in einen Zustand zu versetzen, in dem sie klar und rational denken können. Ich bringe sie zur Ruhe, indem ich Techniken zur Erdung (auch »Grounding« genannt) und *Erregungsregulation* anwende – dadurch verlangsamt sich ihr Atem, und sie kommen wieder in Kontakt mit ihrem Körper. Sie gewinnen an Klarheit, und weil ihre Erregung (Angstreaktion) abnimmt, sind sie in der Lage, hilfreiche Worte anzunehmen. Daher ist es wichtig, die in diesem Kapitel vorgestellten Entspannungstechniken auszuprobieren und zu üben. Nur so können Sie die für Sie passende finden.

WAS ENTSPANNUNG BEWIRKT

ENTSPANNUNGSTECHNIKEN BAUEN STRESS AB, INDEM SIE:

- die Atem- und Herzfrequenz senken
- den Parasympathikus aktivieren
- den Blutdruck senken
- das Immunsystem stärken
- Stresshormone abbauen
- für eine bessere Durchblutung wichtiger Muskelpartien sorgen
- Verspannungen und chronische Schmerzen lindern
- Kopfschmerzen lindern
- für eine bessere Konzentration und eine bessere Stimmung sorgen
- Ermüdungserscheinungen mindern
- Ärger und Frust minimieren
- das Vertrauen stärken, die eigenen Probleme in den Griff zu bekommen.

Wenn wir den Körper entspannen,
entspannt sich auch der Geist.

DIE BAUCHATMUNG

Um die Technik der Bauchatmung zu erlernen, benötigen Sie eine Uhr oder einen Timer, einen Stift und Ihr NOTIZBUCH. Atmen Sie zunächst ganz normal und zählen Sie Ihre Atemzüge, also wie viele Male Sie innerhalb von 60 Sekunden einatmen. Schreiben Sie diese Zahl auf.

Ein entspannter Erwachsener macht – *im Ruhezustand* – durchschnittlich zwischen 12 und 20 Atemzüge pro Minute. In der Regel gilt: Je größer die Zahl, desto gestresster fühlen wir uns. Atmen wir langsamer, fühlen wir uns automatisch weniger gestresst. Nehmen Sie sich einen Augenblick, um sich zu sammeln, und konzentrieren Sie sich anschließend darauf, Ihre Atemfrequenz zu reduzieren. Das Ziel sind 10 bis 12 Atemzüge pro Minute.

Je länger und langsamer Sie atmen, desto mehr aktivieren Sie den Parasympathikus und deaktivieren den Sympathikus, Sie entspannen sich also. Sie ersetzen die Kampf-oder-Flucht-Reaktion durch die Entspannungsreaktion. Ganz einfach.

Sobald Ihnen klar ist, wie Sie Ihre Atemfrequenz senken, betrachten wir, *wie* Sie atmen. Die meisten Menschen atmen flach und in die Brust, schöpfen ihr Lungenvolumen also nicht voll aus. Das ist nicht gerade die beste Methode, um den Körper mit Sauerstoff zu versorgen. Unter Stress neigen wir zur Brustatmung, und das macht alles natürlich nur schlimmer. Eine ganze Bandbreite ernster Gesundheitsprobleme lässt sich auf Sauerstoffarmut zurückführen, wir sollten also unbedingt an unserer Atmung arbeiten.

Wie Bauchatmung funktioniert

Die Bauchatmung ermöglicht ein rhythmisches, effizientes Atmen, was wiederum verhindert, dass der Stress mit uns durchgeht! In den Bauch zu atmen, fühlt sich gut an, es kostet nichts, steht jederzeit zur Verfügung und hat keinerlei Nebenwirkungen. Wenn Sie zu spät dran sind, unterwegs feststecken, Ihnen eine wichtige Sitzung oder ein schwieriges Gespräch bevorsteht, kann sich die Bauchatmung als äußerst nützlich erweisen. Ruhig und gefasst zu sein, ist stets die beste Voraussetzung.

Wie die Bauchatmung genau funktioniert, steht auf der gegenüberliegenden Seite.

TIPP: Es gibt spezielle Atem-Apps, um in einen kontrollierten Atemrhythmus zu kommen. Vielleicht haben Sie Lust, eine zu verwenden.

Drei Dinge gilt es beim Stressabbau mithilfe der Atmung zu beachten:

1. Werden Sie sich Ihrer Atemfrequenz bewusst – und senken Sie diese.
2. Atmen Sie in den Bauch anstatt in die Brust.
3. Die Ausatmung sollte länger als die Einatmung sein.

1 Legen Sie eine Hand auf die Brust und eine Hand auf den Bauch. Atmen Sie durch die Nase ein und versuchen Sie dabei, in den Bauch anstatt in die Brust zu atmen. Damit dies leichter gelingt, wölben Sie den Bauch währenddessen ein wenig nach vorn, so als ob Sie sich einen Bierbauch wachsen ließen. Während des Ausatmens (am besten wieder durch die Nase) darf sich Ihr Bauch dann wieder in seine natürliche Position zurückziehen. Betrachten Sie während der Übung Ihre Hände: Die Hand auf Ihrer Brust sollte sich nicht rühren, die auf Ihrem Bauch hingegen bei jedem Atemzug sanft auf- und ab bewegen. Stellen Sie sich Ihren Bauch als Luftballon vor, in den abwechselnd Luft hineingepumpt und wieder herausgelassen wird.

2 Stellen Sie sich den Timer auf 3 Minuten und lenken Sie Ihre Aufmerksamkeit in dieser Zeit auf das sanfte Auf und Ab Ihrer Bauchatmung.

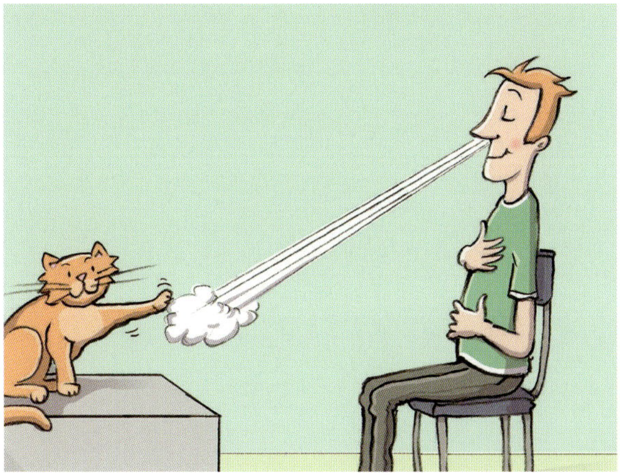

3 Entspannen Sie sich noch tiefer, indem Sie Ihren Atemrhythmus ändern: Dehnen Sie die Ausatmung so weit aus, dass sie länger als die Einatmung ist. Atmen Sie zunächst tief in den Bauch ein und zählen Sie dabei bis vier; atmen Sie dann aus dem Bauch wieder aus und zählen Sie dabei bis sechs oder sieben. Fahren Sie auf diese Weise zehn Atemzüge lang fort. Die Länge der Einatmung können Sie so anpassen, dass Sie sich damit wohlfühlen, wichtig ist die ausgedehntere Ausatmung.

EIN ENTSPANNTER MUSKEL

PROGRESSIVE MUSKELENTSPANNUNG

Die Progressive Muskelentspannung (abgekürzt PME oder PMR) sorgt für den Abbau von Stress und für die Linderung temporärer Schlafstörungen. Durch das Anspannen der Muskeln imitieren wir unsere Körperreaktion auf Stress. Wenn wir sie dann wieder lösen, lassen wir die Entspannungsreaktion die Führung übernehmen.

Wie Progressive Muskelentspannung funktioniert

Vorab eine Empfehlung: Solange Sie das Verfahren noch nicht aus dem Effeff beherrschen, sollte Ihnen jemand die einzelnen Punkte vorlesen. Oder Sie nehmen sich selbst auf und spielen sich Ihre Aufnahme vor. (Schalten Sie Ihr Gerät dann in den Flugmodus).

1. Suchen Sie sich einen ruhigen, warmen, sanft beleuchteten Ort. Machen Sie es sich entweder in einem Sessel bequem und stellen Sie beide Füße flach auf den Boden oder – wenn Sie danach gerne schlafen möchten – legen Sie sich hin.

2. Führen Sie anschließend die unten stehenden Punkte in angegebener Reihenfolge aus. Im Prinzip spannen Sie von Kopf bis Fuß jeden Muskel Ihres Körpers an und entspannen ihn dann wieder. Halten Sie dabei die Spannung in der jeweiligen Muskelgruppe etwa 5 Sekunden lang aufrecht und entspannen Sie diese anschließend 10 bis 15 Sekunden lang. Machen Sie zwischen den einzelnen Muskelgruppen jeweils eine kurze Pause. Beim Einatmen spannen Sie die Muskeln an, beim Ausatmen entspannen Sie sie wieder. Die Muskeln dabei nicht überspannen, sondern lediglich anspannen. Beim Entspannen konzentrieren Sie sich darauf nachzuspüren, wie anders sich der Muskel anfühlt.

- Ballen Sie beide Hände so kräftig zur Faust, dass es bis hinauf in die Arme spürbar ist. Die Spannung halten und wahrnehmen … dann wieder lösen. Spüren Sie der sofortigen Erleichterung und dem Gefühl der Entspannung in Händen und Fingern nach.
- Beugen Sie nun die Ellenbogen und spannen Sie den Bizeps an, die Hände bleiben dabei locker. Die Spannung halten … und wieder lösen.
- Strecken Sie die Arme und spannen Sie die Oberarmrückseiten, den Trizeps, an. Die Spannung halten … und wieder lösen.
- Legen Sie nun die Stirn in Falten, dazu die Augenbrauen hochziehen. Die Spannung halten … und wieder lösen. Stellen Sie sich dabei vor, wie die Stirnmuskeln beim Entspannen weich und locker werden.
- Ziehen Sie nun die Augenbrauen eng zusammen, sodass Längsfalten entstehen. Die Spannung halten … und wieder lösen.
- Jetzt spannen Sie die Muskeln im Augenbereich an, dazu die Augen zusammenkneifen. Die Spannung halten … und wieder lösen.
- Die Kiefermuskulatur anspannen, dazu die Zähne aufeinanderbeißen. Die Spannung halten … und wieder lösen.
- Nun drücken Sie mit geschlossenem Mund mit der Zunge gegen den Gaumen und spüren dabei die Anspannung der Rachenmuskulatur. Die Spannung halten … und wieder lösen.
- Spitzen Sie kräftig die Lippen. Die Spannung halten … und wieder lösen.
- Legen Sie den Kopf so weit wie möglich in den Nacken oder drücken Sie ihn fest gegen die Unterlage. Die Spannung halten … und wieder lösen.
- Ziehen Sie das Kinn nach unten und gegen die Brust, und spüren Sie dabei die Anspannung und Dehnung im hinteren Nackenbereich und in den Schultern. Die Spannung halten … und wieder lösen.
- Ziehen Sie die Schultern Richtung Ohren und spannen Sie dabei die Nacken- und Schultermuskulatur an. Die Spannung halten … und wieder lösen.
- Atmen Sie nun tief ein und wieder aus. Entspannen Sie

dabei jeden einzelnen Muskel, nehmen Sie den Unterschied zwischen Anspannung und Lockerheit wahr. Denken Sie an nichts anderes als an das angenehme Gefühl der Entspanntheit.
- Atmen Sie tief in den Bauch ein, spannen Sie die Bauchmuskeln an und ziehen Sie den Bauchnabel in Richtung Wirbelsäule. Anschließend den Atem wieder frei fließen lassen und die Muskeln entspannen. Nehmen Sie das Gefühl der Erleichterung wahr, das durch das Lockerlassen entstehen konnte. Spüren Sie, wie die Entspannung Ihren Bauch durchströmt.
- Lenken Sie Ihre Aufmerksamkeit auf die Rückenmuskultur. Machen Sie beim Einatmen einen leichten Katzenbuckel und spannen Sie dabei die Muskeln an. Die Spannung halten … und wieder lösen.
- Spannen Sie die Gesäßmuskulatur an, indem Sie ein Bein nach dem anderen durchstrecken. Die Spannung halten … und wieder lösen.
- Spannen Sie die Wadenmuskeln an, dazu Füße und Zehen kraftvoll nach unten biegen. Die Spannung halten … und wieder lösen.
- Spannen Sie die Knöchelmuskulatur an, dazu Füße und Zehen kraftvoll nach oben biegen. Die Spannung halten … und wieder lösen.
- Schließen Sie die Augen und atmen Sie ruhig und gleichmäßig weiter, während sich Ihr Bauch sanft auf und ab bewegt.
- Öffnen Sie nach ungefähr einer Minute langsam die Augen.

Anders zu denken
als sonst, kann
viel Schönes bewirken.

Sie werden merken, dass Sie sich ruhig und entspannt fühlen, so als ob Sie gerade ein Nickerchen gemacht hätten. Genießen Sie, wie Sie sich jetzt gerade fühlen, und nehmen Sie diese Gelassenheit mit in den Tag oder in den Schlaf.

Die beste Zeit für die Progressive Muskelentspannung

- Am Morgen: Das macht Sie fokussierter und verschafft Ihnen einen guten Start in den Tag, insbesondere wenn Sie einigen Stress zu erwarten haben. PME kann Sie auch in die geeignete geistige Verfassung versetzen, um Dinge anzugehen, die Sie gefürchtet oder aufgeschoben haben.
- Tagsüber: PME kann bei zwischenmenschlichen Konflikten für Entspannung sorgen und körperliche Beschwerden wie Kopfschmerzen, Verspannungen und selbst Verdauungsstörungen lindern.
- Vor dem Nachhauseweg: PME hilft Ihnen, tagsüber angestaute körperliche Anspannung abzubauen und senkt dadurch Ihren Stresspegel und Ihr Risiko, sich von familiärem oder abendlichem Stress aus der Fassung bringen zu lassen.
- Vor dem Schlafengehen: Schulen Sie Ihren Körper mithilfe der PME darin, den besten Schlummer aller Zeiten zu bekommen.

Aus meinem Leben: Kurze Lektionen in Sachen Stress

6 | EINE LEKTION ÜBERS KOCHEN

von Matthew Johnstone

Eines Tages rief mich eine gute Freundin an und sagte: »Hallo, Matt, wie geht's dir?«

Ich hätte nicht drangehen sollen, denn wegen eines drohenden Abgabetermins war ich komplett überlastet und total mies drauf.

Ich sagte: »Ehrlich gesagt, bin ich gerade megagestresst, Judy!«

Woraufhin sie ruhig entgegnete: »Du weißt ja: Man ist, was man spricht.«

Leicht verärgert fragte ich: »Was willst du damit sagen?«

»Naja, wenn du sagst, dass du ›megagestresst‹ bist, dann wirst du es wahrscheinlich auch werden. Atme einmal tief durch, ganz ruhig und ohne Hektik, und sage dann laut: ›Ich bin vollkommen gelassen und alles ist gut.‹«

Ich nuschelte also halbherzig etwas daher.

»Mach es richtig!«, befahl sie mir, und ich gehorchte.

Das Durchatmen und ihre Worte hatten eine durchschlagende Wirkung. Mir wurde klar, dass sie absolut recht hatte. Ich hatte im eigenen »Stress-Saft« geschmort.

Gepriesen seien gute Freunde, tiefe Atemzüge und ein ehrliches Wort zur richtigen Zeit.

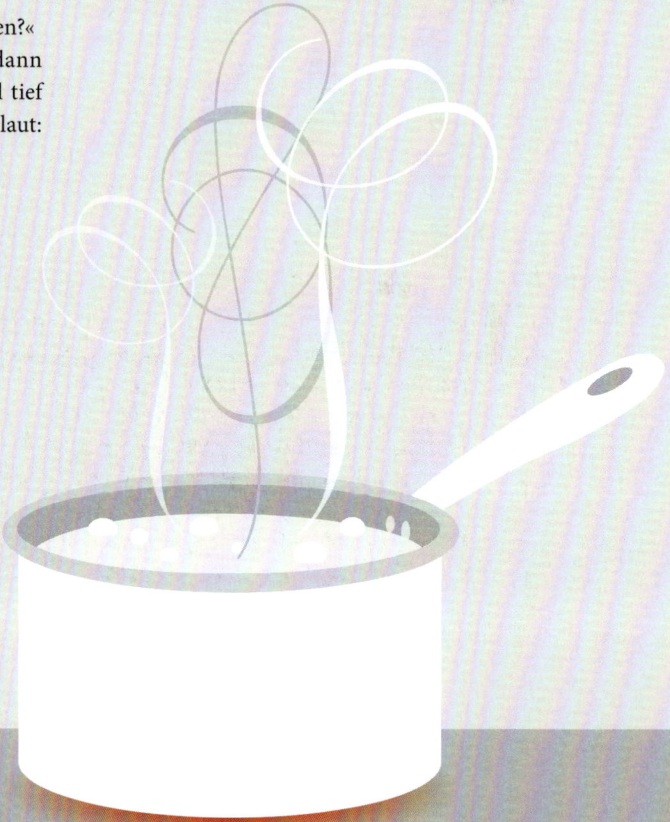

DIE MORAL VON DER GESCHICHTE

Man muss nicht zu dem werden, was man denkt.

DEN STRESS WEGDEHNEN

Körperlich kann sich der Stress in Form von Kopfschmerzen, einem steifen Nacken, verspannten Schultern, Rückenschmerzen und so weiter bemerkbar machen. Die meisten Menschen möchten sich nach einem langen, harten Tag am liebsten nur hinlegen und sich endlich ausruhen, doch wenn uns noch viele Dinge durch den Kopf gehen, ist das gar nicht so einfach. Das folgende achtminütige Dehnprogramm trägt dazu bei, Verspannungen zu lösen, damit sich Körper und Geist vor dem Schlafengehen – oder auch vor dem Start in einen hektischen Tag – entspannen können.

(2 MINUTEN)

DIE VORBEUGE

Stehen Sie aufrecht da, die Beine hüftbreit auseinander, die Knie ganz leicht gebeugt. Beugen Sie sich nun aus der Hüfte heraus nach vorne, fassen Sie beide Ellbogen mit den Händen, während sich Ihr Bauch in Richtung Oberschenkel bewegt. Lassen Sie den Kopf locker hängen und entspannen Sie den Nacken. Halten Sie die Position 6 bis 8 Atemzüge lang und rollen Sie sich anschließend Rückenwirbel für Rückenwirbel wieder nach oben.

(2 MINUTEN)

ENTSPANNENDE UMKEHRHALTUNG

Legen Sie sich auf den Rücken und strecken Sie die Beine an einer Wand entlang nach oben, wobei Sie zwischen Wand und Gesäß ein wenig Raum lassen. Wenn sich die Dehnung der hinteren Oberschenkelmuskulatur dabei zu stark anfühlt, rutschen Sie mit dem Gesäß noch ein Stück von der Wand weg. Legen Sie die Arme mit den Handflächen nach oben neben dem Oberkörper ab und nehmen Sie 8 bis 10 behutsame Atemzüge. Spüren Sie die Dehnung der Beinrückseiten.

*Bleiben Sie dran!
Nur so lernt Ihr Körper, sich
zu entschleunigen.*

(2 MINUTEN)

DER DREHSITZ

Setzen Sie sich auf den Boden, strecken Sie das rechte Bein aus und stellen Sie das linke Bein daneben auf. (Variante: Kreuzen Sie das aufgestellte linke Bein über das rechte.) Legen Sie die linke Hand auf den Boden hinter das Steißbein und bringen Sie die rechte Hand oder den rechten Ellbogen zum aufgestellten Bein. Halten Sie die Wirbelsäule aufrecht und drehen Sie beim Ausatmen den Oberkörper sanft nach links. Ihr Blick darf folgen und geht über die linke Schulter. Gehen Sie behutsam vor und zwingen Sie sich nicht in die Position hinein. Nehmen Sie 4 bis 5 tiefe Atemzüge. Anschließend alles über die rechte Seite wiederholen.

(2 MINUTEN)

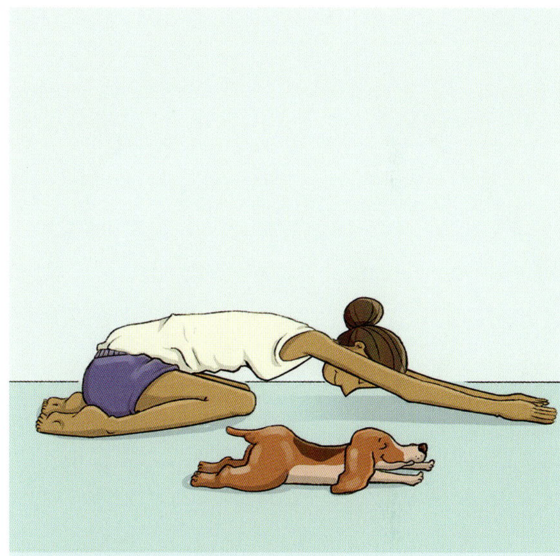

DIE STELLUNG DES KINDES

Setzen Sie sich bequem auf die Fersen, mit der Fußvorderseite flach auf dem Boden. Ziehen Sie den Rücken lang nach vorn und legen Sie die Stirn am Boden ab. Lassen Sie den Kopf schwer in den Boden sinken. Bringen Sie die Brust so nah Richtung Knie, wie es Ihnen mühelos möglich ist, und strecken Sie die Arme mit den Hand flächen nach unten vor sich auf dem Boden aus. Bleiben Sie für 8 bis 10 Atemzüge in dieser Position und lassen Sie sich dabei ganz weich immer weiter nach unten sinken.

ACHTSAMKEIT BEIM ATMEN

Dies ist eine meiner Lieblingsmeditationen und eine sichere Bank, wenn ich kurz davor bin, ans Rednerpult zu gehen. Der Atem ist ein unglaublich verlässliches Objekt der Beobachtung und wohl das einzige, das Sie immer und überall dabeihaben. Mit seiner Hilfe lässt sich jederzeit ein Moment der Achtsamkeit erreichen, ohne dass es irgendjemand merkt.

Wie achtsames Atmen funktioniert

Wie bei allen Achtsamkeitsübungen in diesem Buch empfiehlt es sich auch hier, sich die Schritte von jemandem vorlesen zu lassen oder alles selbst aufzunehmen und sich anschließend (mit dem Gerät im Flugmodus) vorzuspielen.

1. Machen Sie es sich entweder in der Rückenlage oder in einer aufrechten Sitzposition bequem, aber behalten Sie einen aufmerksamen Geist. Legen Sie die Hände entspannt im Schoß oder neben dem Körper ab. Stellen Sie den Timer auf 5 Minuten.

2. Schließen Sie wenn möglich die Augen. Wenn nicht, lassen Sie Ihren Blick verschwimmen.

3. Werden Sie sich zunächst Ihres Atems bewusst. Nehmen Sie wahr, wie Ihr Atem in Ihren Körper hinein- und wieder hinausströmt. Spüren Sie dem Ein- und Ausatmen einfach nur nach, ohne etwas zu ändern.

4. Richten Sie Ihre Aufmerksamkeit nun auf Ihren Atem, fokussieren Sie dabei nacheinander drei verschiedene Aspekte, jeweils etwa eine Minute lang: Zuerst nehmen Sie das Gefühl wahr, wie Ihr Atem in die Nase (oder wenn nötig den Mund) hinein- und wieder hinausströmt. Spüren Sie die kleinen Bewegungen in den Nasenflügeln und den leichten Temperaturanstieg der Luft beim Ausatmen. Als Zweites konzentrieren Sie sich auf das Heben und Senken der Brust. Nehmen Sie wahr, wie sich die Rippenbögen beim Einatmen nach vorn wölben und wie sich dabei Ihre Kleidung anfühlt, und wie sich anschließend der Brustkorb beim Ausatmen wieder nach unten senkt. Als Drittes beobachten Sie das Heben und Senken Ihres Bauchs. Spüren Sie,

Wenn wir uns den Atem zu Eigen gemacht haben, kann uns nichts und niemand die Ruhe rauben.

wie sich der Bauch beim Einatmen ausdehnt und beim Ausatmen wieder einsinkt.

5 Wählen Sie für die übrige Zeit den Aspekt aus, auf den Sie sich am leichtesten konzentrieren können. Verfolgen Sie jeden Atemzug über die gesamte Länge hinweg, vom Beginn des Einatmens bis zum Ende des Ausatmens. Beobachten Sie, wie das Atmen von ganz allein geschieht, ohne jegliches Zutun. Versuchen Sie nicht, es zu kontrollieren, nehmen Sie einfach nur jeden Atemzug wahr, ob er tief oder flach, schnell oder langsam ist.

6 Sie werden bald merken, dass Ihre Gedanken in die Vergangenheit oder Zukunft abschweifen und dabei Erinnerungen, Ängste oder reumütige Gefühle in Ihnen aufsteigen. Vielleicht haben Sie kritische Gedanken über sich oder diese Übung oder Sie denken an das, was Ihnen bevorsteht. Sobald Sie feststellen, dass sich Ihre Aufmerksamkeit verlagert, führen Sie den Atem achtsam und wertfrei zurück.

Falls Ihnen die Konzentration schwerfällt (und wirklich nur dann), können Sie bei jedem Ein- und Ausatmen »ein« und »aus« denken. Zwar sollen Sie sich auf Ihre Wahrnehmungen fokussieren, nicht auf Worte, doch gerade am Anfang oder wenn sich das Gedankenkarussell besonders schnell dreht, kann das eine echte Hilfe sein.

Ihre Gedanken werden während dieser 5 Minuten ziemlich häufig abschweifen – das ist ganz normal. Die Aufgabe besteht darin, sich dabei zu ertappen und die Aufmerksamkeit dann immer wieder sanft auf den Atem zurückzulenken, ohne zu bewerten, wie gut oder schlecht man sich gerade schlägt. Was auch geschieht, Sie üben sich in Achtsamkeit!

Die beste Zeit für achtsames Atmen

Wir empfehlen Ihnen, Ihre Lieblingsvariante dieser Übung mindestens 5 Minuten lang jeden Tag zu einer festen Zeit zu machen. Nach etwa einer Woche werden Sie es kaum erwarten können. Wenn Ihr Leben sehr anstrengend ist, können Sie sich zudem auch dann auf Ihren Atem konzentrieren, wenn Sie einen bestimmten Stressauslöser erwarten.

Mögliche Zeiten:

- beim Aufwachen am Morgen
- beim Sport
- beim Warten an der Ampel
- während Sie warten, dass jemand Ihren Anruf entgegennimmt
- während Sie irgendwo hingehen oder auf irgendetwas warten
- während Sie irgendwo anstehen
- kurz vor dem Schlafengehen.

DIE LIEBEVOLLE HAND

Sind Körper und Geist angespannt und erstarrt, geht es unserem Verstand nur noch darum, irgendwie durchzukommen. Die liebevolle Zuwendung zu uns selbst mittels der Kraft unserer eigenen Berührung lässt diesen Druck nachweislich kleiner werden. Körperliche Berührung ist einer der wichtigsten Akte der Fürsorge – denken Sie nur daran, wie wir Babys, Kinder und ältere Menschen berühren.

Wie Sie sich liebevoll selbst berühren

1. Suchen Sie sich einen ungestörten Ort und machen Sie es sich bequem. Nehmen Sie eine aufrechte, aber entspannte Position ein, und finden Sie mithilfe einiger tiefer Atemzüge in den Bauch zur Ruhe (Seite 76).

2. Gehen Sie zunächst in die Körperwahrnehmung. Nehmen Sie alle Ihre körperlichen Empfindungen, alle Gefühle und Emotionen wahr. Versuchen Sie nicht, etwas daran zu ändern, beobachten Sie diese nur. Sie dürfen kommen und gehen, wie es ihnen beliebt.

3. Wählen Sie eine Ihrer beiden Hände aus und stellen Sie sich vor, es sei die Hand eines Menschen, den Sie lieben, bei dem Sie sich wohlfühlen, geliebt, umsorgt und verstanden. Das kann jemand aus der Vergangenheit sein, etwa Ihre Großmutter, oder jemand aus dem jetzigen Leben. Lassen Sie die Gefühle, die dieser Mensch in Ihnen auslöst, in Ihre Hand strömen.

4. Legen Sie diese liebevolle Hand langsam und behutsam auf die Stelle Ihres Körpers, an der die Gefühle und körperlichen Empfindungen am intensivsten sind. Alternativ können Sie Ihre Hand auch auf Stellen legen, die Ihnen betäubt vorkommen. Wenn Sie weder das eine noch das andere spüren, legen Sie die Hand auf die Brust, um Ihr Herz zu beruhigen.

5. Lassen Sie die liebevolle Hand einfach sanft auf Ihrem Körper ruhen – dabei müssen Sie rein gar nichts erzwingen. Spüren Sie einfach nur die Hand auf Ihrer Haut oder Kleidung liegen. Beobachten Sie, wie die Wärme von der Handfläche in Ihren Körper und die unbehagliche Stelle fließt. Stellen Sie sich vor, die liebevolle Hand könne heilen, und Ihr Herz sei weich und offen dafür, dass Sie sich selbst mit Liebe begegnen.

6. Lassen Sie die liebevolle Hand weiter sanft auf Ihrem Körper ruhen und öffnen Sie sich für diesen behutsamen Akt der Veränderung. Wenn Sie möchten, können Sie die Hand langsam an andere Bereiche Ihres Körpers führen, die liebevolle Zuwendung benötigen. Spüren Sie, wie Wellen von Wärme und Zuneigung Ihren Körper durchströmen. Nehmen Sie wahr, wie Sie weich werden, sich weiten, sich lösen.

7. Nach ein paar Minuten ist es Zeit für eine letzte liebevolle Geste. Legen Sie sich eine Hand auf die Brust und die andere auf den Bauch, genau wie bei der Übung für die Bauchatmung. Lassen Sie die Hände dort ruhen, während Sie sich selbst mit Freundlichkeit begegnen. Bleiben Sie solange auf diese Art sitzen, wie Sie möchten – 5 Sekunden oder 5 Minuten. Vielleicht möchten Sie sich sogar hinlegen.

8. Wenn Sie so weit sind, kommen Sie zurück in die Gegenwart, mit dem Vorsatz, mit sich selbst liebevoller und weniger hart umzugehen und Ihre momentane Verfassung und Lage mehr zu akzeptieren.

Dass wir uns selbst durch Berührung liebevoll begegnen, vermittelt uns die Absicht, für uns selbst da zu sein – uns Aufmerksamkeit, Geborgenheit und Unterstützung zu schenken. Das können Sie überall und jederzeit für sich tun.

Es ist gut, etwas Langsames zu tun, bevor man im Leben eine wichtige Entscheidung trifft.

PAULO COELHO

STOPP
AFFIRMATIONEN

AFFIRMATIONEN: MERKSÄTZE ZUR STRESSBEWÄLTIGUNG

Wenn bei Ihnen der Teufel los ist, können bestimmte Merksätze Ihnen dabei helfen, Ihre Stressreaktionen im Keim zu ersticken. Sie sind einfach zu erinnern und zu verwenden – und sehr effektiv. Sie müssen sich dazu nur die beiden folgenden Schritte merken:

1. SCHRITT

Stoppen Sie das Gedankenkarussell

Sobald Sie merken, dass sich in Ihnen Denkfehler breitmachen, legen Sie diese lahm, indem Sie sich sanft, aber bestimmt sagen: »STOPP! Diese Gedanken tun mir nicht gut. Sie sind weder gesund noch nützlich. Ich habe beschlossen, einen anderen Weg einzuschlagen, und ich habe gelernt, anders zu denken.«

2. SCHRITT

Wählen Sie einige Affirmationen aus

Suchen Sie sich aus der unten stehenden Liste ein paar Merksätze aus, die Ihnen hilfreich erscheinen. Sagen Sie sich diese so lange auf, bis Sie Ihre innere Ruhe wiederfinden und sich Ihr Atem Stück für Stück verlangsamt. Es lohnt sich, diese Merksätze auf eine Karteikarte zu schreiben und sie einzustecken.

Affirmationen bei sich anbahnendem Stress

- Es wird schon hinhauen. Ich beruhige und entspanne mich jetzt einfach, und alles wird gut.
- Ich fühle mich gerade gestresst. Das wird nicht ewig anhalten. Jetzt konzentriere ich mich erst mal auf irgendeine andere Tätigkeit.
- Ich fühle mich also gerade ein bisschen gestresst. Na und? Wäre nicht das erste Mal. Ich verlangsame jetzt erst mal meine Atmung und mache einfach weiter.
- Das geht vorbei … wie immer.

Affirmationen bei direkt bevorstehendem Stress

- Ich habe das schon mal geschafft, und ich werde es auch diesmal schaffen.
- Wenn das vorbei ist, werde ich froh sein, es getan zu haben. Vielleicht fühle ich mich danach sogar richtig gut.
- Das sieht jetzt gerade ganz schön schwierig aus, aber mit der Zeit wird es einfacher.

Affirmationen bei einem Gefühl der Überforderung

- Ich kann mich gestresst fühlen und trotzdem auf das konzentrieren, was erledigt werden muss. Während ich mich auf die vorliegende Aufgabe fokussiere, wird mein Stresspegel automatisch sinken.
- Ich muss nicht gegen meine Gefühle ankämpfen. Sie werden sich sowieso bald verflüchtigen. Ich gebe ihnen Raum und schaue zu, wie sie verschwinden.
- Im Moment fühle ich mich überfordert. Das ist okay, diesmal habe ich mich dabei ertappt. Ich lenke meine Aufmerksamkeit in eine andere Richtung und mache Schritt für Schritt weiter. Das Gefühl der Überforderung geht vorbei … wie immer.

> Du bist mutiger, als du glaubst, stärker, als du aussiehst und schlauer als du denkst.«
>
> CHRISTOPHER ROBIN IN: *DIE VIELEN ABENTEUER VON WINNIE PUUH*

WIE SIE AUFHÖREN, SICH SO VIELE SORGEN ZU MACHEN

Sich Sorgen zu machen, zehrt an unseren geistigen Kräften und lastet schwer auf uns. Leider machen wir uns bei akutem Stress mitunter den ganzen Tag (und die ganze Nacht) lang Sorgen und sind dann völlig erledigt. In solchen Zeiten bereitet uns das Leben nicht viel Freude. Dann kann es entlastend wirken, eine spezielle »Sorgenzeit« zu reservieren.

1. SCHRITT

Planen Sie Ihre Sorgenzeit ein

Legen Sie Zeit, Ort und Dauer fest, in der Sie sich Sorgen machen dürfen (etwa: 17 Uhr, im Büro, 20 Minuten), und tragen Sie sich diesen Termin zunächst eine Woche lang, Tag für Tag, in den Kalender ein. Nur zu kurz vorm Zubettgehen sollte er aus naheliegenden Gründen nicht stattfinden.

2. SCHRITT

Schieben Sie die Sorge auf

Sobald Sie merken, dass Sie sich mit einer Sorge beschäftigen, fangen Sie diese schnell wieder ein und verschieben Sie sie in die Sorgenzeit. Schreiben Sie kurz und knapp in Ihrem **NOTIZBUCH** oder einem digitalen Gerät auf, um was es geht. Erinnern Sie sich dann daran, dass Sie später noch darüber nachdenken können, und es deshalb nicht jetzt tun müssen.

3. SCHRITT

Halten Sie sich an Ihre Sorgenzeit

Nehmen Sie sich Ihre Sorgen in der dafür eingeplanten Zeit vor. Wenn es so weit ist, setzen Sie sich an den vorher bestimmten Platz und denken Sie über die im Laufe des Tages notierten Sorgen nach. Tun Sie das aber nur, wenn Sie das Gefühl haben, dass es nötig ist. Wenn einige oder sogar alle aufgelisteten Sorgen Sie nicht mehr umtreiben oder nicht mehr wichtig scheinen, lassen Sie diese hinter sich. Sorgen Sie sich bloß nicht um des Sorgens willen – hier geht es ja schließlich ums Abgewöhnen!

4. SCHRITT

Unterziehen Sie die Sorge einem Verhör

Notieren Sie sich zu jeder Sorge, die Sie noch immer beschäftigt, die Antworten auf folgende Fragen in Ihrem **NOTIZBUCH:**

- Was bereitet Ihnen Sorge und warum?
- Wie lässt sich diese Sorge aus der Welt schaffen?
- Wer könnte Ihnen dabei helfen?

Beim Niederschreiben aktivieren wir, wie weiter vorne erklärt, die logischen und rationalen Hirnbereiche, dadurch ist es viel wahrscheinlicher, dass wir unsere Sorgen aus der Welt schaffen. Zudem bringen wir die Sorgen aus unserem Kopf heraus aufs Papier, wodurch wir ihnen ihre Schwere nehmen und uns beweisen: Sie werden keinen ewigen Bestand haben.

5. SCHRITT

Seien Sie siegessicher

Die meisten Menschen sind überrascht, wie gut sie mit dieser Übung viele ihrer Sorgen vertagen und mehr Kontrolle über Ihre Gedanken bekommen können.

Zu guter Letzt: Machen Sie sich keine Sorgen, wenn Sie sich mal außerhalb der Sorgenzeit Sorgen machen! Es wird nicht gleich hervorragend klappen und auch nicht immer perfekt sein, doch wenn Sie es in guter Absicht regelmäßig üben, ist Ihnen der Erfolg sicher. Was haben Sie schon zu verlieren … außer ein paar Sorgenfalten!

Aus meinem Leben: Kurze Lektionen in Sachen Stress

7 | EINE LEKTION ÜBER BILLIGEN SCHMUCK

von Matthew Johnstone

Das Folgende ist nicht so sehr eine Lektion in Sachen Stress als eine Technik zum Stressabbau, für die ich eine stille Leidenschaft hege. Wie Sie mittlerweile wahrscheinlich bemerkt haben, ist der Stress ein raffinierter emotionaler, mentaler und physischer Fiesling. Er pirscht sich langsam an uns ran, und ehe wir es uns versehen, sind sämtliche Sicherungen bei uns durchgebrannt. Dann blaffen wir die Kollegen und die Liebsten an, schlafen kaum noch, ernähren uns schlecht, treffen miese Entscheidungen und so weiter.

Wäre es nicht toll, wenn wir ein einfaches Mittel hätten, das uns beim bloßen Anblick daran erinnert, unseren Stresspegel zu überprüfen und Maßnahmen zu ergreifen, die ein wenig Ruhe in unser Leben bringen?

Ich hätte da etwas: Das **Kein-Stress-Gummiband**! So simpel, dass es schon beinahe bescheuert erscheinen mag!

Was ich an dem guten alten Gummiband so liebe: Es ist ein geniales Sinnbild für Resilienz; wenn es übermäßig gedehnt wird, schnellt es zurück in die ursprüngliche Form. Außerdem legt es eine große Flexibilität an den Tag, es ist billig und überall erhältlich.

Falls Sie befürchten, dass Gummibänder nicht zu Ihrem Kleidungsstil passen, können Sie einfach ein oder zwei Stück irgendwo in Sichtweite mit einer Reißzwecke befestigen. Falls Sie jedoch bereit sind, ein oder zwei davon zu tragen, werden Sie Ihnen als wunderbarer visueller Wink und körperliche Erinnerung dienen, für Ihren Stressabbau zu sorgen.

Sobald Sie merken, dass Sie wegen irgendetwas aus der Fassung geraten, lassen Sie das Band leicht schnipsen (nicht zu fest), um sich körperlich »Stopp!« zu signalisieren. Anschließend – und das ist das eigentlich Wichtige – gönnen Sie sich eine »**Achtsame Minute**«, in der Sie einfach:

- Eine kleine Pause einlegen
- Sich sammeln, indem Sie fünf- oder sechsmal tief, langsam und ruhig durchatmen
- Beobachten, wie Sie sich fühlen (völlig urteilsfrei).
- Ihre Haltung überprüfen
- Sich im Stehen gründlich dehnen
- Vielleicht etwas anderes tun – aus dem Fenster schauen, frische Luft schnappen, sich eine Tasse Tee machen, mit jemandem plaudern, eine Achtsamkeitsübung praktizieren (aber auf keinen Fall auf Ihr Smartphone oder in die sozialen Medien schauen)
- Dann in aller Ruhe dort weitermachen, wo Sie aufgehört haben.

Es gibt den Welttag der Suizidprävention, den Europäischen Tag der Depression, den Internationalen Tag der seelischen Gesundheit und so weiter – da ist doch sicher auch noch Platz für einen **Welttag des Kein-Stress-Gummibands**?! Je besser wir Stress erkennen, akzeptieren und auffangen können, wenn er in uns aufkommt, desto weniger wird er sich negativ auf uns selbst (und unsere Mitmenschen) auswirken.

DIE MORAL VON DER GESCHICHTE

Gummibänder sind äußerst praktisch.

Ich liebe dich so, wie du bist!!!

DIE GESCHICHTE VON JEFF
AKZEPTIEREN, WAS IST

Oftmals versuchen wir, unsere Lage auf Biegen und Brechen zu verändern, doch die folgende Geschichte eines meiner Klienten zeigt, wie das Akzeptieren einer momentanen Situation alles verändern kann.

Jeff war stets ein wenig gestresst (typisch Anwalt), nun machte er sich allerdings schon seit einigen Sitzungen in Folge große Sorgen um seine Tochter, die sich in den letzten Schulferien einer neuen Clique angeschlossen hatte.

Sie verhielt sich so, wie es die allermeisten Pubertierenden nun mal tun – ging viel aus, behandelte ihre Eltern wie Bedienstete und ihr Zuhause wie ein Hotel. Sie erzählte Jeff nie, wo sie hinging und regte sich auf, wenn er sie danach fragte. Jeff hatte Angst, dass seine Tochter die Schule vernachlässigen und schlechte Noten bekommen würde, dass sie »mit den falschen Leuten« verkehrte und wegen des Gruppenzwangs Dinge tat, die sie normalerweise nicht tun würde. Sogar tagsüber, wenn Jeff sich eigentlich auf seine Arbeit konzentrieren sollte, kreisten seine Gedanken ständig nur um seine Tochter, weswegen er Fehler machte und für alles viel länger brauchte als üblich.

Jeff und ich besprachen, wie er es lernen könnte, seine Gedanken und Gefühle zu »akzeptieren«. Anfangs fiel es ihm schwer, an seinen sorgenvollen Gedanken (in diesem Fall Wahrsagen und Katastrophisieren) dranzubleiben und dabei einfach nur seine Emotionen zu beobachten. Normalerweise zermarterte er sich das Hirn mit allen möglichen negativen Gedanken und sagte sich nach einer gewissen Zeit, er müsse aufhören, weiter über seine Tochter nachzugrübeln.

Beim Beobachten seiner Gedanken fiel Jeff auf, dass er Panik verspürte, dass er schneller atmete und seine Gedanken sich im Kreis drehten. Indem er jedoch zu akzeptieren lernte, konnte er sich als *Beobachter* dieser Emotionen, Gedanken und Gefühle erfahren. Indem er diese einfach so sein ließ, fand er die nötige Distanz, um sie nicht weiter zu befeuern, um sich zu beruhigen und letztendlich zu einem vernünftigeren Umgang mit seiner Tochter zu finden.

> Wichtig ist: Akzeptieren ist nicht gleichbedeutend mit Aufgeben. Vielmehr handelt es sich dabei um den ersten Schritt in die richtige Richtung, der uns in die Lage versetzt, wohlüberlegt statt reflexhaft zu reagieren, denn Letzteres bringt in der Regel gar nichts – besonders nicht bei Pubertierenden. Akzeptieren hat für Jeff nicht bedeutet, seiner Tochter einen Freifahrtschein zu erteilen, sondern die negative Gedankenspirale zu beenden und Raum für neue Gedanken und Problemlösungen zu schaffen.

MITGEFÜHL FÜR SICH SELBST ENTWICKELN

Das Selbstmitgefühl ist eines der wichtigsten Werkzeuge, mit denen sich die emotionalen Auswirkungen von Stress bewältigen lassen. Wenn ich meine Klienten bitten könnte, sich eine Fähigkeit wirklich anzueignen, dann wäre es diese. Aus einem einfachen Grund: Wenn wir unser Ziel verfehlt haben oder auf irgendeine andere Art enttäuscht von uns sind, gehen wir hart mit uns ins Gericht.

Dann machen wir uns fertig, indem wir Selbstkritik üben oder allem ausweichen, was gut für uns wäre, weshalb unsere Stimmung nur noch weiter sinkt. Dadurch steigt die Wahrscheinlichkeit, dass wir mürrisch oder gereizt reagieren (sicher sind Sie mit Ihrem Partner schon öfter in Streit geraten, wenn Sie sowieso schon gestresst waren) oder dass wir zu schnellen und temporären Aufheiterungsmethoden greifen.

Also essen wir zu viel, glotzen endlos Serien, spielen auf dem Handy, verschwenden Stunden in den sozialen Medien oder greifen zu Alkohol und Drogen, um unseren Schmerz und unsere Enttäuschung zu betäuben. Und was als kleiner Fehler begann, kann schon bald enorme Folgen für uns haben, insbesondere wenn uns diese Art der Bewältigungsstrategie zur Gewohnheit wird.

Menschen, die Selbstmitgefühl entwickelt haben, gehen freundlich und verständnisvoll mit sich um, wenn ihnen ein Ausrutscher passiert ist. Selbstmitgefühl bedeutet, uns, wenn nötig, von unseren hohen Ansprüchen zu verabschieden und zu begreifen, dass jeder Mensch Fehler macht – dass wir uns selbst oder die anderen von Zeit zu Zeit enttäuschen, ist quasi vorprogrammiert. Das Wunderbare am Selbstmitgefühl ist, dass es uns zu besseren Partnern, Eltern, Freunden, Kollegen und Menschen macht.

Die drei Schritte in Richtung Selbstmitgefühl

Das einzig Schwierige am Selbstmitgefühl ist, sich selbst immer wieder daran zu erinnern. Die folgenden drei einfachen, aber wichtigen Schritte wurden von der renommierten Wissenschaftlerin Dr. Kristin Neff entwickelt, die sich auf das Thema Selbstmitgefühl spezialisiert hat.

1. SCHRITT

Üben Sie sich darin, freundlich mit sich umzugehen

Begegnen Sie sich jetzt in diesem Augenblick mit Freundlichkeit. Denken Sie daran, dass es menschlich ist, Fehler zu machen; wir alle machen welche und werden es immer tun.

2. SCHRITT

Denken Sie daran, dass wir alle Menschen sind

Wenn uns ein Fehler passiert, wir leer ausgehen oder uns zurückgewiesen fühlen, glauben wir oft, wir seien ganz allein und der einzige Mensch, der leidet. In Wahrheit hat jeder von Zeit zu Zeit zu kämpfen. Es ist völlig menschlich, dass wir Fehler machen und dass wir Schmerz, Wut und Enttäuschung erleben.

3. SCHRITT

Üben Sie sich in Achtsamkeit

Besonders in solchen Phasen ist es wichtig, sich der Achtsamkeitsmethoden, die Sie gelernt haben, zu bedienen. Sie ermöglichen es uns, unsere Gefühle anzuerkennen, ohne ihnen ausgeliefert zu sein. Es ist hilfreich, die Gefühle, die wir gerade haben, wahrzunehmen, ihnen einen Namen zu geben und sie zu akzeptieren. Versuchen Sie nicht, sie zu unterdrücken – wenn wir unsere Gefühle ignorieren, können wir kein Selbstmitgefühl aufbringen. Gleichzeitig versetzen uns das Wahrnehmen und Benennen dieser Gefühle in die Lage, sie aus einer gewissen Distanz heraus zu betrachten anstatt von ihnen überwältigt zu werden.

Wie Sie Selbstmitgefühl erlernen

Nehmen Sie Ihr **NOTIZBUCH** zur Hand.

❶ Denken Sie an einen Fehler, den Sie begangen haben

Kürzlich machte ich beispielsweise folgenden Fehler: »Ich ging auf die Finanzsorgen meiner Partnerin nicht ein und lenkte sie stattdessen auf meine eigenen Probleme.«

❷ Schreiben Sie auf, was Sie damals im Stillen zu sich sagten

Was ich damals zu mir sagte oder danach über mich dachte, war: »Wieso bist du bloß immer so ein rücksichtsloser, unausstehlicher Vollidiot?«

❸ Schreiben Sie diese Botschaft auf mitfühlendere Weise um

Ein mitfühlenderer Umgang mit diesem Fehler könnte sich so äußern: »Hin und wieder verhältst du dich falsch, bist nicht immer warmherzig und unterstützend, besonders unter Stress. Doch das macht dich noch lange nicht zu einem schlechten Partner.«

Es kann ein Weilchen dauern, bis wir uns an eine mitfühlendere Art uns selbst gegenüber gewöhnt haben – anfangs mag es sich durchaus komisch anfühlen, freundlich und nachsichtig mit sich selbst zu sein. Probieren Sie es aber bitte einmal aus, wenn in den nächsten paar Wochen Stress aufkommt: Reden Sie behutsamer mit sich selbst und wenden Sie auch andere Techniken des Selbstmitgefühls an, etwa die liebevolle Selbstberührung (Seite 86). Probieren Sie auch einmal aus, Dinge, die Sie gerne tun, fest einzuplanen. Sie können leben oder einfach nur existieren – Sie haben die Wahl.

TIPPS

- Achten Sie darauf, ob Wörter wie »sollte«, »müsste«, »immer« und »nie« in Ihrem Denken über sich selbst häufig vorkommen – sie sind ein Hinweis darauf, dass Sie zu streng mit sich selbst umgehen. Sitzen Sie vielleicht einem Denkfehler auf? (Siehe Seite 47.)
- Versuchen Sie, mit sich selbst so zu sprechen, als ob Sie mit einem engen Freund oder Verwandten sprächen.

GRUNDLOS NETT ZU ANDEREN SEIN

Wenn wir grundlos nett zu unseren Mitmenschen sind, wirkt sich das positiv auf unsere Gesundheit, Zufriedenheit und Stressbewältigung aus. Und wenn uns jemand dabei zuschaut, sorgen wir auch noch bei dieser Person für ein größeres Wohlbefinden – nicht schlecht, drei Fliegen mit einer Klappe! Und das Beste daran: Es ist überall und jederzeit möglich.

Wenn wir jemand anderem eine kleine Freude bereiten, gibt uns das erwiesenermaßen eine Menge zurück:

- eine größere Lebenszufriedenheit, mehr Optimismus und ein tieferes Gefühl der Verbundenheit mit anderen
- eine Stärkung des Immunsystems
- ein besseres Denkvermögen
- mehr Energie
- eine niedrigere Herzfrequenz und einen niedrigeren Blutdruck
- einen ausgeglichenen Cortisolspiegel
- weniger Angst und Depressionen.

Bei all diesen wahnsinnig positiven Aspekten sollte man meinen, die Menschen würden einander andauernd mit netten Taten überraschen. Was hält uns also davon ab? Stolz, die Angst, wie ein Weichei auszusehen, oder die Unsicherheit darüber, was man tun könnte und wann? Da lässt sich leicht Abhilfe schaffen: Tun Sie doch einfach jetzt sofort etwas.

WIE SIE GRUNDLOS NETT ZU ANDEREN SEIN KÖNNEN

Wenn man jemand anderem eine kleine Freude macht, ist es fast unmöglich, an der eigenen schlechten Laune festzuhalten – ich habe das selbst erlebt und erfahren. Probieren Sie folgende Nettigkeiten aus:

- Machen Sie einer bekannten oder vielleicht sogar einer fremden Person ein Kompliment.
- Melden Sie sich bei einem kranken Menschen oder schauen Sie dort vorbei.
- Schreiben Sie einem nahestehenden Menschen, wie sehr Sie ihn schätzen.
- Bieten Sie einem Handwerker bei sich zu Hause etwas zu trinken an.
- Überraschen Sie eine Kollegin mit einem Kaffee.
- Tragen Sie einer Nachbarin den Müll in den Container.
- Schenken Sie einer fremden Person ein Lächeln.
- Spenden Sie alte Handtücher oder Betttücher an ein Tierheim.
- Schreiben Sie eine dankbare Mail an einen Mitarbeiter, der mehr Anerkennung verdient.
- Schenken Sie einem besonderen Menschen Blumen.
- Verschenken Sie Sachen, die Sie nicht mehr wirklich brauchen.
- Lernen Sie die Namen einiger neuer Kollegen auswendig und sagen Sie ihnen Hallo.
- Nehmen Sie jemandem im Auto mit, der keinen Führerschein hat.
- Lassen Sie jemanden in der Warteschlange vor.
- Schenken Sie jemandem Ihr Wechselgeld.
- Unterhalten Sie sich mit einer Verkäuferin und erkundigen Sie sich, wie es ihr geht.

Aus Erfahrung wissen wir, dass wir eher geneigt sind, etwas zu tun, wenn wir es schriftlich fixieren. Halten Sie also mithilfe einer ähnlichen Tabelle wie dieser hier Ihre eigenen netten Taten in Ihrem **NOTIZBUCH** fest und lassen Sie deren Anzahl Tag für Tag oder Woche für Woche wachsen. Notieren Sie, wie es geklappt hat, wie es sich auf Ihre Stimmung und Ihr Wohlergehen und auf Ihre Mitmenschen ausgewirkt hat.

Datum	Was habe ich getan?	Was war das Resultat?	Wie fühlte ich mich danach?	Was habe ich daraus gelernt?
27. Juni	Einer Kollegin einen Becher Kaffee mitgebracht.	Sie freute und bedankte sich, hat mich dann gefragt, wie mein Wochenende war.	Fühlte mich super und meiner Kollegen näher.	Für ein gutes Arbeitsklima spendiere ich gern mal einen Kaffee.

Wir bestreiten unseren Lebensunterhalt mit dem, was wir bekommen, und wir leben von dem, was wir geben.

WINSTON CHURCHILL ZUGESCHRIEBEN

DANKBAR SEIN

Andauernd bekommen wir zu hören, dass wir dankbar für das sein sollen, was wir haben, glücklich und zufrieden, doch manchmal fühlen wir uns einfach nicht so! Und zwar meistens dann, wenn wir zu viel zu tun haben und gestresst sind oder wenn die negativen die positiven Aspekte unseres Lebens in den Schatten stellen.

Studien haben allerdings eindeutig bewiesen, dass es dem Gleichgewicht von Körper und Seele unglaublich guttut, wenn wir Dankbarkeit empfinden. Das macht uns glücklicher, sozialer, optimistischer und zufriedener. Und es bewirkt, dass wir einen Gang hochschalten und effizienter sind in unserer Tätigkeit als Manager, Netzwerker und Entscheidungsträger. Kaum überraschend gilt Dankbarkeit als die »Mutter aller Tugenden«, wie Cicero sagte, und wir sollten sie nicht einfach ignorieren – auch wenn uns das zuweilen unmöglich erscheint.

WIE SIE SICH IN DANKBARKEIT ÜBEN KÖNNEN

1. EINE ÜBUNG IN DANKBARKEIT FÜR KLEINE DINGE

Nehmen Sie sich jetzt ein paar Minuten Zeit, um in Ihrem **NOTIZBUCH** fünf Dinge aufzuschreiben, die heute gut waren. Das müssen keine großen Ereignisse sein, sondern einfache Dinge wie eine leckere Mahlzeit, ein Gespräch mit einer Freundin, oder das Bestehen einer schwierigen Herausforderung. Machen Sie sich das zur Gewohnheit, halten Sie jeden Abend vor dem Zubettgehen fünf solcher Dinge fest, und Sie werden friedlich und dankbar schlafen.

2. EINEN BRIEF SCHREIBEN

Gibt es jemanden, der großen Einfluss auf Ihr Leben hatte, bei dem Sie sich bedanken möchten oder der Ihnen einfach wichtig ist? Schreiben Sie diesem Menschen einen kurzen Brief, in dem Sie von den Dingen erzählen, die Sie an ihm wertschätzen oder wobei er Sie unterstützt hat.

3. DANKE SAGEN

Schließen Sie jetzt die Augen und überlegen Sie, welcher Person in Ihrem Alltag Sie gerne Danke sagen möchten. Führen Sie sich auch die kleinen Dinge vor Augen, die Menschen tagtäglich tun und die leicht übersehen werden – wie die Kollegin, die sich immer besonders ins Zeug legt, oder der Freund, der immer ein offenes Ohr für Sie hat. Notieren Sie sich zwei oder drei Menschen und schreiben Sie dazu, wieso Sie ihnen danken möchten.

4. FÜHREN SIE EIN DANKBARKEITSTAGEBUCH

Wenn wir jeden Tag nur fünf Minuten lang in ein Dankbarkeitstagebuch führen (das kann auch Ihr **NOTIZBUCH** sein), können wir, so wurde es errechnet, unser Wohlbefinden nachhaltig um bis zu 10 Prozent steigern – genauso viel, als würden wir unser Einkommen verdoppeln. Welche der beiden Optionen ist für Sie momentan leichter umzusetzen?
Greifen Sie dabei auf folgende Expertentipps zurück:

Überfordern Sie sich nicht Ein- bis zweimal die Woche etwas aufzuschreiben, reicht völlig aus, wenn Sie …

Die Ausführlichkeit vor die Länge stellen Gehen Sie lieber bei einer Sache in die Tiefe, statt nur oberflächlich bestimmte Gegenstände oder Ereignisse aufzulisten.

Ins Persönliche gehen Schreiben Sie über Menschen, nicht bloß über Dinge.

Bestimmte Verluste in Betracht ziehen Denken Sie darüber nach, wie sich der Verlust bestimmter Dinge, für die Sie dankbar sind, auf Ihr Leben auswirken würde.

Das Tagebuch nicht völlig mechanisch schreiben Wirklich glücklicher werden zu wollen, macht das Tagebuchführen wirksamer.

VERGEBEN UND HINTER SICH LASSEN

Sich von Groll und Bitterkeit zu lösen, schafft Raum für Glück, Gesundheit und Frieden. Wir alle sind schon durch die Worte oder Taten eines anderen verletzt worden – etwa von unserer Partnerin, die einem anderen schöne Augen gemacht, einem Kollegen, der unser Projekt sabotiert oder von unserer Mutter, die unseren Erziehungsstil kritisiert hat.

Das alles tut weh und kann uns dazu bringen, das Geschehene endlos durchzukauen und Rachepläne zu schmieden, was wiederum unsere Stressreaktion chronisch aktiviert. Und das schadet natürlich ausschließlich uns selbst.

Unser Ziel ist die Vergebung, wobei das nicht bedeutet, den anderen aus seiner Verantwortung dafür zu entlassen, dass er verletzend war. Sie können jemandem vergeben, ohne dessen Verhalten oder Taten zu entschuldigen.

Zwei Arten der Vergebung sind der Gesundheit förderlich:

1 Die willentliche Vergebung

Dabei lösen Sie sich von den zornigen Gedanken, die Sie einem Menschen entgegenbringen, der Ihnen Unrecht getan hat. Solche Gedanken zu verdrängen und sich zu schwören, nicht nach Rache zu trachten, ist ein sehr hilfreicher erster Schritt, doch das eigentliche Ziel sollte sein:

2 Die emotionale Vergebung

Dabei ersetzen Sie sämtliche destruktiven Emotionen – Wut, Feindseligkeit, Hass, Verbitterung, Abneigung und Angst – durch Liebe, Mitgefühl, Empathie und Zuneigung. Man könnte meinen, das sei ein bisschen viel verlangt, besonders wenn die Wunde noch frisch ist, aber es ist eine Art Wundermittel!

Emotionale Vergebung sorgt für:

- weniger Wut, Angst, Depressionen und Stress
- gesündere zwischenmenschliche Beziehungen
- größeres Selbstbewusstsein
- niedrigeren Blutdruck, ein gesünderes Herz und ein besseres Immunsystem
- größeres psychisches Wohlbefinden
- weniger chronische Schmerzen.

Die fünf Schritte zur Vergebung

Wenn Sie sich nach einem ausgeglichenen Geist und weniger körperlich spürbarer Unruhe sehnen, kann das von dem amerikanischen Psychologieprofessor Everett Worthington entwickelte **REACH**-Modell für Entlastung sorgen. Die Abkürzung REACH steht für die fünf Schritte dieses Modells, gleichzeitig aber auch für »Vergebung erreichen« und »die Hand ausstrecken«.

1. SCHRITT: Rufen Sie sich den Schmerz in Erinnerung

Betrachten Sie die Kränkung erneut, so sachlich wie möglich, ohne Schuldzuweisungen oder Selbstviktimisierung.

2. SCHRITT: Empathie mit dem Gegenüber empfinden

Versetzen Sie sich in die Person hinein, die Ihnen Unrecht getan hat.

3. SCHRITT: Altruismus aufbauen und vergeben

Erinnern Sie sich daran, wie Ihnen einmal vergeben wurde und wie sich das anfühlte. Vergeben auch Sie.

4. SCHRITT: Commitment eingehen

Verpflichten Sie sich der Vergebung. Sagen Sie sich: »Heute vergebe ich (Name der Person), dass sie mich verletzt hat.«

5. SCHRITT: Halten Sie an der Vergebung fest

Geben Sie dem nagenden Gefühl, verletzt worden zu sein, so wenig Raum wie möglich. Manchmal sind ein paar Anläufe nötig, bis es klappt, also fangen Sie am besten mit einer machbaren Sache oder Person an. Das ist allemal besser, als die schweren Brocken der Wut und Verbitterung über jeden, der Sie jemals verletzt hat, weiter mit sich herumzuschleppen. Die Vergebungsmeditation auf Seite 104 kann Ihnen dabei helfen.

Ich lasse den Groll einfach los.
Wut
Schmerz
Verbitterung

DIE VERGEBUNGSMEDITATION

Wenn wir an der Vergebung festhalten wollen, ist es ganz entscheidend, die schmerzhaften Gedanken loszulassen und neue Gedanken einzuüben – hierbei kommt uns die Neuroplastizität zugute. Als perfekte Unterstützung dafür bietet sich die Meditation an. Die Wärme, Duldsamkeit und Gelassenheit, die wir beim Meditieren erfahren, befördert den Geist der Vergebung.

1 Zunächst nehmen Sie wie üblich eine bequeme Haltung ein, in der Sie trotzdem noch aufnahmebereit sind, entweder im Sitzen mit geradem Rücken oder im Liegen mit entspannten Händen.

2 Folgen Sie Ihrem Atem – verlangsamen Sie ihn so lange, bis sich Ihr Geist beruhigt hat. Anschließend fokussieren Sie sich darauf, mit jedem Einatmen Wärme und Frieden in sich aufzunehmen und mit jedem Ausatmen Wut und Groll abzugeben. Beobachten Sie, wie die Wut von Ihnen abfällt, wie sich die Knoten in Ihrem Körper lösen und wie sich Ihre Anspannung in dieser warmen und friedvollen Offenheit lockert.

3 Denken Sie an jemanden, der Ihnen in der Vergangenheit absichtlich oder unabsichtlich Schmerzen bereitet hat. Richten Sie an diese Person nun eine Botschaft der Vergebung – halten Sie dazu einfach an dem Gedanken der Vergebung fest. Wenn Ihnen das am Anfang schwerfällt, sagen Sie innerlich: »Ich vergebe dir«. Vergeben Sie der Person so gut, wie Sie es jetzt gerade schaffen. Lassen Sie Ärger und Groll von sich abfallen. Wenn noch etwas davon übrig bleibt, akzeptieren Sie auch dies. Regen Sie sich darüber nicht auf – es ist, wie es ist, und es ist gut so. Seien Sie geduldig mit sich selbst und lassen Sie die Vergebung in sich wachsen. Gestatten Sie sich, zu vergeben. Lösen Sie sich von Stolz und Schmerz, die sich an den Groll klammern. »Ich vergebe dir.« Und lassen Sie einfach los.

❹ Bedenken Sie diejenigen, die Ihnen Ärger bereiten, so gut es geht mit liebevoller Zuneigung. Wiederholen Sie innerlich langsam Sätze, die Ihnen dazu passend erscheinen: »Ich wünsche dir, dass du deinen Frieden findest; ich wünsche dir, dass du glücklich wirst; ich wünsche dir, dass du zu dir selbst findest.«

❺ Bitten Sie nun diejenigen um Vergebung, denen Sie Schmerz und Leid zugefügt haben. Tun Sie das ohne Schuld- und Schamgefühl, aber in Demut, in dem Wissen, dass alle Fehler begehen und dass uns teilweise nicht bewusst ist, welche Folgen unser Handeln für andere hat. Lösen Sie sich beim Ein- und Ausatmen von Reue und Selbstkritik. Lassen Sie den Schmerz los, der Ihr Herz hart macht. Öffnen Sie sich und lassen Sie zu, dass Ihnen vergeben wird. Begegnen Sie sich mit tief empfundener Freundlichkeit und wiederholen Sie einige Sätze, die Ihnen dazu passend erscheinen: »Ich wünsche mir, dass ich meinen Frieden finde; ich wünsche mir, dass ich glücklich werde; ich wünsche mir, dass ich zu mir selbst finde.«

❻ Folgen Sie Ihrer Atmung. Konzentrieren Sie sich darauf, wie sich Ihr Mitgefühl auf Ihr Bewusstsein auswirkt.

4 ZEIT

MIT WENIGER MEHR ERREICHEN

In diesem Kapitel zeigen wir Ihnen:

- Wie Sie selbst entscheiden, was zu tun ist, und wann, wie und wieso es zu tun ist
- Wie Sie mit weniger mehr erreichen – oder einfach weniger tun und das völlig in Ordnung finden

DAS LEBEN BESTEHT AUS MEHR ALS ARBEIT

Beim Thema Stressbewältigung geht es heutzutage oft darum, mit einem Übermaß an Arbeit und Terminen und dem Gefühl der Überforderung klarzukommen. Genauso wichtig ist es jedoch, dass wir nicht alles, was wir erledigen müssen, als gegeben hinnehmen und uns stattdessen fragen, ob es uns wirklich guttut. Genau dieser Punkt hat möglicherweise größere Auswirkungen auf Ihr Stressgefühl als alles andere, was Sie in diesem Buch sonst noch erfahren.

Der Psychotherapeut Dr. Emmett Miller rät, uns regelmäßig die folgenden beiden Schlüsselfragen zu stellen, um uns zu vergewissern, dass wir genügend Dinge tun, die uns Kraft geben, und weniger Dinge tun, die das Gegenteil bewirken:

1 Machen Sie Überstunden, weil Sie mit Feuereifer bei der Arbeit sind, oder weil Sie Angst vor den Folgen haben, wenn Sie keine machen?

Bereitet Ihnen die Arbeit Freude, können Sie dabei auftanken, auch wenn es hin und wieder anstrengend wird. Bereitet sie Ihnen keine Freude, zehrt sie an Ihren Kräften. Die Freude an der Arbeit wirkt sich auf Ihre seelische und körperliche Verfassung aus und somit auch auf Ihre Fähigkeit, den Stress bei der Arbeit und in der Familie, den finanziellen Stress und den des morgendlichen Aus-dem-Bett-Kommens zu bewältigen.

2 Arbeiten Sie, weil Sie ein anderer sein möchten? Was sagt Ihre Arbeit über Sie aus? Und wie viel müssen Sie arbeiten, um mit sich selbst im Reinen zu sein?

Was müssen Sie sich alles aufbürden, um mit sich zufrieden zu sein? Haben Sie schon mal probeweise Ihr Arbeitspensum reduziert, um herauszufinden, ab welcher Grenze Sie beginnen, Schuldgefühle zu entwickeln? Ich wette, diese Grenze ist ziemlich schnell erreicht.

Das sind ziemlich provozierende Fragen.

Einer meiner ehemaligen Klienten besaß eine erfolgreiche Baufirma und hatte Millionen auf dem Konto, konnte sich selbst (und seiner Frau) aber nicht eingestehen, dass er eine Auszeit von den pausenlosen E-Mails und Anrufen brauchte. Was die beiden schließlich zu mir führte: Eines Nachmittags schaute der Mann bei einem Freund vorbei, um mal kurz Hallo zu sagen und das neue Auto in der Einfahrt zu bewundern. Vollkommen harmlos – und doch hatte er derartige Schuldgefühle, früher Feierabend gemacht und etwas für sich selbst getan zu haben, dass er glaubte, seiner Frau etwas von »das Dach checken« vorlügen zu müssen.

Obwohl ihm das nicht schwerfiel, wusste seine Frau, dass er log, und so wurde daraus ein größeres Problem. Es war ihr völlig egal, wo er sich herumgetrieben hatte – sie wusste ja um seinen Stress und wollte, dass er sich mehr Pausen gönnte –, aber aufgrund seiner durch Stress verursachten Unaufrichtigkeit fragte sie sich, worüber er sie wohl sonst noch alles anlog. In ihrem Fall ging es nicht um Seitensprünge, Saufereien oder Spielsucht. Der Mann konnte schlicht nicht zugeben, dass er eine Pause brauchte. Ist das nicht verrückt?

Wie viele von uns steigen Tag für Tag ins Hamsterrad, arbeiten bis spätabends, springen für Kollegen ein, geben sich extra viel Mühe, bringen sich um ihre Gesundheit und ärgern sich im Nachhinein darüber? Und verleiht uns irgendetwas davon Kraft und Stärke? Was entgeht uns dabei womöglich alles?

Meiner eigenen Forschung und praktischen Erfahrung nach zu urteilen, sind *Aufwand und Belohnung* nicht automatisch *im Gleichgewicht*. In diesem Kapitel zeigen wir Ihnen Wege, Ihr Verhältnis zur Arbeit und die Auswirkungen Ihrer Arbeit zu ändern – über beide Punkte sollten Sie nachdenken.

Aus meinem Leben: Kurze Lektionen in Sachen Stress

8 | EINE LEKTION ÜBER DEN SCHAUFENSTERBUMMEL

von Matthew Johnstone

Als ich noch in der Werbebranche gearbeitet habe, flog ich einmal für ein Fotoshooting von New York nach Rom. Klingt an sich ziemlich cool und glamourös, aber wir hatten einen irre vollen Terminkalender, einen betreuungsintensiven Kunden, der nichts als Stress machte, und leider nur sehr wenig Zeit, uns die Stadt anzuschauen.

Es war ein milder Abend, als ich ankam, also machte ich mich auf zu einem kleinen Spaziergang durch die Nachbarschaft. Kaum war ich ein paar Straßen weit gekommen, überkam mich die furchtbare »Alles-total-surreal-und-wo-bin ich-hier-eigentlich?«-Art von Jetlag, aber ich ging weiter. Während ich ein Gässchen entlangspazierte, stieß ich auf einen hübschen Uhrenladen. Ich mag Uhren, denn wenn ich mir eine Superkraft aussuchen dürfte, wäre das Pünktlichkeit.

Der Laden hatte zwei große Glastüren. Ich ging die Stufen hinauf und zog am Griff der einen Tür, aber sie war verschlossen. Hinter dem Tresen saß eine Verkäuferin und las ein Buch, also klopfte ich an die Glastür. Sie schaute auf, und ich formte ein »Wann haben Sie geöffnet?« mit den Lippen. Ich erntete einen völlig verwirrten Blick. Dann zeigte ich auf meine Uhr, öffnete eine unsichtbare Tür und sagte lautlos »OFFEN«. Worauf sie erwiderte: »Wir haben offen … Die Tür ist offen.«

Mit blankem Entsetzen stellte ich fest, dass ich keineswegs durch eine zweite Glastür blickte – sie stand nämlich sperrangelweit offen.

Ich beschloss, besser nicht einzutreten, weil die Verkäuferin wahrscheinlich gerade nach dem Pfefferspray griff.

DIE MORAL VON DER GESCHICHTE

Der Verstand ist nicht unbedingt eine verlässliche Informationsquelle.

DEN KAMPF GEGEN DIE ZEIT GEWINNEN

Wir alle haben damit zu kämpfen, unsere Aufgaben in stets viel zu knapper Zeit erledigen zu müssen. Hier erfahren Sie, wie Sie mehr Zeit gewinnen. Das ist zwar nicht ganz einfach, aber überhaupt nicht kompliziert. Sie können:

- Die Menge an Arbeit verringern … ganz einfach
- Erkennen, dass Sie mehr Dinge tun können, die Sie wirklich tun möchten, sobald Sie aufhören zu glauben, es ginge nicht
- Das Paretoprinzip beherzigen (die 80-zu-20-Regel: 80 Prozent der Ergebnisse werden mit 20 Prozent des Gesamtaufwands erreicht. Wählen Sie Ihre Anstrengungen also mit Bedacht)
- Sich um die kleinen Aufgaben kümmern, solange sie noch klein sind
- Mit dem Bezwingen der schwierigsten Aufgabe in den Tag starten – der restliche Tag wird dann zum Kinderspiel
- Sich um einen besseren und engeren Kontakt zu den Kollegen bemühen
- Für eine bessere physische Arbeitsumgebung sorgen
- Sachen, mit denen Sie Schwierigkeiten haben, in der freien Natur angehen – das verändert Körper und Geist und lässt Sie eine Lösung finden
- Das Ungewisse akzeptieren
- Mit einer kleinen Veränderung anfangen.

Prioritätensetzung und Zeitmanagement

Vielleicht geht es Ihnen wie mir, und Sie spüren Stress in sich aufsteigen, sobald Ihre To-do-Liste immer länger wird. Schon beim Betrachten meiner Liste fühle ich mich manchmal überfordert und weiß nicht, wo ich anfangen soll. Dann arbeite ich hastig ein paar Punkte ab, mache es aber derart schlampig, dass ich alles noch einmal machen muss. Oder ich tue das Gegenteil – und schiebe alles auf die lange Bank, indem ich esse, quatsche, in den sozialen Medien herumlese oder den Staubsaugerbeutel leere. Beide Reaktionen sind ganz normal, doch beide treiben unseren Stressometer in die Höhe.

Probieren Sie einmal die folgenden Tipps aus:

- Listen Sie alles auf, was kurzfristig erledigt werden muss. Lassen Sie alles weg, was nicht innerhalb der nächsten 14 Tage ansteht.
- Suchen Sie sich zum Arbeiten Zeiten und Orte, an denen Sie ungestört sind. Legen Sie das Handy weg – nutzen Sie eventuell Apps, die Sie dabei unterstützen.
- Brechen Sie große Aufgaben auf kleine Schritte herunter. Ordnen Sie diese nach Dringlichkeit an. Beginnen Sie mit der dringlichsten kleinen Aufgabe. Gehen Sie nicht eher zur nächsten über, bis Sie diese erledigt haben.
- Sprechen Sie Ihre Prioritätensetzung unter Umständen mit Ihrem Vorgesetzten ab.
- Streichen Sie jede Aufgabe auf der Liste durch, sobald sie erledigt ist. Sie werden staunen, wie motivierend diese dicke schwarze Linie wirken kann. Lassen Sie sich diesen kleinen Schuss Dopamin auf keinen Fall entgehen.
- Seien Sie realistisch bezüglich dessen, was Sie innerhalb eines bestimmten Zeitfensters (z. B. im Laufe des Vormittags) zuwege bringen können.
- Reservieren Sie 10 Minuten am Nachmittag oder Abend dafür, die Aufgaben für den nächsten Tag niederzuschreiben, nach Dringlichkeit zu sortieren und mit einer kurzen Notiz zu versehen, wie Sie diese angehen wollen. Nutzen Sie hierfür gerne Ihr **NOTIZBUCH.**
- Belohnen Sie sich. Überlegen Sie sich eine schöne kleine Belohnung für jede abgehakte Aufgabe, um sich selbst zu motivieren.

DENKEN SIE DARAN

- Ob Ihnen danach ist oder nicht: Legen Sie einfach los.
- Das muss erledigt werden, und Sie machen sich jetzt sofort an die Arbeit.
- Während Sie etwas anpacken, geht es Ihnen besser und besser, und Sie haben das Gefühl, Sie kommen voran (passiert garantiert).
- Transpiration kommt vor Inspiration!

IDEAL – PROBLEME SYSTEMATISCH LÖSEN

Indem Sie Prioritäten setzen, sortieren Sie schon einmal die unwesentlichen Aufgaben aus. Wirklich weniger Stress haben Sie jedoch erst dann, wenn Sie die wesentlichen Aufgaben systematisch angehen.

Manchmal zermartern wir uns das Hirn, wie wir eine Aufgabe am besten angehen sollen. In solchen Situationen bietet sich das **IDEAL**-Modell an. Wenn wir die Aufgabe verdrängen oder uns deswegen sorgen, vergrößern wir unseren Stress und unser Unglück nur, während ein strukturiertes Vorgehen den Stress reduziert. Schon aus diesem Grund lohnt es sich, die folgenden 5 einfachen Maßnahmen zu erlernen:

1. SCHRITT

I Identifizieren Sie Ihr Anliegen

Definieren Sie in Ihrem **NOTIZBUCH** genau, was Sie lösen möchten – beschränken Sie sich auf einen kurzen Satz.

Tipp: Brechen Sie das Problem auf seine wesentlichen Bestandteile herunter, falls es sehr komplex sein sollte.

2. SCHRITT

D Denken Sie sich unterschiedliche Maßnahmen aus

Sammeln Sie einfach alle Ideen, die Ihnen durch den Kopf gehen. Seien Sie beim Brainstormen kreativ und offen (verwerfen Sie noch nichts).

Tipp: Reden Sie mit anderen Leuten – vielleicht fällt denen etwas ein, an das Sie noch nicht gedacht haben.

3. SCHRITT

E Evaluieren Sie die möglichen Maßnahmen

Was sind ihre jeweiligen Vor- und Nachteile? Bringen Sie sie entsprechend Ihrer Vorlieben in eine Rangordnung.

Tipp: Fragen Sie sich bei jeder Maßnahme, ob sie Ihnen behagt. Falls dem nicht so ist: Wie könnten Sie sie optimieren?

4. SCHRITT

A Agieren Sie

Entscheiden Sie sich für die Maßnahme, die Ihnen (im Augenblick) am sinnvollsten erscheint und setzen Sie diese in die Tat um.

Tipp: Sie können Ihre Maßnahme jederzeit überdenken und abändern, wenn es anders läuft, als Sie sich vorgestellt haben.

5. SCHRITT

L Lernen Sie aus dem Ergebnis

Betrachten Sie das bisherige Resultat. Entscheiden Sie, ob Sie etwas ändern oder gar einen neuen Weg einschlagen müssen.

Tipp: Betrachten Sie die Resultate objektiv und zerbrechen Sie sich nicht endlos den Kopf darüber.

ICH HAB'S GESCHAFFT!
MEISTER & SÖHNE
ORDEN

SMART – ZIELE RICHTIG SETZEN

Wenn wir in unserem Leben ins Hintertreffen geraten, bekommen wir oft zu hören, dass wir uns doch besser organisieren oder uns mehr Ziele setzen sollen. Wichtig jedoch ist es, sich Ziele richtig zu stellen: Die SMART-Methode, die im Bereich des Projektmanagements entwickelt wurde, stellt den Erfolg einer Unternehmung sicher.

SMART STEHT FÜR:

SPEZIFISCH – damit wir genau das erreichen, was wir uns wünschen.

MESSBAR – damit wir wissen, dass wir es erreicht haben.

AUSFÜHRBAR – damit wir wissen, dass es erreichbar ist.

RELEVANT – damit unsere Motivation nicht verloren geht.

TERMINIERT – damit wir dranbleiben.

Tipps für das richtige Setzen von Zielen

- Die Ziele müssen erreichbar sein. Beginnen Sie mit kleinen Schritten und kommen Sie so Stück für Stück vorwärts. Ein Ziel kann eine Herausforderung darstellen, sollte aber unbedingt zu schaffen sein.
- Vermeiden Sie bei der Zielsetzung Wörter, die keinen Raum für Fehler lassen, so wie »immer« und »nie«.
- Formulieren Sie die Ziele nicht danach, was nicht passieren soll, sondern danach, was Sie erreichen *wollen*.
- Machen Sie sich etwaige Hindernisse bewusst und erarbeiten Sie einen detaillierten Plan B.

In der gegenüberliegenden Tabelle geht es um das Ziel, etwas für die Gesundheit und gegen mittelschweren Stress zu unternehmen. Das Ziel dieses SMART-Plans lautet in diesem Fall konkret: regelmäßige Bewegung.

Nehmen Sie Ihr **NOTIZBUCH** zur Hand und beantworten Sie die nebenstehenden Fragen zu einem speziellen Ziel, das Sie sich setzen wollen.

Ein Ziel zu haben, reißt uns zwar aus unserer Komfortzone, doch es gibt unserem Leben auch eine klare Richtung und einen Sinn.

SMART: WIE SIE SICH EIN ZIEL SETZEN	
FRAGEN	**LÖSUNGSANSÄTZE**
Ist es SPEZIFISCH – kann ich genau sagen, was ich wo und wann erreichen will?	Ja, ich möchte alle zwei Tage einen 30-minütigen Spaziergang in der Nachbarschaft machen.
Ist es MESSBAR – kann ich meine Fortschritte beurteilen?	Ja, ich trage mir die Bewegungstage im Kalender ein und stelle mir auf meinem Handy Erinnerungen für 18 Uhr ein.
Ist es AUSFÜHRBAR – ist es realistisch? (Es darf ruhig schwierig, muss aber aller Voraussicht nach machbar sein.)	Ja, alle zwei Tage kriege ich hin. (Jeden Tag wäre unrealistisch – wegen meines Arbeitspensums und meiner familiären Verpflichtungen.)
Ist es RELEVANT – steht es für etwas, auf das ich hinarbeiten will und auch kann?	Ich gehe gern spazieren, dadurch kriege ich den Kopf frei. Außerdem verbringe ich gern Zeit mit meinem Hund, der Bewegung genauso nötig hat wie ich – also eine echte Win-Win-Situation!
Ist es TERMINIERT – kann ich einen zeitlichen Rahmen abstecken, mit einem Zieldatum und ein paar Meilensteinen, um mich bei der Stange zu halten?	Ja, ich nehme es mir für 4 Wochen vor, bis dahin ist es hoffentlich zur Gewohnheit geworden, und ich spüre erste Resultate. Anschließend überarbeite ich den Plan eventuell, um noch mehr für meine Gesundheit zu tun.
Welche Hilfsmittel benötige ich?	Bequeme Schuhe, Wasserflasche, Hund und Musikabspielgerät.
Was gibt es für Hemmnisse?	Ich habe mir eine Aktivität im Freien vorgenommen, wenn es also regnet, lasse ich sie womöglich ausfallen. Bei Regen werde ich mich daheim sportlich betätigen (z. B. mit einem Online-Training oder einem Workout zu meiner Lieblingsmusik).

EINE DIGITALE ENTGIFTUNGSKUR MACHEN

Schauen Sie sich mal Ihre Mitreisenden an, wenn Sie das nächste Mal mit öffentlichen Verkehrsmitteln unterwegs sind. Sehr wahrscheinlich starren die meisten von ihnen, wenn nicht sogar alle, in irgendein digitales Gerät. Diese sind seit kaum mehr als einem Jahrzehnt ein integraler Bestandteil unseres Lebens geworden und krempeln es um – im Guten wie im Schlechten.

Dass jeder erreichbar und alles viel leichter zugänglich ist, wäre einer der Vorteile; es gibt heute unzählige bequeme Möglichkeiten, miteinander in Kontakt zu treten und sich über die Arbeit, die Liebsten oder das Weltgeschehen auf dem Laufenden zu halten; und Shopping ist ein Kinderspiel. Einer der Nachteile ist, dass immer mehr Menschen wegen ihrer Smartphone- und Social-Media-Sucht in ärztlicher Behandlung sind. Wer zu den stärkeren Nutzern gehört, checkt sein Handy bis zu 150 Mal am Tag und berührt es, tippt oder wischt mehr als 2500 Mal am Tag darauf herum.

Nur allzu leicht geraten wir in eine Suchtspirale, in der wir für unsere Nutzung fortwährend mit Dopamin belohnt werden, und es uns dadurch zunehmend schwerer fällt, das Handy aus der Hand zu legen. Neben dem Dopamin stößt unser Gehirn allerdings bei jeder Benachrichtigung auch eine kleine Menge Cortisol aus, was unseren Stress noch befeuert. Der Psychologieprofessor Larry Rosen, der über die Auswirkung von Technologie auf unser Hirn und unsere Psyche forscht, meint, dass dieses ständige Checken, Aktualisieren, Teilen, Liken, Kommentieren und Selfiemachen Angstgefühle in uns auslöst. Es überreizt, benebelt und erschöpft unseren Geist. Leute wie Bill Gates und Steve Jobs wussten um diese gesundheitlichen Risiken, weshalb sie die digitale Mediennutzung ihrer Kinder stark einschränkten und ihnen erst im Teenageralter Smartphones erlaubten.

Wir übrigen Nomophobiker (Nomophobie: die Angst, ohne Mobiltelefon zu sein) nehmen unser Gerät überallhin mit, sogar aufs Klo und ins Bett! Untersuchungen an der Universität Harvard haben gezeigt, dass das von unseren digitalen Medien emittierte Blaulicht die Ausschüttung von Melatonin verhindert und dadurch unseren Biorhythmus durcheinanderbringt. Das führt nicht nur zu einem erhöhten Risiko für Typ-2-Diabetes oder Herzkrankheiten, sondern steht außerdem einem erholsamen Schlaf im Weg.

Wir alle wissen, dass digitale Medien, Apps und die sozialen Medien uns nicht unbedingt gut bekommen, und trotzdem können wir offenbar den Blick kaum von ihnen abwenden. Als Folge davon fühlen wir uns andauernd gehetzt und haben die Fähigkeit verloren, uns zu konzentrieren, Informationen zu speichern, Tagträumen nachzuhängen, zusammenhängende Gespräche mit echten Menschen zu führen, aus dem Fenster zu schauen, einfach zu »sein« und, Gott bewahre, uns auch mal zu langweilen!

Die digitale Welt ist eine von Dauer, und sie wird nur noch schlauer, schöner, schneller und beeindruckender werden. Deshalb legen wir Ihnen keinesfalls nahe, alle Geräte abzugeben und morsen zu lernen. Um Ihres Schlafes und Ihrer geistigen und körperlichen Gesundheit willen ist es allerdings wichtig, dass Sie lernen, ihre Nutzung zu regulieren und einzuschränken.

Die Technologie darf unsere Menschlichkeit nicht überwiegen.

ALBERT EINSTEIN

Wie Sie wirklich »abschalten«

Probieren Sie diese einfachen Maßnahmen aus:

- Laden Sie Apps herunter, die Sie dabei unterstützen, Ihre Nutzung digitaler Medien zu regulieren.
- Schalten Sie Alerts und Benachrichtigungen ab – sie halten uns in einem Hamsterrad gefangen.
- Nehmen Sie sich eine tägliche fixe Auszeit von Elektronik, Apps, sozialen Medien und E-Mails.
- Checken Sie Ihre Nachrichten und sozialen Medien, wenn irgend möglich, nur zu festen Zeiten.
- Versuchen Sie, die digitale Nutzung in Ihrer Familie, Ihrem Freundes- oder Kollegenkreis herunterzuschrauben. Holen Sie sich dazu eventuell Unterstützung von Beratungsstellen.
- Denken Sie nach, bevor Sie etwas in den sozialen Medien posten. Sie müssen niemandem etwas beweisen. Vergleichen Sie sich nicht mit anderen. Wenn es Ihnen gut geht, genießen Sie einfach nur das Gefühl.
- Rufen Sie an, anstatt eine Nachricht zu schreiben.
- Besprechen Sie im Büro etwas unter vier Augen, anstatt es per E-Mail zu klären.
- Wenn Sie eine leitende Funktion innehaben: Verbieten Sie berufliche Mails außerhalb der Arbeitszeiten.
- Nutzen Sie Ihr Smartphone nicht als Wecker, sonst wird es das Erste sein, was Sie mit verschlafenen Augen sehen.
- Verbannen Sie sämtliche digitalen Medien aus Ihrem Schlafzimmer. Machen Sie daraus einen Rückzugs- und Erholungsort.
- Schalten Sie Ihr Handy ab oder lassen Sie es gleich daheim, wenn Sie spazieren oder etwas essen gehen.
- Gönnen Sie sich Wochenendtrips oder Urlaube ohne digitale Medien.
- Suchen Sie sich schöne Alternativen zur Nutzung digitaler Medien: zum Beispiel Brettspiele, Kochen, Gärtnern oder Spazierengehen.

Aus meinem Leben: Kurze Lektionen in Sachen Stress

9 | EINE LEKTION ÜBER SMARTPHONES

von Matthew Johnstone

Eines verregneten Sonntagnachmittags machte mir meine Frau Ainsley netterweise eine Tasse Tee. Als sie ihn mir brachte, bat ich sie, mir noch mein Handy zu geben, das neben ihr auf der Bank lag. Sie reichte mir den Tee, gefolgt von meinem Handy, welches ihr wundersamerweise aus der Hand und direkt in meine Tasse rutschte.

Sobald ich mich von den kochend heißen Spritzern auf meiner Hand erholt hatte, befiel mich leichte Panik. Was meine Arbeit und einen Großteil meiner Kommunikation anbelangt, bin ich auf mein Handy angewiesen, wie so viele andere auch. Ich fischte es heraus, wischte es mit etwas Küchenpapier trocken und schaltete es ein, um zu sehen, ob es noch funktionierte. Zu meiner Freude tat es das … und dann gab es den Geist auf. Trauriges Emoji.

Ich war einigermaßen entsetzt. Was sollte ich bloß tun? Meine gesamten Kontakte waren darauf gespeichert, ich musste wichtige Anrufe machen, meine Social-Media-Kanäle pflegen …

Am nächsten Tag ging ich aus Macht der Gewohnheit an mein Handy und erinnerte mich, dass es nicht länger unter uns weilte. Und dann passierte etwas Seltsames. Es war wie der Beginn eines neuen Ära. Mich überkam ein sehr beruhigendes Gefühl von Freiheit. »Mich kann keiner erreichen, und ich kann auch keinen erreichen!« Ich war erfolgreich abgetaucht.

Es dauerte eine gute Woche, bis mein neues Handy da war, und in dieser Zeit hatte ich mir den digitalen Schleier von den Augen gerissen. Ich erkannte, wie ich mich hatte versklaven lassen, ich und die meisten Menschen zwischen 2 und 90 Jahren. Was mich am härtesten traf, war die Tatsache, wie oft ich gewohnheitsmäßig nach dem Handy griff – oder daran dachte.

Ich wäre ein Riesenheuchler, würde ich die digitalen Medien kleinreden. Ich mache regen Gebrauch davon, sie sind unglaublich nützliche Instrumente, und vieles daran ist ziemlich genial. Die Menschheit dagegen wird zunehmend weniger genial: Unsere Konzentrationsfähigkeit lässt nach, unser Stress wird vergrößert, und uns entgehen so viele Gelegenheiten, einen schönen Augenblick einfach und intensiv zu genießen.

Ich weiß, dass das wahr ist, ich habe es in den Teeblättern gelesen.

DIE MORAL VON DER GESCHICHTE

Das Leben hat mehr zu bieten als möglichst viele Likes.

VOLUME

5 GESUNDHEIT

SICH UM DEN EIGENEN KÖRPER KÜMMERN

In diesem Kapitel zeigen wir Ihnen:

- Wie ein gesunder Lebensstil den Stress minimiert
- Wie Sie Ihre Lebensqualität durch Ernährung, Schlaf und Bewegung verbessern

NERVÖS
SCHRECKHAFT
DEPRESSIV
INSTABIL
ANGSTGEFÜHLE
PANIK
SCHWITZEN
PHOBIEN
DEPRESSIV
RUHELOS

Starten Sie durch!

In diesem Kapitel geht es um all das, was Sie tun können, um Ihre körperliche Verfassung zu verbessern, was sich positiv auf Ihr Stressempfinden auswirken wird. Wenn Sie ein paar einfache Dinge beherzigen, kommen Sie so gut in Form, dass es Ihnen auch im Angesicht von Missgeschicken, Verlockungen, Unannehmlichkeiten und Problemen mit Ihren Mitmenschen gut geht. Dabei geht es keineswegs um körperliche Perfektion, sondern darum, das Bestmögliche aus sich herauszuholen.

UNSERE ERNÄHRUNG KANN UNS ENTWEDER NUTZEN ODER SCHADEN

Da unser Körpergewicht so nachteilig für uns sein kann wie wenig sonst, beginnen wir unseren Weg zur besseren Gesundheit mit ein paar Abnehmtipps. Womöglich ist dies das Letzte, womit Sie sich jetzt beschäftigen möchten – ich werde nicht zu hart mit Ihnen ins Gericht gehen, versprochen!

Werfen wir einen kurzen Blick auf die Empfehlungen der WHO für ein gesundes Körpergewicht:

1. **Essen Sie weniger Kilojoule/Kalorien.***
2. **Nehmen Sie weniger Nahrungsmittel mit ungesunden Fetten und Zucker zu sich.**
3. **Essen Sie mehr Obst und Gemüse, Hülsenfrüchte, Getreide und Nüsse.**
4. **Treiben Sie mindestens 150 Minuten die Woche Sport mit moderater Intensität.**

* Kilojoule und Kalorien sind Maßeinheiten für den Energiegehalt von Lebensmitteln, den wir für sämtliche Körperfunktionen benötigen.

Auf Ihrem Speiseplan sollten außerdem noch ein paar andere Dinge stehen: gute Fette wie das der Avocado, mit nachhaltigen Zucht- und Fangmethoden gewonnene Proteinquellen sowie verschiedene Samen wie Chia- und Leinsamen.

»Nur das radikale Akzeptieren der Gegebenheiten in unserem Leben erlaubt uns eine Veränderung«, so die Psychologin Marsha Linehan. Wir müssen also zuerst akzeptieren, wo wir stehen, bevor wir irgendwelche sinnvolle Veränderungen angehen können. Mit akzeptieren ist nicht gemeint, dass wir den Ist-Zustand mögen oder beibehalten möchten. Es geht darum, ihn einfach nur zur Kenntnis zu nehmen und zu akzeptieren. Das ist der erste Schritt, um den Teufelskreis aus Verleugnung, Scham, Schuldgefühlen und unkontrollierbaren Fressattacken zu stoppen, in dem wir gefangen sind.

Stress kann zu Übergewicht führen

Jeder von uns hat sich wahrscheinlich schon mal überfressen oder viel zu viel zuckriges, fettiges und kalorienreiches Essen gefuttert, um sich in stressigen Zeiten zu trösten. Die Wissenschaft ist sich einig, dass es eine Verbindung zwischen Stress und Gewichtszunahme gibt, die auf der Funktion des Cortisols für Stoffwechsel und Fetteinlagerung basiert. Eine aktuelle britische Langzeitstudie mit Menschen der Generation 50 plus ergab, dass diejenigen mit erhöhtem Cortisolspiegel zu einem höheren Gewicht und Body-Mass-Index (BMI) und einem größeren Hüftumfang neigten. Je mehr Stresshormonen wir also ausgesetzt sind, desto höher sind all unsere Werte und unser Risiko, einen frühen Tod zu erleiden.

Das Gewicht wirkt sich auf den Schlaf aus und umgekehrt

Aus Studien geht hervor, dass bei Menschen, die täglich weniger als 5 Stunden schlafen, eine 55 Prozent höhere Wahrscheinlichkeit für Fettleibigkeit besteht. Im Rahmen einer sehr groß angelegten weltweiten Studie mit über 600.000 Teilnehmern wurde sogar errechnet, dass eine durchschnittlich große Person von 1,78 Metern pro verlorener Stunde Schlaf 1,4 Kilo mehr auf die Waage bringt. Man

Nahezu zwei Drittel der Bevölkerungen in den Industrienationen leiden an Übergewicht oder Adipositas. Die gute Nachricht der Weltgesundheitsorganisation (WHO): Gegen Fettleibigkeit kann man etwas tun!

geht davon aus, dass bei Kurzschläfern vermehrt Hormone ausgeschüttet werden, die mit gesteigertem Hungergefühl und vermehrter Kalorienzufuhr in Zusammenhang stehen.

Den Bauch beim Broterwerb bekriegen

Fakt ist: Mindestens 60 Prozent unserer Wachzeit verbringen wir bei der Arbeit (wir Gestressten wahrscheinlich sogar noch mehr!). Es ist also der ideale Ort, um unsere Ernährungs- und Bewegungsgewohnheiten zu verbessern. Also:

- Bereiten Sie Mahlzeiten und Snacks daheim vor, damit die verführerischen Verkaufsautomaten und Läden in der näheren Büroumgebung keine Chance haben.
- Nehmen Sie echte Lebensmittel zu sich! Industriell verarbeitete Lebensmittel machen nicht lange satt und stecken voller leerer Kalorien, Konservierungs- und anderer Zusatzstoffe. Füllen Sie Ihren Kühlschrank mit guten, nicht abgepackten Nahrungsmitteln.
- Verputzen Sie Ihr Mittagessen nicht am Schreibtisch, nehmen Sie es mit auf einen anständigen Spaziergang.
- Lassen Sie die Hälfte des Mittagessens übrig und sparen Sie sich den Rest für das 14-Uhr-Loch und den 15-Uhr-Heißhunger auf.
- Versuchen Sie, Ihren 15-Uhr-Heißhunger durchzustehen. Er dauert nur etwa zehn Minuten, also lenken Sie sich irgendwie ab.

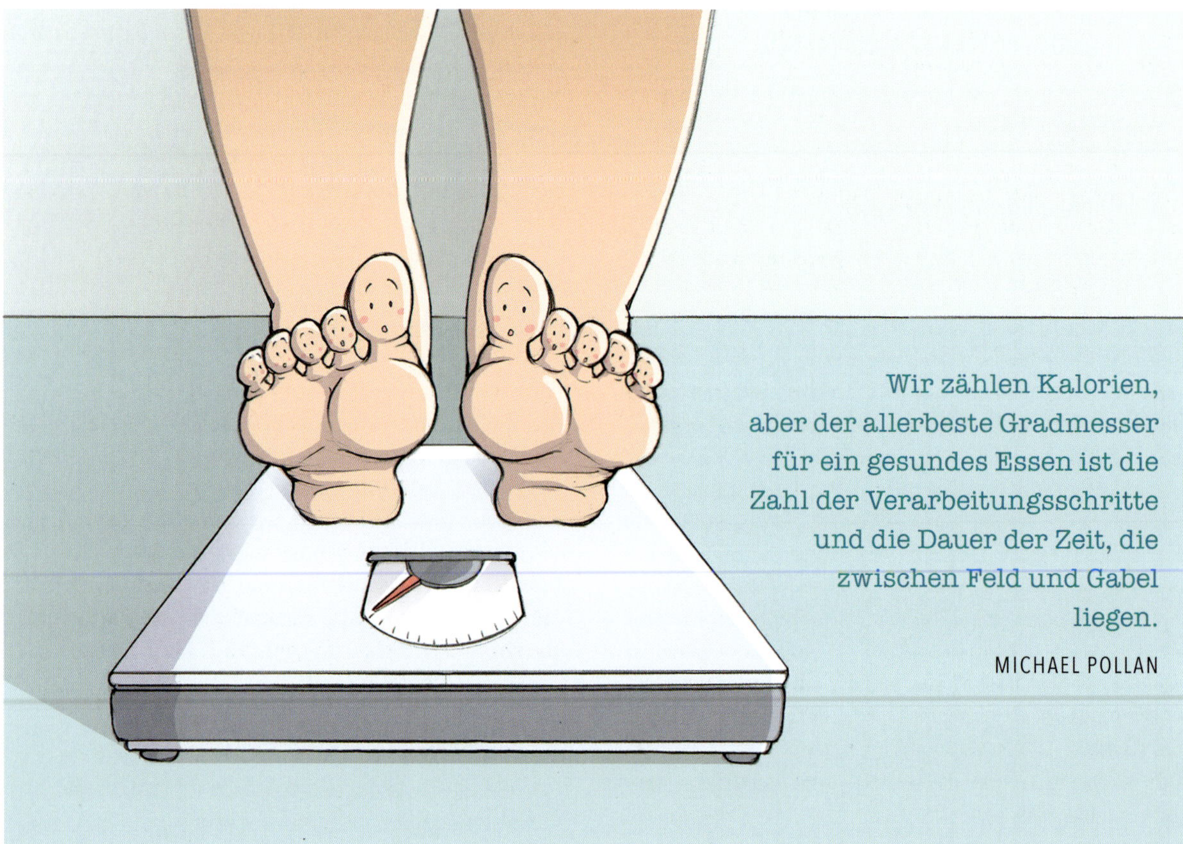

> Wir zählen Kalorien, aber der allerbeste Gradmesser für ein gesundes Essen ist die Zahl der Verarbeitungsschritte und die Dauer der Zeit, die zwischen Feld und Gabel liegen.
>
> MICHAEL POLLAN

AUF DAUER GEWICHT VERLIEREN

Schon die alten Griechen sagten: »Am Anfang aller Dinge stehen Waage und Maßband.« Stimmt natürlich nicht. Aber die Studien zum Thema Abnehmen sagen das sehr wohl! Wenn Sie Ihr Gewicht reduzieren möchten, müssen Sie regelmäßig die folgenden Maße kontrollieren.

Maße, die zählen

Halten Sie die Zahlen in Ihrem **NOTIZBUCH** fest, damit Sie alles nachverfolgen können und bei der Stange bleiben.

Gewicht

Stellen Sie sich jede Woche auf die Waage, am besten nackt. Und so, dass es die ganze Familie sehen kann, das spornt Sie an. (Teil 2 ist nicht verpflichtend!)

Bauchumfang

Bei Männern stellen mehr als 94 Zentimeter, bei Frauen mehr als 80 Zentimeter ein Problem dar. Das Unterbauchfett steht in direkter Verbindung mit Herzerkrankungen und Typ-2-Diabetes. Nehmen Sie einmal im Monat Maß.

Schrittzahl

Nutzen Sie täglich einen Schrittzähler oder einen Fitness-Tracker. Grundsätzlich wird empfohlen, täglich 10.000 Schritte (das sind etwa 8 Kilometer) zu gehen, um gesund zu bleiben.

Energiezufuhr (Essen/Trinken) und Energieverbrauch (körperliche Betätigung)

Zählen Sie das ein paar Wochen lang jeden Tag nach, bis Sie den Dreh raus haben. Studien haben ergeben, dass sich langfristiger Erfolg mit dieser Form der Selbstüberwachung am ehesten einstellt. Diejenigen, die durchgängig nachmessen, verlieren doppelt so viel Gewicht (und behalten es unten).

Energiezufuhr versus Energieverbrauch

Ist die **ENERGIEZUFUHR** größer als der **ENERGIEVERBRAUCH**, nehmen Sie zu. Ist der **ENERGIEVERBRAUCH** größer als die **ENERGIEZUFUHR**, nehmen Sie ab.

Ein kurzes Beispiel: Wenn Sie 0,5 bis 1 Kilogramm pro Woche verlieren möchten, muss Ihr Energieverlust pro Tag 2000–4000 Kilojoule (ca. 500–1000 Kalorien) betragen. Wie viel genau, kommt auf eine Reihe von Faktoren an: Geschlecht – Frauen haben es leider schwerer; Grundumsatz (der Energiebedarf, den Ihr Körper allein zur Erhaltung Ihrer Lebensfunktionen hat); Leistungsumsatz.

Um optimale Ergebnisse zu erzielen, achten Sie darauf, was Sie sich in den Mund schieben und wie Sie den Körper bewegen. Falls das nichts bringt, suchen Sie einen Arzt auf (Seite 128), es können dabei nämlich die unterschiedlichsten Faktoren eine Rolle spielen. Lernen Sie, auf Ihren Körper zu hören.

Je gesünder Sie körperlich sind, desto besser können Sie mit Stress umgehen. Die wesentlichen Grundlagen hierfür sind ziemlich einfach: zu festgelegten Zeiten essen; abwechslungsreiche, einfache, frische, vollwertige Lebensmittel essen, keine Fertignahrung; immer frühstücken; reichlich Wasser trinken; genügend Omega-3-Fettsäuren zu sich nehmen. Ergänzen Sie Ihre Ernährung auch mit einigen fermentierten Lebensmitteln (z. B. Sauerkraut, Kimchi, Kombucha), damit fördern Sie Ihre Darmgesundheit.

ENERGIEZUFUHR

So sorgen Sie für eine geringere Energiezufuhr:

❶ LESEN SIE DIE ANGABEN AUF DER VERPACKUNG

Energie Kaufen Sie Lebensmittel mit möglichst wenig Kilojoule.

Gesättigte Fettsäuren 24 Gramm pro Tag sollten Sie nicht überschreiten, und halten Sie sich an Produkte mit weniger als 2 Gramm gesättigten Fettsäuren pro 100 Gramm.

Zucker Achten Sie darauf, dass das Lebensmittel möglichst wenig Zucker enthält. Um sich die darin enthaltene Zuckermenge pro 100 Gramm vorstellen zu können, teilen Sie die Grammangabe durch 3, dann erhalten Sie die Zuckermenge in Anzahl Würfelzucker.

Salz Weniger als 120 Milligramm pro 100 Gramm sollten hier das Ziel sein.

❷ ACHTEN SIE AUF DIE PORTIONSGRÖSSE

In Restaurants Für die meisten Leute ist Auswärtsessen etwas Besonderes, und man möchte etwas kriegen für sein Geld. Viele Restaurants legen Ihnen allerdings mehr auf den Teller als nötig, also teilen Sie sich die Vorspeise und das Hauptgericht – oder essen Sie einfach nur die Hälfte und lassen sich den Rest einpacken. Falls Sie sich Essen nach Hause liefern lassen: Bestellen Sie nicht zu viel und teilen Sie sich auch hier die Portionen.

In Fastfoodketten Noch vor 20 Jahren hatte eine Portion Cheeseburger mit Pommes durchschnittlich 1380 bzw. 880 Kilojoule (330 und 210 Kalorien). Heute sind es wegen der vergrößerten Portionen gut das Doppelte.

Zu Hause Versuchen Sie, wenn Sie zu Hause kochen und essen, sich an die folgenden Zutatenmengen zu halten:

- eine faustgroße Portion Reis, Nudeln, Obst oder stärkehaltiges Gemüse
- eine handtellergroße Portion rotes Fleisch, Fisch oder Geflügel
- eine Handvoll Nüsse und/oder Trockenobst
- eine daumengroße Portion Käse oder (vorzugsweise dunkle) Schokolade
- eine fingerkuppengroße Menge Speiseöl (am besten natives Olivenöl extra), Mayonnaise, Butter oder Zucker.

Laden Sie sich grundsätzlich nur halb so viel Essen auf den Teller wie üblich. Essen Sie langsam, und warten Sie dann 20 Minuten, bevor Sie sich eine neue Portion nehmen. Vielleicht haben Sie bis dahin gar keinen Hunger mehr. Bewahren Sie das restliche Essen außer Reichweite auf, damit Sie nicht in Versuchung geraten, schnell noch ein paar Löffel herunterzuschlingen. Auch ein Glas Wasser kann zum Sättigungsgefühl beitragen.

Snacks Es ist wichtig, dass zwischen den Mahlzeiten kein Hungergefühl aufkommt, denn sonst essen Sie zwischendurch das Falsche und/oder bei den Hauptmahlzeiten zu viel. Greifen Sie zu nährstoffreichen statt kalorienreichen Snacks (also Obst, rohes Gemüse oder Müsli). Essen Sie nicht nebenbei – also vor dem Fernseher oder während Sie Ihre Mails checken –, weil Sie dann schneller essen und Ihr Gehirn kein Sättigungsgefühl registriert. Und essen Sie Ihren Imbiss nicht direkt aus der Packung – füllen Sie eine kleine Portion in eine Schüssel um und kontrollieren Sie so die Portionsgröße.

❸ GEHEN SIE SPARSAM MIT ALKOHOL UM

Alkohol hat sehr viele Kalorien, und eigentlich weiß jeder, dass zu viel Trinken nur Schlechtes zur Folge hat, nicht zuletzt unkontrolliertes Futtern. Lassen Sie es nach zwei Gläsern gut sein, und trinken Sie nicht jeden Tag.

❹ SCHRÄNKEN SIE DEN KONSUM VON FASTFOOD EIN

Fastfood sieht so lange gut aus, bis man es gegessen hat, denn danach fühlen wir uns wegen der geballten Ladung Fett und Zucker dick und träge und bereuen es sofort. Fahren Sie auf der Autobahn also schön an den Filialen der Fastfoodketten vorbei und machen Sie generell einen großen Bogen um sie. Probieren Sie Folgendes:

- Beschränken Sie den Konsum von Fastfood auf maximal ein Mal pro Monat. Machen Sie daraus eine Challenge, und belohnen Sie sich mit dem Geld, das Sie dabei sparen.
- Bestellen Sie weniger und teilen Sie sich die Portionen miteinander.

ENERGIEVERBRAUCH

So sorgen Sie für einen höheren Energieverbrauch:

1 ERHÖHEN SIE IHRE TÄGLICHE SCHRITTZAHL

Wenn Sie keine 10.000 Schritte am Tag schaffen, fangen Sie mit einer Zahl an, die Ihnen behagt, und steigern Sie sich langsam – jeder Schritt ist gut für Sie. Ein Durchschnittsmensch verbrennt 4 Kilojoule (1 Kalorie) pro 20 Schritte, also verbrennen Sie mit 10.000 Schritten etwa 2000 Kilojoule (500 Kalorien).

2 BEWEGEN SIE SICH MEHR NEBENHER

Sie müssen weder joggen noch ins Fitnessstudio gehen, um sich sportlich zu betätigen – es geht lediglich darum, sich mehr zu bewegen. Machen Sie sich all die Gelegenheiten bewusst, bei denen Sie sich nebenher bewegen können:

ZU HAUSE

- Erheben Sie sich in den Werbepausen vom Sofa und gehen Sie herum.
- Stehen Sie, während Sie Ihre Zeitung lesen oder in Ihr Tablet schauen.
- Waschen Sie Ihr Auto per Hand.
- Machen Sie Gartenarbeit.
- Tollen Sie mit Ihren Kindern und/oder dem Hund herum.

BEI DER ARBEIT

- Nehmen Sie die Treppe.
- Gehen Sie beim Telefonieren oder E-Mail-Lesen auf dem Handy im Büro umher (wenn es Ihre Kollegen nicht stört).
- Parken Sie ein Stück von Ihrer Arbeitsstelle entfernt oder steigen Sie eine oder zwei Haltestellen früher aus und gehen Sie ein Stück.
- Halten Sie Ihre Besprechungen beim Spazierengehen ab (als sogenanntes *Walking Meeting*).

3 STECKEN SIE SICH ERREICHBARE ZIELE (NACH DER SMART-METHODE)

Wenn Sie noch mehr abnehmen möchten, setzen Sie sich ein erreichbares Ziel (Seite 114), um mehr Bewegung und sportliche Betätigung in Ihren Alltag zu integrieren. Wofür auch immer Sie sich entscheiden, Sie sollten bereit sein, langfristig am Ball zu bleiben. Hier einige Beispiele:

- Machen Sie drei Mal pro Woche einen 30-minütigen Spaziergang (in moderater Geschwindigkeit). Probieren Sie es einen Monat lang aus.
- Spielen Sie eine Partie Golf oder Tennis pro Woche. Probieren Sie es einen Monat lang aus.
- Schließen Sie sich einer Sportmannschaft an, die wöchentlich trainiert. Studien haben ergeben, dass sportliche Ziele eher erreicht werden, wenn man in einen Wettkampfsport einsteigt.

4 WENN SIE KEINE LUST AUF SPORT HABEN …

Eine Gewichtsabnahme wird normalerweise zu 80 Prozent durch Ernährung und zu 20 Prozent durch Sport erreicht, also achten Sie zuallererst auf Ihre Ernährung. Wenn Sie allergisch gegen Sport sind, sollten Sie zumindest jeden Tag 10.000 Schritte gehen, um bei guter Gesundheit zu bleiben. Sobald Sie sich damit wohlfühlen, können Sie die Schrittzahl vielleicht weiter hochschrauben. Mit 15.000 Schritten würden Sie 3000 Kilojoule (750 Kalorien) täglich verbrennen, also 0,7 Kilogramm pro Woche verlieren.

HIER NOCH EINMAL UNSER MANTRA:

Wenn nicht jetzt, wann dann?

ENGER ZUSAMMENRÜCKEN

Vermutlich kennen Sie das afrikanische Sprichwort: »Um ein Kind großzuziehen, braucht es ein ganzes Dorf.« Dieses wunderbare Konzept lässt sich auch auf unser Thema Stressbewältigung übertragen. Auch wenn wir uns mit unserem Stress oft alleingelassen fühlen, wir müssen damit nicht im Alleingang zurechtkommen.

Es gibt viele verschiedene Profis, die Sie auf Ihrem Weg begleiten können, daher sollten Sie wissen, was diese genau tun und was sie Ihnen bieten können. Wenn Sie sich für eine bestimmte Fachrichtung entschieden haben, recherchieren Sie und hören Sie sich nach Empfehlungen um.

Ihr Allgemeinarzt Ärzte behandeln Krankheiten nicht nur, Sie helfen auch bei der Vorbeugung. Wenn Sie einen fixen Hausarzt haben, hat dieser Ihre gesamte Krankengeschichte gut im Blick. Er kann auf Ihren Blutdruck, Ihr Asthma, Ihr Körpergewicht, Ihr Stresslevel und so weiter schauen. Auch zu Fachärzten können Sie sich von dort überweisen lassen. Das ermöglicht eine bessere Versorgung, Beurteilung und Planung.

Ein Psychotherapeut Psychotherapeuten sind auf Entwicklung, Verhalten und seelisches Wohlbefinden des Menschen spezialisiert. Sie helfen uns herauszufinden, wie wir ticken und wie wir in unserer Welt besser zurechtkommen. Die Behandlung orientiert sich im Allgemeinen daran, unsere Denk- und Verhaltensweisen zu ändern, und zwar ohne die Verordnung von Medikamenten.

Ein zertifizierter Ernährungsberater Ernährungsberater gehen ganzheitlich daran, Menschen zu einem gesünderen Lebensstil zu verhelfen. Er ermittelt u. a. Ihre Ernährungsbedürfnisse und passt Ihre Essgewohnheiten entsprechend an. Ernährungsberater beraten Sie zu einer Reihe von Themen, z. B. Gewichtsabnahme, hormonelles Gleichgewicht, ausgewogene Ernährung, Verdauungsprobleme oder Nahrungsmittelallergien.

Ein zertifizierter Naturheilkundler Naturheilkundler kümmern sich ganzheitlich um das körperliche und seelische Wohlergehen. Ihr Ziel ist, den Patienten zu innerer Harmonie und Stabilität zurückzuführen – mithilfe von Ernährungstipps, pflanzlichen Arzneimitteln und Nahrungsergänzungsmitteln in Kombination mit einer angeleiteten Veränderung der Lebensgewohnheiten.

Ein zertifizierter Life-Coach Während Ihnen ein Psychotherapeut Ihre Probleme erschließt und Ihnen die nötigen Werkzeuge an die Hand gibt, damit zurechtzukommen, hilft Ihnen ein Life-Coach dabei, ständig wiederkehrende Hindernisse aus dem Weg zu räumen, die Sie beim Erreichen Ihrer Ziele blockieren. Im Grunde geht es darum, wie Sie sich Ihre Stärken zunutze machen, um sich am besten entfalten zu können.

Ein zertifizierter persönlicher Fitnesstrainer Wenn Ihnen ein Sportexperte zur Seite steht, der Sie motiviert und anleitet, stehen die Chancen viel besser, dass Sie fit und schlanker werden. Diese Fachleute bringen Elan, Abwechslung und Spaß in Ihr Training und unterstützen Sie, Ihre sportlichen Ziele zu erreichen und noch ein Stückchen über sich hinauszuwachsen.

Ihre Freunde Freunde sind ein wenig wie Gärten. Sie brauchen Wasser, Sonne, Zuwendung und gelegentliches Jäten. Diese Menschen teilen Ihre Irrungen und Wirrungen mit Ihnen, Ihre Freude und Ihre Trauer. Ein guter Freund bringt Verständnis auf für Sie und das, was Ihnen wichtig ist, und steht Ihnen bei. Gehen Sie auf vorsichtige Distanz zu denen, die Sie heruntermachen, Ihnen ein schlechtes Gefühl geben oder einfach nicht gut für Sie sind.

Achtsam zu essen bedeutet,
einfach zu essen und zu trinken
und sich dabei jedes Bissens und
jedes Schlucks bewusst zu sein.
THICH NHAT HANH

ACHTSAM ESSEN

Diese wunderbare Übung in achtsamem Essen wird dafür sorgen, dass Sie sowohl weniger essen als auch mehr Freude daran haben. Suchen Sie sich einen ruhigen Ort und bereiten Sie sich innerlich darauf vor, sich ganz und gar auf das Essen und Ihre Erfahrungen dabei zu fokussieren. Wie bei allen Achtsamkeitsübungen geht es nicht darum, das Objekt der Beobachtung zu bewerten – nehmen Sie lediglich wahr, wie Ihre Sinne mit dem Essen interagieren.

1. Suchen Sie einen Bissen Essen aus, auf den Sie sich mit sämtlichen Sinnen konzentrieren können. Betrachten Sie nun das Essen, aber so, als ob Sie es nie zuvor gesehen hätten, als ob es aus einer anderen Welt käme. Betrachten Sie seine Formen, Rundungen, Vertiefungen, Spalten und Furchen. Beobachten Sie, wie das Licht die Farbe der Speise verändert, wenn Sie diese drehen und wenden.

2. Bringen Sie die Nase ans Essen und riechen Sie aufmerksam. Lassen Sie alles auf sich wirken, völlig urteilsfrei – riechen Sie nur. Registrieren Sie jeden einzelnen Duft und alle unterschiedlichen Aromen.

3. Befühlen Sie nun das Essen. Nehmen Sie wahr, wie sich die unterschiedlichen Texturen auf Ihrer Haut anfühlen. Ist das Essen ölig oder trocken, rau oder glatt, hart oder weich? Lassen Sie sich Zeit, sämtliche Eigenschaften zu erkunden.

4. Bringen Sie den Bissen danach langsam in Richtung Mund – und damit meine ich *sehr langsam!* Nutzen Sie die Zeit, um sich Ihrer Körperempfindungen bewusst zu werden. Womöglich läuft Ihnen das Wasser im Mund zusammen. Womöglich knurrt Ihnen der Magen. Registrieren Sie den Drang, das Essen in den Mund zu stecken, um es zu probieren. Als Nächstes bringen Sie das Essen an Ihre Lippen und fühlen nach, ob diese Empfindungen stärker werden.

5. Legen Sie sich den Bissen auf die Zunge, aber beißen Sie noch nicht hinein. Registrieren Sie den Drang zu kauen, aber widerstehen Sie ihm und machen Sie sich weiter Ihre Mundempfindungen bewusst. Bemerken Sie irgendwelche Aromen oder verstärkten Speichelfluss? Beobachten Sie, wie sich das Essen im Mund anfühlt. Schieben Sie es langsam mit der Zunge im Mund herum und geben Sie währenddessen auf die verschiedenen Texturen und die Temperatur acht. Hat sich etwas verändert, seit sich der Bissen in Ihrem Mund befindet?

6. Kauen Sie den Bissen, aber schlucken Sie ihn noch nicht herunter. Vielleicht merken Sie, wie Sie gedanklich abschweifen. Vielleicht möchten Sie jetzt einfach nur schlucken und zum nächsten Bissen übergehen. Ohne diesen Wunsch zu bewerten, bringen Sie die Aufmerksamkeit zurück zu Geschmack und Textur des Essens. Ist es scharf, würzig, süß, sauer, fad, klebrig oder cremig? Entdecken Sie noch andere Aromen und Texturen? Versuchen Sie, nicht zu beurteilen, ob es gut oder schlecht schmeckt, nehmen Sie einfach nur Ihre Empfindungen wahr.

7. Bereiten Sie sich auf das Schlucken vor. Gehen Sie langsam dabei vor, und spüren Sie Ihren Empfindungen nach, während das Essen in den unteren Bereich Ihres Rachens und weiter in den Magen wandert. Folgen Sie ihm, bis Sie es nicht mehr fühlen können. Registrieren Sie sämtliche Empfindungen von Körper und Geist – vielleicht auch den Drang, sich mehr Essen in den Mund zu stecken. Sitzen Sie einfach einen Moment lang da und spüren Sie nach …

Falls Sie zum ersten Mal ausprobiert haben, achtsam zu essen: Was ist Ihnen dabei aufgefallen? Viele sind überrascht, was Ihnen bislang alles entgangen ist – sie erzählen von einem intensiveren und befriedigenderen Geschmacks- und Esserlebnis.

Ein schöner Nebeneffekt ist außerdem, dass achtsames Essen den Essprozess verlangsamt, wodurch Ihr Gehirn genügend Zeit bekommt, wahrzunehmen, wenn Sie satt sind, und Sie davor bewahrt, zu viel zu essen.

SPORT VERRINGERT DEN STRESS

Vielleicht haben Sie schon erlebt, wie viel gesünder, stärker und belastbarer Sie sich fühlen, wenn Sie Sport treiben, deshalb verbringe ich im Folgenden weniger Zeit mit dem *Warum* sportlicher Betätigung als mit dem *Wie* – wie wir einen Trainingsplan erstellen, wie er funktioniert und wie Sie dranbleiben.

Was bewirkt sportliche Betätigung?

Eine ganze Reihe von Studien haben eindeutig erwiesen, dass die körperlichen Auswirkungen von Sport Stress abbauen, indem sie den Cortisolspiegel senken und unsere Stimmung heben. Bei manchen Verstimmungen wirkt Sport sogar genauso gut wie Antidepressiva. Sport:

- mindert Stress, Depressionen und Angststörungen
- sorgt für eine sofortige Stimmungsaufhellung durch die Ausschüttung von Endorphinen
- führt zu einem erholsameren Schlaf
- gibt uns Energie
- sorgt für mehr Fitness und Wohlbefinden
- kann die soziale Interaktion fördern
- hilft dabei, abzunehmen oder nicht zuzunehmen
- sorgt für beweglichere Gelenke und elastischere Muskeln
- mindert das Risiko für Herzerkrankungen, Typ-2-Diabetes, erhöhten Blutdruck, Osteoporose, Schlaganfall und erhöhte Cholesterinwerte.

Wenn wir Sport als Mittel zur Stressreduktion begreifen, sind wir vielleicht motivierter, regelmäßig Sport zu treiben.

Wie viel Sport sollte es sein?

In den WHO-Empfehlungen für körperliche Aktivität wird ein Minimum von 150 Minuten (2,5 Stunden) die Woche empfohlen, also 5-mal pro Woche ein halbe Stunde oder täglich gut 20 Minuten. Sie müssen sich nicht stundenlang auspowern; Hauptsache, Sie tun regelmäßig etwas. Eine aktuelle WHO-Studie hat gezeigt, dass über 40 Prozent der Menschen in Deutschland und 20-30 Prozent der Schweizer und Österreicher unter diesen Minimalempfehlungen bleiben.

Wie Sie einen Trainingsplan erstellen

❶ Überlegen Sie, welche sportlichen Aktivitäten Sie interessant finden

Diese können im Fitnessstudio, daheim, im Freien oder in einer Kombination dieser Orte stattfinden:

- Ausdauertraining an Sportgeräten (z. B. Fahrrad, Laufband, Crosstrainer)
- Hanteltraining oder Krafttraining an Geräten
- Spazieren gehen, Walken oder Joggen, eventuell mit einem Hund
- Schwimmen
- Radfahren
- Tanzen
- Yoga
- Pilates
- Kampfsport
- Tennis, Golf oder Mannschaftssportarten.

Einige davon können Sie gemeinsam mit Freunden ausüben, oder Sie lernen dadurch neue Leute kennen und tun etwas für Ihr Sozialleben.

❷ Wählen Sie 2 oder 3 Aktivitäten aus

Um den größtmöglichen Nutzen zu erzielen, sollten Sie sich das aussuchen, was Sie am meisten anspricht und Ihnen am leichtesten fällt. Wählen Sie Aktivitäten für drinnen und draußen, damit Sie bei schlechtem Wetter Alternativen haben.

❸ Stecken Sie sich ein erreichbares Ziel (nach der SMART-Methode)

Schreiben Sie den angepeilten Plan in Ihr **NOTIZBUCH**:

- Nehmen Sie sich mindestens 4 Wochen vor – danach sollten die neuen Aktivitäten zur Gewohnheit geworden sein.
- Suchen Sie sich dafür Zeiten, in denen Sie weder abgelenkt noch in Eile sind.
- Wenn Sie eine Zeit lang nicht aktiv gewesen sind, sollten Sie sich etwas aussuchen, das Sie gerne tun, damit Sie auch wirklich dranbleiben.

❹ Überprüfen Sie Ihren Trainingserfolg

Bewerten Sie jede Woche, ob Sie Ihren Plan erfolgreich in die Tat umgesetzt haben. Haben Sie jede Trainingseinheit abgehakt? Schreiben Sie in Ihr **NOTIZBUCH**, wie Sie sich fühlen – das wird Sie für die kommende Woche motivieren.

Wie Sie am Ball bleiben

Einer der Gründe, warum die Leute keinen Sport treiben, ist die Tatsache, dass Stress uns davon abhält, uns körperlich zu betätigen. Untersuchungen haben ergeben, dass wir dazu tendieren, bei Stress keinen Sport zu machen und uns schlecht zu ernähren. Was sehr schade ist, denn »mit einem Minimum von 20 Minuten körperlicher Aktivität pro Woche« können wir so viel für unsere seelische Gesundheit tun. Im Grunde genommen sind das nicht mehr als ein paar Aufwärmübungen pro Woche. Das kriegen wir hin.

Wie bereits erwähnt, sollten Sie sich vor allem etwas aussuchen, das Ihnen Spaß macht, doch hier sind noch ein paar weitere Tipps, damit Sie durchstarten können:

- Denken Sie daran: Jegliche Art von Bewegung ist besser als gar keine.
- Sie werden Ihr Vorhaben eher in die Tat umsetzen, wenn Sie sich einen Kalendereintrag machen, eine Handy-Erinnerung erstellen oder ein Tabellenblatt anlegen.
- Fangen Sie klein an – falls Sie momentan gar keinen Sport treiben, reicht erst einmal ein 10-minütiger Spaziergang in der Nachbarschaft. Es muss kein Marathon sein!

Überlegen Sie sich ein simples Mantra, das Sie beim Trainieren wiederholen können …

- Legen Sie sich vor dem Schlafengehen Ihr Trainingsoutfit zurecht, dann ziehen Sie den Sport am nächsten Tag viel eher durch.
- Ziehen Sie Ihr Trainingsoutfit an – dann kommen Sie sich dämlich vor, wenn Sie sich nicht sportlich betätigen.
- Nehmen Sie sich nur eine halbe Einheit vor, wenn Sie müde sind – meistens machen Sie dann doch die ganze.
- Stellen Sie die Regel auf, dass Sie sich die Haare nur an sportlich aktiven Tagen waschen dürfen.
- Fragen Sie sich, ob Sie es bereuen werden, wenn Sie das Training ausfallen lassen.
- Belohnungen wirken immer motivierend, also denken Sie sich etwas Verlockendes aus.
- Vereinbaren Sie mit einem Freund, dass Sie ihm jedes Mal 20 Euro zahlen, wenn Sie das Training ausfallen lassen – dann ist es nicht nur peinlich, sondern auch teuer.
- Suchen Sie sich Trainingspartner – dann kontrollieren Sie sich gegenseitig und halten sich an die Termine.
- Nehmen Sie an Fitnesskursen teil – dann kommen Sie gleichzeitig unter Leute.
- Machen Sie es sich so bequem wie möglich – fahren Sie keine halbe Stunde ins Fitnessstudio, wenn Sie sowieso unter Zeitdruck stehen. Greifen Sie dann lieber auf Online-Videos oder Apps zurück.
- Wenn Sie nach einem langen Arbeitstag zu müde für Sport sind, stellen Sie sich den Wecker ein wenig früher und sporteln Sie am nächsten Morgen.
- Erinnern Sie sich daran, wie sehr Sie sich dadurch stärken – körperlich, geistig und emotional.
- Hören Sie auf die innere Stimme, die Ihnen sagt: »Ich schaffe das.«

Aus meinem Leben: Kurze Lektionen in Sachen Stress

10 | EINE LEKTION ÜBER DEN BESTEN FREUND DES MENSCHEN

von Matthew Johnstone

Auf einer Konferenz habe ich einmal einen Psychiater kennengelernt, der mir sagte, er verordne seinen Patienten oftmals lieber einen Hund als Antidepressiva. Und er meinte es ernst.

Ein Hund, um den man sich gut kümmert, ist uns treu ergeben, leistet uns angenehme Gesellschaft, freut sich jedes Mal riesig, uns zu sehen, und treibt uns zu regelmäßiger Bewegung an. Er ist ein fühlendes Wesen, das uns herausholt, wenn wir um uns selbst kreisen; er braucht uns einfach, um zu überleben, dadurch haben wir etwas, um das wir uns kümmern und für das wir Mitgefühl aufbringen können. Als Gegenleistung bekommen wir eine Verbundenheit, die durch nichts zu zerstören ist.

Wir haben einen Hund namens Cookie, und es muss (ohne das irgendwie böse zu meinen) gesagt sein, dass sie das beständigste Familienmitglied ist. Auf ihre Liebe, Loyalität und Begeisterungsfähigkeit ist Verlass, Tag für Tag. Außerdem ist sie oft umwerfend komisch.

Ich bin schon immer gerne spazieren und laufen gegangen, aber erst als Cookie in unser Leben trat, wurde mir klar, was für einsame Aktivitäten das waren. Heute habe ich stets eine wunderbar begeisterte Kumpanin neben mir hertraben. Die auch noch, ohne dies zu beabsichtigen, Gespräche mit vollkommen Fremden und deren Hunden in Gang bringt. »Von-unten-nach-oben-Gespräche« nenne ich diese. Man fängt mit dem Hund an – »Welche Rasse ist das? Wie alt ist er? Wie heißt er?« –, und wenn das gut läuft, arbeitet man sich weiter hoch zu Herrchen oder Frauchen. Was als einfacher Small Talk beginnt, führt zu einem Gefühl von Gemeinsamkeit.

Untersuchungen haben gezeigt, dass Zufriedenheit und Engagement in Altenheimen und sogar am Arbeitsplatz steigen, wenn dort Tiere eingeführt werden – das Stresslevel dagegen sinkt. Einen Hund (oder eine Katze) streicheln – dieser simple Akt senkt den Blutdruck, stärkt das Immunsystem, setzt in unserem Inneren Leckerlis wie Endorphin und Oxytocin frei und hilft uns beim Stressabbau.

DIE MORAL VON DER GESCHICHTE

Feiner Hund!

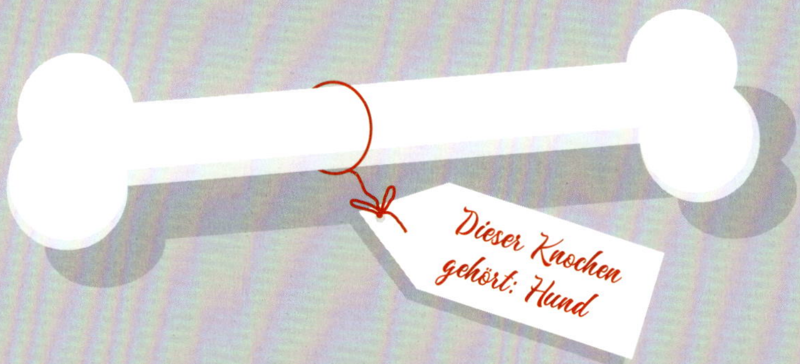

BODYSCAN: ACHTSAMKEIT FÜR DEN KÖRPER

Diese einfache klassische Achtsamkeitsübung bringt Sie dazu, sich auf sämtliche Körperempfindungen zu fokussieren. Sie können sie überall und jederzeit praktizieren, und auch die Veränderungen, die mit Ihrer neuen Sportlichkeit einhergehen, lassen sich damit wunderbar wahrnehmen.

Die meisten Menschen kategorisieren alle Empfindungen ihres Körpers gewohnheitsmäßig als gut und angenehm, oder als schlecht, unangenehm und schmerzhaft. Bei dieser Übung geht es jedoch darum, Ihre Empfindungen völlig wertfrei zu beobachten. Vielleicht verspüren Sie ein Kitzeln, ein Pulsieren, Hitze, Anspannung oder irgendetwas anderes. Registrieren Sie das einfach nur.

Wie bei allen Achtsamkeitsübungen empfehle ich Ihnen, sich die Anleitungen vorlesen zu lassen oder sie aufzunehmen und sich dann (mit dem Gerät im Flugmodus) vorzuspielen.

❶ Schließen Sie sanft die Augen und kommen Sie langsam zur Ruhe. Atmen Sie ein … und wieder aus … und erlauben Sie sich, Ihrem natürlichen Atem zu folgen. Lassen Sie die Schultern nach unten sinken – weg von den Ohren. Spüren Sie, wie Stuhl, Bett oder Boden Sie tragen, spüren Sie Ihr Gewicht auf der Unterlage. Nehmen Sie einige lange, tiefe Atemzüge, die Ihren Körper beleben. Spüren Sie, wie Sie sich beim Ausatmen tiefer entspannen. Wenn Sie irgendwelche Körperstellen intensiver spüren als andere oder Verspannungen wahrnehmen, versuchen Sie, dort hinein zu atmen. Nutzen Sie Ihren Atem, um sich dieser Empfindungen sanft bewusst zu werden, ohne sie zu bewerten oder wegzudrängen.

❷ Bringen Sie Ihre Aufmerksamkeit zum Körper. Spüren Sie, falls Sie sitzen, Ihre Füße am Boden, spüren Sie sämtlichen Empfindungen wie Druck, Schwere oder Hitze nach. Nehmen Sie als Nächstes Ihre Beine wahr, die auf dem Stuhl, Bett oder Boden aufliegen. Was fühlen Sie in Waden oder Oberschenkeln? Registrieren Sie sämtliche Empfindungen wie Druck, Pulsieren oder Angespanntheit. Begegnen Sie diesen Empfindungen einfach mit neugieriger Aufmerksamkeit.

❸ Bringen Sie Ihre Aufmerksamkeit zum Bauch. Nehmen Sie alle Empfindungen wahr – Druck, Grummeln, Leere oder vielleicht Angespanntheit. Lassen Sie den Bauch weich werden. Spüren Sie, wie sich der Bauch beim Einatmen hebt und beim Ausatmen wieder senkt. Lassen Sie den Atem langsam und natürlich fließen. Spüren Sie den Empfindungen Ihres Bauchs weiter nach und wandern Sie anschließend mit Ihrer Aufmerksamkeit nach oben zur Brust, während Sie sich mit jedem neuen Atemzug noch weiter entspannen.

❹ Spüren Sie den Kontakt des Rückens mit der Unterlage oder dem Stuhl. Nehmen Sie Druck, Wärme, Jucken oder andere Reizungen wahr. Stellen Sie diese Empfindungen einfach nur fest, ohne sie zu bewerten oder verändern zu wollen. Nutzen Sie die Gelegenheit, Ihren Rücken – diese Säule, die Sie jeden Tag stützt und herumträgt – näher kennenzulernen. Wie fühlt er sich jetzt gerade an?

❺ Richten Sie Ihre Aufmerksamkeit auf Hände und Arme. Machen Sie sich einfach nur die vielen unterschiedlichen Empfindungen bewusst. Fokussieren Sie den Geist und registrieren Sie auch fast unmerkliche Empfindungen wie den Kontakt mit der Kleidung oder die Luft auf der Haut. Konzentrieren Sie sich auf diese Feinheiten.

❻ Bringen Sie Ihre Aufmerksamkeit zu den Schultern und lassen Sie diese weich werden. Wahrscheinlich spüren Sie dabei Ihre Kleidung. Seien Sie sich dessen einfach nur bewusst, und dann lösen Sie sich davon und wandern mit der Aufmerksamkeit zu anderen Empfindungen. Womöglich bemerken Sie eine gewisse Anspannung, wenn Sie Sport getrieben oder den ganzen Tag am Schreibtisch gesessen haben.

Der innere Frieden ist immer für Sie da.

7 Wandern Sie mit Ihrer Aufmerksamkeit zum hinteren Nacken und zum Hals. Lassen Sie diese mit jedem Atemzug weicher werden. Spüren Sie anschließend in den Kiefer, nehmen Sie dort Spannungen wahr. Lassen Sie Kiefer, Gesicht und Gesichtsmuskeln locker werden.

8 Fühlen Sie, ob Ihr Hinterkopf irgendwo aufliegt. Lassen Sie den Kopf einfach los, und bringen Sie dann die Aufmerksamkeit zum Scheitel. Spüren Sie ein gewisses Kribbeln, als ob Ameisen auf Ihrer Kopfhaut herumkrabbelten? Das ist das Blut, das in Ihren Adern pulsiert. Beobachten Sie es und lassen Sie anschließend ohne jede Bewertung los.

9 Fokussieren Sie sich nun auf den gesamten Körper und nehmen Sie wahr, wie alle Körperteile miteinander verbunden sind. Lassen Sie sämtliche Empfindungen zu, ob neu oder alt – Jucken, Kribbeln, Schwere, Wärme, Kühle, Leere, Druck. Akzeptieren Sie diese Empfindungen und werden Sie sich dessen bewusst, dass sich jede von ihnen mit der Zeit verändern und irgendwann vorübergehen wird. Diese Vergänglichkeit liegt in der Natur der Dinge. Wenn wir lernen, dies zu akzeptieren, werden wir weniger klammern, weniger verdrängen und dadurch größere Zufriedenheit erfahren. Üben Sie das genau jetzt, mit den Empfindungen Ihres Körpers, dadurch bilden sich neue neuronale Pfade der Akzeptanz in Ihrem Gehirn.

10 Folgen Sie Ihrem Atem und Ihren Körperempfindungen, so lange Sie möchten. Wenn Sie dafür bereit sind, öffnen Sie langsam die Augen und bringen Sie die Aufmerksamkeit zurück in den Raum. Genießen Sie den inneren Frieden und das intensivere Bewusstsein, das Sie entwickelt haben.

EINE FRAGE DES SCHLAFS

Für viele sind Schlafstörungen das Schlimmste am Stress. Es kommen immer wieder Klienten zu mir, die sich sogar richtiggehend vor dem Zubettgehen fürchten. Sie sagen mir, dass das Wachliegen ihnen noch eine Menge zusätzlicher Sorgen und Druck bereitet.

Eine todsichere Methode, sich weniger gestresst zu fühlen, ist also das Verbessern unseres Schlafs. Je besser wir schlafen, desto zufriedener und souveräner fühlen wir uns – also das genaue Gegenteil von gestresst. Guter Schlaf ist genauso entscheidend für Gesundheit und Wohlbefinden wie die Ernährung. Es ist wissenschaftlich erwiesen, dass guter Schlaf:

- eine gesunde Funktionsweise des Gehirns unterstützt und Lernen, Gedächtnis und die Verarbeitung von Emotionen befördert
- Körper und Gehirn dabei hilft, sich zu erholen und die Energiereserven zu schonen
- das Herz gesund hält
- das Immunsystem unterstützt, sodass wir seltener krank werden
- die Stoffwechselfunktionen unterstützt
- unserem Körper bei der Ausscheidung von Toxinen hilft.

Wie viel Schlaf brauchen wir?

Es gibt keine magische Stundenzahl, die für jeden die richtige ist, aber man kann wohl sagen: Je älter wir werden, desto weniger Schlaf benötigen wir. Während ein Säugling bis zu maximal 19 Stunden täglich schlafen kann, kommen manche älteren Menschen gut mit nur 6 Stunden zurecht. Ein Erwachsener braucht zwischen 7 bis 9 Stunden Schlaf pro Nacht, um sich erholt zu fühlen und den nächsten Tag

gut bewältigen zu können. Nach einer Nacht mit wenig Schlaf fällt es uns oft schwerer, Entscheidungen zu treffen, uns zu konzentrieren und uns Dinge zu merken; außerdem ist unser Reaktionsvermögen verlangsamt. Schlafen wir über einen längeren Zeitraum schlecht, dann tendieren wir dazu:

- uns wegen alltäglicher Angelegenheiten, besonders wegen des Schlafmangels, gestresst zu fühlen
- uns schwerer konzentrieren sowie schlechter nachdenken und lernen zu können
- uns weniger motiviert zu fühlen und bei der Arbeit zu versagen
- in schlechte Stimmung zu verfallen
- Unfälle aufgrund von Schläfrigkeit zu verursachen
- zuzunehmen
- anhaltende Gesundheitsprobleme zu bekommen.

Ammenmärchen über den Schlaf

Studien deuten darauf hin, dass falsche Vorstellungen und Sorgen zum Thema Schlaf in gehörigem Maße zu schlechtem Schlaf beitragen können.

ANNAHME: **Wenn ich in einer Nacht nicht genügend Schlaf bekomme, muss ich das am nächsten Tag aufholen, indem ich ein Nickerchen mache oder in der Folgenacht länger schlafe.**
TATSACHE: Das macht die Schlafprobleme manchmal nur noch schlimmer. Normalerweise schlafen Sie in der darauffolgenden Nacht sowieso besser.

ANNAHME: **Wenn ich nicht einschlafen kann, sollte ich im Bett bleiben und es weiter versuchen.**
TATSACHE: Das macht es meist nur schlimmer (siehe die Einschlaftipps auf der nächsten Seite).

ANNAHME: **Ich kann es nicht mehr steuern, ob ich schlafen kann oder nicht.**
TATSACHE: Das können Sie sehr wohl steuern. Wenn Sie sich gesündere Schlafgewohnheiten aneignen, wird das Ihren Schlaf schon nach einigen Wochen verbessern und Sie in einen stabilen Schlafrhythmus bringen.

ANNAHME: **Wenn ich tagsüber müde, gereizt, deprimiert oder ängstlich bin, liegt das hauptsächlich daran, dass ich in der Nacht zuvor nicht gut geschlafen habe.**
TATSACHE: Solche Stimmungen können viele Ursachen haben. Wenn Sie allein den schlechten Schlaf dafür verantwortlich machen, setzt Sie das unter großen Druck, das mit dem Schlafen besser hinzukriegen, und das bewirkt meist das genaue Gegenteil.

ANNAHME: **Wenn ich eine Nacht schlecht geschlafen habe, wird das meinen Schlafrhythmus für die gesamte Woche ruinieren.**
TATSACHE: Ein oder zwei Nächte mit schlechtem Schlaf sind völlig normal – Ihr Schlafrhythmus wird von ganz allein wieder ins Gleichgewicht kommen.

ANNAHME: **Ich habe das Gefühl, ich kann mein nächtliches Gedankenkarussell einfach nicht stoppen.**
TATSACHE: Es kommt sehr häufig vor, dass wir kurz vor dem Schlafengehen ins Grübeln geraten. Versuchen Sie, sich zu beruhigen und von Ihren Sorgen abzulenken. Wenden Sie dazu auch andere Techniken aus diesem Buch an, etwa das Einplanen von Sorgenzeit (Seite 90).

DER SCHLAF-STRESS-TEUFELSKREIS

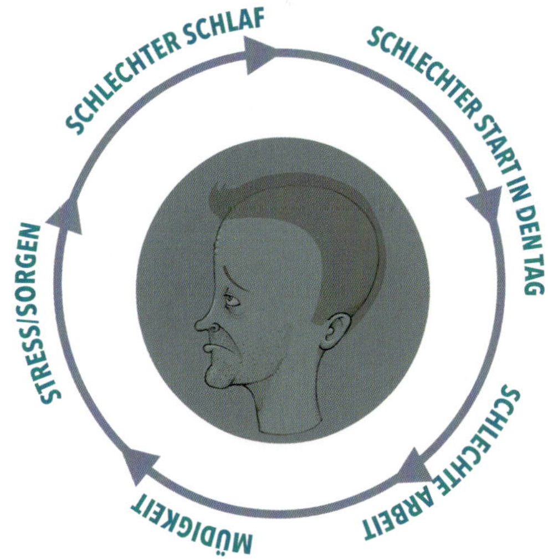

DER WELTBESTE SCHLAFPLAN

Wenn uns der gute Schlaf im Stich lässt, lässt uns auch alles andere, das davon abhängt, im Stich. Und was hängt nicht von gutem Schlaf ab? Die folgenden Tipps zum Thema *Schlafhygiene* können Sie dabei unterstützen, hilfreiche Schlafgewohnheiten zu entwickeln.

IM BETT

❶ Das Bett nur zum Schlafen benutzen

Nutzen Sie Ihr Bett für nichts anderes als zum Schlafen (und natürlich für Sex). Auf diese Weise wird Ihr Körper das Bett mit Schlaf in Verbindung bringen.

❷ Aufstehen und später noch einmal probieren

Wenn Sie nach etwa 20 Minuten noch nicht eingeschlafen sind, gehen Sie in ein anderes Zimmer und machen Sie etwas Beruhigendes oder Langweiliges, bis Sie schläfrig werden, und versuchen Sie es dann erneut. Tun Sie nichts Anregendes oder Interessantes, denn das macht Sie nur noch wacher.

❸ Nicht auf die Uhr schauen

Wenn Sie nachts die Uhrzeit überprüfen, macht Sie das womöglich munter und löst negative Gedanken aus wie: »Oh nein, so spät ist es schon, jetzt schlaf ich bestimmt nicht mehr ein!«

❹ Ihre Schlafumgebung richtig gestalten

Sorgen Sie dafür, dass Bett und Schlafzimmer ruhig und gemütlich sind. Am besten eignet sich ein kühler Raum mit ausreichend warmen Decken. Schützen Sie sich mit Ohrenstöpseln vor Lärm und mit Vorhängen oder einer Schlafmaske vor den morgendlichen Sonnenstrahlen. Investieren Sie in ein gutes und bequemes Bett, schließlich verbringen Sie ein Drittel Ihres Lebens dort!

❺ Ein Schlaftagebuch führen

Damit haben Sie die Fakten über Ihr Schlafverhalten in der Hand und müssen keine Vermutungen darüber anstellen. Indem Sie festhalten, was Sie tagsüber gemacht und wie Sie anschließend geschlafen haben, können Sie ungute Muster erkennen und etwas daran verbessern. Fangen Sie jetzt gleich mit den Angaben zur vergangenen Nacht an, tragen Sie sich eine Erinnerung für die nächsten Tage in den Kalender ein.

VOR DEM SCHLAFENGEHEN

❶ Schlafrituale einführen

Diese werden Ihren Körper daran erinnern, dass es Zeit zum Schlafen ist. Praktizieren Sie vor dem Zubettgehen 8 bis 10 Minuten lang entspannende Dehnungsübungen (Seite 82/83) oder Atemübungen (Seite 76/77) oder machen Sie es sich mit einer Tasse Kräutertee in aller Stille gemütlich.

❷ Das persönliche Schlaffenster berücksichtigen

Versuchen Sie, nur dann zu schlafen, wenn Sie sich tatsächlich müde oder schläfrig fühlen. Jeder von uns hat dafür ein bestimmtes Zeitfenster (für gewöhnlich zwischen 21.00 und 23.30 Uhr), in dem wir von ganz alleine müde werden und uns hinlegen wollen – nutzen Sie es!

❸ Das Baden richtig einplanen

Ein heißes Bad 1 oder 2 Stunden vor dem Zubettgehen hebt die Körpertemperatur an. Weil sie bald darauf wieder sinkt, werden Sie nach dem Baden müde.

❹ Schlafbedürfnis ermitteln

Finden Sie heraus, wie viele Stunden Schlaf Sie brauchen, um gut ausgeschlafen zu sein. Sobald Sie diese magische Zahl kennen, ziehen Sie sie von Ihrer Aufstehzeit ab, und Sie wissen, wann Sie abends ins Bett gehen sollten.

TAGSÜBER

❶ Keine Siesta einlegen

Wenn Sie abends wirklich müde sein wollen, sollten Sie untertags kein Nickerchen machen. Wenn es gar nicht ohne geht, sollten Sie weniger als eine Stunde und vor 15.00 Uhr schlafen.

❷ Feste Zeiten einhalten

Eine der besten Methoden für guten Schlaf ist das Zubettgehen und Aufstehen zur immer gleichen Zeit, sogar an Wochenenden und Feiertagen.

❸ Auf Koffein und Nikotin verzichten

Auf Stimulanzien wie Koffein (in Kaffee, grünem und schwarzem Tee, Cola, Schokolade und einigen Arzneimitteln) und Nikotin sollten Sie 4 bis 6 Stunden vor dem Schlafengehen verzichten.

❹ Auf Alkohol verzichten

Konsumieren Sie 4 bis 6 Stunden vor dem Schlafengehen besser keinen Alkohol. Viele empfinden Alkohol als entspannend, doch auch wenn er beim Einschlafen behilflich sein kann, sorgt er insgesamt doch für einen weit weniger erholsamen Schlaf und macht Sie nur noch müder.

❺ Sport treiben

Regelmäßiger Sport verbessert den Schlaf, aber vermeiden Sie übermäßige Anstrengungen unmittelbar vor dem Zubettgehen.

❻ Sich richtig ernähren

Eine ausgewogene Ernährung trägt zu einem gesunden Schlaf bei, aber Timing ist alles. Eine schwere Mahlzeit vor dem Schlafengehen kann sich negativ auf Ihren Schlaf auswirken. Falls Sie ein leerer Magen beim Einschlafen stört, dann nehmen Sie vor dem Zubettgehen noch einen leichten, kleinen Imbiss zu sich.

❼ Die Tagesplanung beibehalten

Auch wenn Sie sich nach einer Nacht mit schlechtem Schlaf sehr müde fühlen, sollten Sie den Tag wie geplant durchziehen.

❽ Natürliches Licht genießen

Lassen Sie sich nach dem Aufwachen die Sonne/helles Tageslicht ins Gesicht scheinen, das hilft Ihrer inneren Uhr dabei, sich einzustellen.

❾ Auf die Zeit vor dem Bildschirm achten

Nutzen Sie 2 Stunden vor dem Schlafengehen keine digitalen Medien mehr. Das Blaulicht ihres Monitors stört die Melatoninproduktion und damit den Schlaf. Wenn Sie wirklich ein Gerät nutzen müssen, verwenden Sie einen Blaulichtfilter.

❿ Sorgenzeit reservieren

Wenn Sie merken, dass Sie von sorgenvollen Gedanken wachgehalten werden, planen Sie tagsüber eine Sorgenzeit ein (Seite 90) und legen Sie sich Ihr **NOTIZBUCH** neben das Bett.

DIE 4-7-8-ATEMÜBUNG

Wenn Sie unter anhaltenden Schlafproblemen leiden, lege ich Ihnen die 4-7-8-Atemübung ans Herz. Diese uralte indische Technik versetzt den Körper in einen Zustand der Ruhe und Entspannung und fördert somit das Einschlafen. Die Zungenspitze berührt dabei die ganze Zeit den kleinen Hubbel hinter den oberen Schneidezähnen.

1. Atmen Sie vollständig und geräuschvoll durch den Mund aus.
2. Schließen Sie den Mund, atmen Sie still durch die Nase ein und zählen Sie bis 4.
3. Halten Sie den Atem sanft an und zählen Sie bis 7.
4. Atmen Sie erneut vollständig und geräuschvoll durch den Mund aus und zählen Sie bis 8.

Das war der erste Atemzyklus.

5. Wiederholen Sie diesen Atemzyklus weitere 4 Mal.

Lernen Sie tiefes und ruhiges Atmen. Es entspannt Ihr vegetatives Nervensystem und sorgt so für Ruhe und Regeneration.

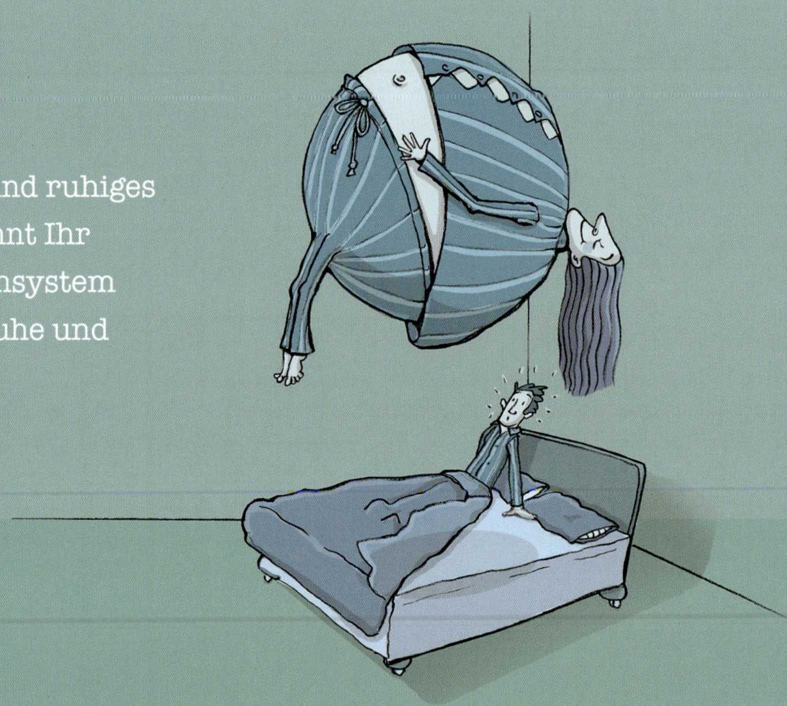

4
7
8
Atmen Sie tief durch die Nase ein. Zählen Sie bis 4.
Halten Sie den Atem sanft an. Zählen Sie bis 7.
Atmen Sie durch den Mund aus. Zählen Sie bis 8.

6 PARTNERSCHAFT

DEN BEZIEHUNGSSTRESS HERUNTERFAHREN

In diesem Kapitel zeigen wir Ihnen:

- ✦ Was Sie dafür tun können, dass Ihre Beziehungen fürsorglich, unterstützend und intakt sind
- ✦ Wie Sie mit Menschen insgesamt besser umgehen

KEIN MENSCH BRAUCHT BEZIEHUNGSSTRESS

In diesem Kapitel wagen wir uns in einen weiteren wichtigen Lebensbereich hinein, mit dem wir uns alle hin und wieder schwertun – Beziehungen. Familiäre Probleme bieten Studien zufolge häufig Anlass zu Stress. Manche glauben, die Schwierigkeiten mit Familie und engen Freunden seien unvermeidbar und deshalb könne man ohnehin nichts daran ändern. Dabei gibt es so viele Möglichkeiten, unsere sozialen Kompetenzen auszubauen und dadurch die Beziehungen zu verbessern und die Konflikte zu lösen. Das ist äußerst wichtig – wenn wir uns mit anderen Menschen verbunden fühlen und funktionierende, unterstützende Beziehungen haben, hilft uns das nämlich erwiesenermaßen dabei, unseren Stress in den Griff zu kriegen.

Im ersten Teil des Kapitels kümmern wir uns darum, wie wir die Beziehungen zu den uns nahestehenden Menschen hegen und pflegen – Partner, Familie, Freunde, Mitbewohner. Im zweiten Teil geht es um Kommunikationsmethoden, die es uns erleichtern, mit den uns weniger nahestehenden Mitmenschen wie etwa den Arbeitskollegen besser zurechtzukommen. Diese stärken nicht nur unsere persönliche Integrität (zu sagen, was wir wirklich meinen, und zu meinen, was wir sagen), sondern verhelfen uns auch zu der Art von Beziehungen, wie wir sie uns wünschen. Die Kompetenzen, die uns im Umgang mit beiden Personenkreisen helfen, überschneiden sich stark, also schauen Sie sich am besten beide Teile an.

DER BEZIEHUNGS-STRESS-TEUFELSKREIS

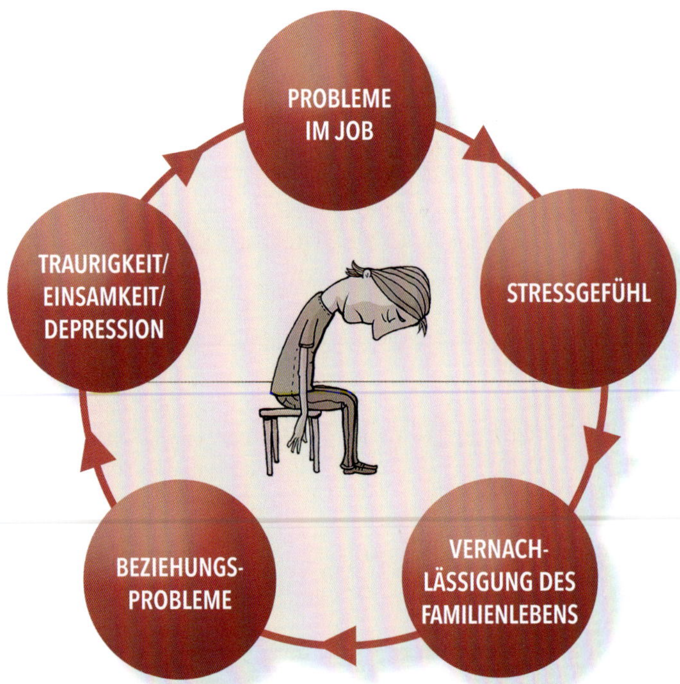

DIE GESCHICHTE VON CHARLIE UND SOFIA
STRESS IN DER PARTNERSCHAFT

Die Beziehung zu unserem/unserer Liebsten kann uns eine Menge Stress bereiten. Ein alter Mentor von mir pflegte zu sagen: »Nur die Menschen, die wir lieben, sind in der Lage, uns in Angst und Schrecken zu versetzen.«

Der Teufelskreis bei Beziehungsstress

Wenn wir gestresst sind, lassen wir Ärger und Sorgen gern an unseren Allernächsten aus, oft sind wir uns dessen gar nicht bewusst. Stress schafft häufig eine Distanz zwischen uns und der Welt, weshalb wir die anderen nur allzu oft missverstehen und sie mit unseren Problemen belasten.

Lassen Sie uns hierzu die Interaktion eines Paares betrachten, das sich von mir beraten ließ.

CHARLIE: Ich hab' momentan so viel zu tun – wenn ich nach der Arbeit nach Hause komme, will ich mich einfach nur ausruhen, Fernsehen schauen und ein, zwei Bierchen trinken, weil ich so kaputt und gestresst bin.

SOFIA: In letzter Zeit regt er mich nur noch auf. Ich weiß wirklich nicht, was ich noch tun soll! Jeden Abend kommt er total spät nach Hause, lässt sich nur aufs Sofa fallen und schaut die ganze Nacht in die Glotze. Alles muss ich selber übernehmen – Kochen, Putzen, und sogar das Reden. Dabei hab ich auch einen Job! Irgendwann war ich so genervt, dass ich ihn faul und egoistisch nannte. Und dann besaß er auch noch die Frechheit zurückzublaffen! Wir haben uns furchtbar gestritten, und jetzt rede ich einfach nicht mehr mit ihm.

CHARLIE: Sie liegt mir unentwegt damit in den Ohren, was ich alles tun soll, und wenn ich es dann tue, mach ich alles falsch – nichts kann ich ihr recht machen! Warum sieht sie nicht, wie viel ich arbeite? Sie bekommt einfach nicht mit, was für einen Stress ich gerade habe.

Haben Sie so etwas Ähnliches schon mal erlebt, in einer Ihrer eigenen Beziehungen? Es lässt sich leicht erkennen, wie schnell das Verhalten des anderen fehlinterpretiert wird und zu Konflikten führt. Sofias Reaktion auf Charlies Probleme löst nur noch mehr Stress in ihm aus, und er fühlt sich alleingelassen, während Charlies Verhalten dazu führt, dass Sofia sich unbeachtet und ebenso alleingelassen fühlt. Dieses Verhaltensmuster erzeugt einen selbstverstärkenden Teufelskreis, der beider Leben kontinuierlich beeinflusst. Fühlt Charlie sich daheim beispielsweise hilflos (»Nichts kann ich ihr recht machen«) und nicht unterstützt (»Sie bekommt einfach nichts mit«), kann er sich vielleicht bei der Arbeit nur schwer konzentrieren. Und das wirkt sich womöglich negativ auf seine Arbeitsleistung aus, was wiederum zu noch mehr Stress führt. Die Situation ähnelt dann der Grafik gegenüber.

Auch Sofia ist in einen negativen Kreislauf geraten, der sie dazu bringt, sich nicht mit Charlie zu beschäftigen, weil es weder erbaulich noch auf irgendeine Weise bereichernd oder lustig mit ihm ist. In ihrer gemeinsamen Zeit erfahren die beiden keine positive Verstärkung, und sie fühlen sich beide alleingelassen, worunter letzten Endes wieder die Beziehung leidet.

Ursprünglich hatte Charlie eigentlich das Gefühl, dass er ein wenig Freiraum brauchte, weil er so müde und gestresst war; außerdem hatte er Angst, vielleicht etwas Schlimmes oder Gemeines zu sagen, und das wollte er nicht. Er machte sich Sorgen, nicht genügend Energie zu haben, um sich richtig auf Sofia einzulassen, auch deshalb hielt er sich von ihr fern. Als Folge davon fühlte sich Sofia einsam, unbeachtet und ausgenutzt. Gleichzeitig machte sie sich Sorgen, dass irgendetwas mit Charlie oder ihrer Beziehung nicht stimmte, weil er sein Leben nicht mehr mit ihr teilte. Das jagte ihr Angst ein, deshalb wollte sie für eine Annäherung

NIEMAND MÖCHTE:

- angeschrien werden
- belehrt werden
- überredet werden
- belogen werden
- herabgesetzt werden
- überhört werden
- abgeblockt werden
- kritisiert werden.

sorgen, indem sie ihn an den Arbeiten im Haushalt beteiligte, doch das schien immer im Streit zu enden.

Beide versuchten auf ihre Art, die Beziehung am Laufen zu halten, doch es klappte nicht, sie stritten und hörten auf, miteinander im Gespräch zu bleiben. Im Endeffekt fühlten sich dadurch beide gestresst, missverstanden, nicht angenommen und alleingelassen. Genau an diesem Punkt des Rückzugs offenbaren sich die Abnutzungserscheinungen unserer Beziehungen.

Schlechte Bewältigungsstrategien

Charlie versucht, mit dem Stress klarzukommen, indem er Bier trinkt (Betäubung), Fernsehen schaut (Ablenkung) und sich vor Gesprächen und Pflichten drückt (Abschottung und Vermeidung). Sofia reagiert in Form von Kritik (Sollen- und Müssen-Sätze), innerem Aufruhr (Katastrophisieren) und indem sie personalisiert, also alles auf sich bezieht. Sie reagiert damit, dass sie nicht mehr mit ihrem Partner redet (Abschottung und Vermeidung).

Wie gehen Sie mit stressigen Phasen um? Haben Sie bereits ähnliche Bewältigungsstrategien eingesetzt? Haben sie funktioniert? Und wie haben die anderen darauf reagiert?

Wie Sie mit Ihrem Partner reden, wenn Sie Stress haben

Wenn Sie sehr gestresst sind und die reale Gefahr besteht, dass Sie den Teufelskreis nur noch verstärken, gilt:

- Denken Sie nach, bevor Sie den Mund aufmachen.
- Seien Sie offen und ehrlich damit, was bei Ihnen gerade los ist.
- Machen Sie aus der Situation keinen Kampf, der gewonnen werden muss.
- Reden Sie nicht in einstudierten Sätzen – sonst hören Sie Ihrem Partner nicht mehr richtig zu.
- Gestatten Sie Ihrem Partner, wenn nötig Dampf abzulassen, hören Sie danach richtig zu und versuchen Sie, ihn nicht zu unterbrechen.
- Nehmen Sie sich eine kleine Auszeit und gönnen Sie Ihrem Partner etwas Freiraum. Gehen Sie spazieren, nehmen Sie ein langes Bad oder lassen Sie Ihren Partner diese Dinge tun.
- Unterschätzen Sie nie die kraftvolle Wirkung einer Entschuldigung, wenn Sie im Unrecht sind. Sagen Sie es, meinen Sie es ernst und schauen Sie dann nach vorn.

INTERAKTIONSMUSTER, DIE STRESS VERURSACHEN

Die Probleme, die Sofia und Charlie haben, veranschaulichen eine ganz typische Abfolge von Geschehnissen, die zu Beziehungskonflikten führt. Negative Interaktionsmuster wie diese verstärken den Stress noch mehr und haben das Potenzial, Beziehungen ganz zu zerstören.

Ich höre meine Klienten oft sagen: »Wenn mein Partner doch nur weniger dies und mehr das tun könnte, dann kämen wir wieder wunderbar miteinander zurecht.« Doch so einfach ist es nicht. Ich lenke die Klienten dann schnell zu dem Bereich, den sie sehr wohl in der Hand haben: ihr eigenes Verhalten. Wir müssen uns unbedingt darüber im Klaren sein, dass unser eigenes Verhalten sich auf das Verhalten unseres Partners direkt auswirkt und wir somit weit mehr Kontrolle haben, als wir glauben.

Wird den Partnern etwas Wichtiges versagt (im Fall von Charlie: seine Ruhe, wenn er nach Hause kommt; im Fall von Sofia: Reden, Hilfe, Anerkennung) oder sind sie unangenehmen Reizen ausgesetzt (Meckern, Brüllen oder Ausweichen), machen beide das nur eine gewisse Zeit lang mit. Irgendwann versuchen sie, mit Druck das zu kriegen, was sie wollen. Sofia wird beispielsweise Charlie so lange zusetzen, bis er schließlich den Müll rausbringt; oder Charlie wird Sofia anbrüllen, dass sie aufhören soll zu meckern. Das Problem ist: Sofia lernt, dass sie kriegt, was sie will, wenn sie die Nörgelei auf die Spitze treibt; Charlie hingegen lernt, dass er gehorchen oder wütend werden muss, damit Schluss mit dem Gemeckere ist.

Im Kampf für unsere Bedürfnisse steigern sich unsere Interaktionen leider irgendwann zur offenen Schlacht, die erst dann beendet wird, wenn sich der eine Partner dem Druck des anderen beugt. Entscheidet der eine Partner die Schlacht für sich, ruft das im anderen Groll hervor, und so befinden sich beide irgendwann mitten in einem Krieg, den beide nur verlieren können.

Gute und schlechte Interaktionsmuster

Der Paartherapeut Dr. Dan Wile benennt zwei negative und ein positives Interaktionsmuster in Beziehungen:

❶ Angreifen oder verteidigen

Wir bringen zwar teilweise zum Ausdruck, was wir fühlen, allerdings in Form eines Vorwurfs, der den anderen kritisiert, beschuldigt oder Rache übt und damit die Situation alles andere als entschärft. Unser Partner wird dabei zum Feind. Jeder der beiden Partner schlägt zurück, wenn er geschlagen wird, bis irgendwann beide zu verletzt sind, um sich weiter zu bemühen, sich zu ungehört fühlen, um dem anderen zuzuhören und zu missverstanden, um den anderen zu verstehen.

❷ Abblocken, ignorieren oder herunterspielen

Wir fressen alles in uns hinein, reden über etwas anderes oder machen einen großen Bogen um unseren Partner. Eine solche Verhaltensweise macht aus unserem Partner einen Fremden. Und sie ist selbstverstärkend, weil das Ausweichen, die Vorsicht oder das Gehen wie auf rohen Eiern des einen Partners den anderen dazu bringt, sich genauso zu verhalten. So wird man niemals die Geborgenheit erleben, die dadurch entsteht, dass man seine wirklichen Gefühle miteinander teilt, und man wird auch keine Lösungen für die gemeinsamen Probleme finden. Das ist der Pfad der Paare, die sich trennen, weil sie »sich auseinander gelebt haben«.

❸ Sich anvertrauen und zuhören

Wir geben unserem Partner Einblick in unsere Gefühle und versuchen aufzunehmen, was er uns mitteilt. Das macht unseren Partner zum Verbündeten, denn beiden geht es dann darum, den anderen zu verstehen. Wenn wir Zugeständnisse machen, uns dem Partner anvertrauen, auf ihn zugehen und auch seine Sichtweise berücksichtigen, gibt ihm das die Sicherheit, es uns gleichzutun. Bestimmt ist Ihnen klar geworden, dass es sich hier um das positive Interaktionsmuster handelt!

MIT UNSEREM PARTNER KOMMUNIZIEREN

Einer der Hauptgründe dafür, dass wir in Beziehungsprobleme geraten, ist unsere Art zu kommunizieren (oder eben nicht zu kommunizieren). Manche ziehen es in stressigen Zeiten vor, überhaupt nicht zu reden, während sich andere vielleicht damit schwertun, sich auf eine für den Partner akzeptable Art und Weise auszudrücken. Wie schnell kommen Missverständnisse auf oder fallen verletzende Worte, obwohl wir das gar nicht wollen.

Was Sofia eigentlich sagen wollte, als sie Charlie vorwarf, faul zu sein: Sie machte sich Sorgen um ihn und hatte das Gefühl, dass er sie und den gemeinsamen Haushalt vernachlässigte. Doch weil sie sich so sehr aufregte, machte sie sich keine Gedanken darüber, wie sie das sagte – sie wollte einfach nur den Schmerz herauslassen.

Das passiert häufig. Oft sind wir wegen irgendetwas derart aufgebracht, dass es uns schwerfällt, innezuhalten, nachzudenken und unsere Gefühle und Gedanken noch einmal zu überdenken, bevor sie aus uns herausplatzen.

Die Umdeutung

Die Umdeutung (oder das »Reframing«) ist äußerst praktisch, um Dinge, die wir sagen wollen, etwas freundlicher auszudrücken.

Beim Umdeuten sagen wir klar, worum es geht und wie es uns damit geht, auf positive und konstruktive Art und Weise, anstatt den anderen zu beschuldigen oder zu kritisieren. So hört er eher zu, was wir zu sagen haben, ohne gleich defensiv zu reagieren und über einen Gegenangriff nachzudenken.

Im Folgenden führen wir ein paar Beispiele für die Umdeutung an. Es wird jedes Mal dasselbe, aber mit anderen Worten gesagt, was den Zuhörer zu jeweils unterschiedlichen Reaktionen veranlasst.

Eine gute Umdeutung macht aus Ihrem Partner einen Verbündeten, und sie ist ein wunderbarer erster Schritt, der Sie beide auf dieselbe Seite und gegen ein gemeinsames Problem stellt, anstatt gegeneinander. Damit Ihr Partner zuhört und versteht, was Sie sagen, muss Ihre Kommunikation folgendermaßen aussehen:

EMPATHISCH

Zeigen Sie ihm, dass Sie auch seine Sichtweise verstehen. So könnte Charlie zu Sofia sagen: »Ich weiß, dass ich in letzter Zeit ganz schön distanziert war und nicht viel im Haushalt geholfen habe. Ich kann mir vorstellen, wie frustrierend das für dich ist.«

EXPRESSIV

Erklären Sie die Gründe für Ihr Verhalten. Helfen Sie Ihrem Partner, mehr Verständnis und damit auch mehr Mitgefühl für Sie aufzubringen. »Meine Arbeit ist gerade total stressig, und ich komme nur schwer mit dem Druck klar.«

BESTIMMT (ASSERTIV)

Lassen Sie Ihren Partner wissen, was Ihnen in dieser Lage helfen würde: »Ich kann mich nach der Arbeit am besten entspannen, wenn ich ein bisschen Zeit für mich habe und Fernsehen schaue, bevor ich dir im Haushalt helfe.«

Denken Sie darüber nach, mit welchen der drei Kommunikationsansätze Sie sich vielleicht schwertun. Mir persönlich fällt es nicht so leicht, expressiv zu kommunizieren.

Wenn wir das Gefühl haben, dass wir nicht gehört werden oder nicht äußern können, was wir brauchen, oder dass wir nur geben, werden wir irgendwann anfangen, Groll gegen unseren Partner zu entwickeln. Und das ist sicher nicht die beste Voraussetzung, um Liebe, Respekt und Zärtlichkeit aufzubauen. Denken Sie daran: Seien Sie freundlich, aber bestimmt oder »assertiv«. (Zu diesem Thema gleich mehr).

Die Natur hat uns nur einen Mund, aber zwei Ohren gegeben, was darauf hindeutet, dass wir weniger sprechen und mehr zuhören sollen.

ZENON VON ELEA

NEGATIVE AUSSAGEN ZU POSITIVEN UMDEUTEN

WIRD ZU EINEM WENIGER GUTEN ERGEBNIS FÜHREN	WIRD ZU EINEM BESSEREN ERGEBNIS FÜHREN
Du hast nie Zeit für mich!	Ich sehe dich in letzter Zeit kaum. Ich vermisse unsere gemeinsamen Stunden.
Ich muss immer alles allein erledigen!	Ich brauche deine Unterstützung. Ich fühle mich überfordert.
Du gibst dir überhaupt keine Mühe mehr mit unserer Beziehung!	Es würde mich freuen, wenn wir mal wieder was Schönes zusammen machen.
Du bist dir meiner wohl sehr sicher!	Ich hätte gerne, dass du mich und meine Leistungen anerkennst und zu schätzen weißt.
Du meckerst ständig an mir rum!	Ich bin zu müde und gestresst, um jetzt darüber nachzudenken. Lass mich bitte erst mal runterkommen.

Miteinander reden

Wenn Sie das, was Sie in diesem Kapitel bereits gelernt haben, umsetzen, wird sich Ihre Beziehung garantiert verbessern. Eine noch engere und stärkere Bindung lässt sich erreichen, indem wir uns die Vorschläge des »Papstes der Paartherapie«, John Gottman, und einiger anderer aneignen, die gegenseitiges Verständnis fördern und Beziehungen tragfähig machen.

❶ Das Problem definieren

Ein klar definiertes Problem beinhaltet: eine belastbare Aussage über die Person oder Situation, eine Beschreibung des unerwünschten Verhaltens, wann es aufkommt und wozu es führt.

❷ Freundlich beginnen

Diskussionen enden in demselben Ton, wie sie begonnen haben. War der Auftakt also ziemlich barsch, wird das Gespräch auch barsch beendet werden, wenn nicht noch schlimmer! Atmen Sie ein paar Mal tief durch, bevor Sie Anlauf nehmen.

❸ Beschweren, aber nicht beschuldigen

Beschreiben Sie klar und deutlich, worum es geht, aber verurteilen oder beschuldigen Sie Ihren Partner nicht. Seien Sie höflich und verständnisvoll.

❹ Bei *einer* Sache bleiben

Besprechen Sie jeweils nur *ein* Problem. Weichen Sie nicht vom Thema ab und werfen Sie Ihrem Partner nicht gesammelt alles Mögliche andere an den Kopf, was er in Ihren Augen falsch gemacht hat. (Das tun wir nämlich, wenn wir glauben, die Auseinandersetzung zu verlieren.)

❺ Aktiv zuhören

Bemühen Sie sich, besser zuzuhören. Schenken Sie dem Gesagten Ihre volle Aufmerksamkeit und wiederholen Sie es anschließend in einer abgeänderten Version, damit Ihr Gegenüber sich gehört und verstanden fühlt.

❻ Bei emotionaler Überforderung (»Flooding«) eine Pause machen

Möglicherweise fühlt sich ein Partner emotional und körperlich überfordert. Männer neigen eher dazu als Frauen, sie wirken dann so, als würden sie abschalten oder dem Gespräch aus dem Weg gehen – was ihr Gegenüber in den Wahnsinn treibt. Wenn Sie ein Problem also durcharbeiten möchten, müssen Sie eine Pause (von mindestens 20 Minuten) einlegen, bis Sie beide sich beruhigt haben.

❼ Sich vom Partner beeinflussen lassen

Wenn Sie den Einfluss Ihres Partners akzeptieren, wird der Ton weniger rau, werden Zuneigung und Bewunderung für einander wachsen und leichter Lösungen gefunden werden, falls Probleme aufkommen.

❽ Einen »Nur 10 Minuten«-Termin einführen

Planen Sie einmal wöchentlich ein ruhiges Gespräch zu einer bestimmten Streitfrage, legen Sie dafür einen festen Termin und Zeitraum fest – nicht mehr als 10 Minuten. Achten Sie auf einen unbeschwerten, respektvollen Ton.

❾ Sich körperlich verbunden bleiben

Oft sind wir einfach zu beschäftigt und vergessen, darauf zu achten: Reservieren Sie sich deshalb Zeiten für innige Zweisamkeit, die Sie einander näherbringt und die kleinen Verletzungen ausgleichen kann, die man sich tagtäglich antut.

❿ Sich richtig entscheiden

Freundlich zu sein ist wichtiger als recht zu haben.

TIPP Wenn Sie total wütend und sauer sind, weil Ihr Partner irgendetwas nicht getan hat, was Sie sich zwar gewünscht, aber nicht deutlich und bestimmt, also assertiv (nicht aggressiv!), zum Ausdruck gebracht haben – dann muss ich Ihnen leider sagen, dass Sie selbst schuld sind. Sagen Sie Ihrem Partner, was Sie möchten! Wenn Sie ihm wirklich am Herzen liegen, wird er es wissen wollen.

敬
Ich respektiere dich.
Ich respektiere dich.

LÖSBARE UND UNLÖSBARE PROBLEME

Jedes Paar hat eine Reihe ganz eigener unlösbarer Probleme, mit denen es immer wieder zu kämpfen hat. Diese Probleme sind eben genau das – unlösbar. Wenn man sie als solche akzeptiert, können beide Partner dafür in anderen Beziehungsbereichen nachgeben und kommen generell besser miteinander klar.

Ich hatte einmal ein junges Pärchen vor mir sitzen, das nur am Streiten war, mitunter wegen der kleinsten Kleinigkeiten. Einmal kam einer der beiden drei Minuten später heim als angekündigt, und schon brach ein regelrechter Krieg aus. Der beleidigte Partner beschwerte sich, dies sei nur ein weiteres Indiz dafür, dass dem anderen die Beziehung egal sei. Als wir ein wenig tiefer gingen, kam zum Vorschein, dass der Partner mit der Stechuhr eigentlich gerne aufs Land ziehen und eine Familie gründen würde, aber das Gefühl hatte, dass der andere dem im Weg stand, auch weil für ihn die Arbeit immer an erster Stelle zu kommen schien. Bei einem offenen und ehrlichen Gespräch wurde klar, dass es zum damaligen Zeitpunkt finanziell einfach nicht machbar war, aufs Land zu ziehen. Allein die Feststellung dieses (momentan) unlösbaren Problems wandelte es zu einem gemeinsamen und von beiden Seiten akzeptierten Problem, und das schützte sie als Paar.

Ich gebe meinen Klienten stets den Ratschlag: »Jedes Problem bietet die Chance für eine noch tiefere Verbundenheit.« Wenn beide Partner zusammenarbeiten, können sie sich bei ihren unlösbaren Problemen gegenseitig trösten und sie in einem anderen Licht betrachten.

Achtsame Entscheidungen in schwierigen Situationen

Es wird immer Situationen und Gefühle geben, die sich nur schwer oder gar nicht ändern lassen. Hier haben Sie zwei Möglichkeiten: Entweder Sie kämpfen dagegen an, indem Sie das, was ist, nicht akzeptieren wollen – was äußerst kräftezehrend ist. Oder Sie akzeptieren die Situation so, wie sie ist. Das bedeutet keineswegs, dass Sie damit kein Problem haben oder sie für gerechtfertigt oder richtig halten müssen. Die Dinge sind eben, wie sie sind. Sie werden merken, dass Sie sich mit dieser Entscheidung besser fühlen, als wenn Sie nach unerträglichen Grübeleien und wiederholten gescheiterten Anstrengungen gezwungen sind, aufzugeben.

Leiden ist Schmerz mal Widerstand.

SHINZEN YOUNG

GELASSENHEITSMANTRA

NIMM HIN,

was du

nicht ändern

kannst, habe den

MUT,

Dinge zu ändern,
die du ändern kannst, und die

WEISHEIT,

das eine vom anderen zu unterscheiden.

ASSERTIV SEIN: SICH SELBST BEHAUPTEN KÖNNEN

Viele Klienten kommen aufgrund von Problemen mit Menschen aus ihrem weiteren Umfeld zu mir. Dass wir es zulassen, unseren Stresspegel von den Interaktionen mit anderen abhängig zu machen, erscheint erst einmal absurd. Doch die meisten von uns schaffen es nicht, anderen Menschen klarzumachen, wovon sie mehr und wovon sie weniger brauchen.

Beschäftigen wir uns zunächst mit dem Thema Selbstbehauptung, die es uns ermöglicht, selbstbewusst für uns und unsere Bedürfnisse einzutreten.

Sich selbst behaupten zu können – oder »assertiv« zu sein –, meint die Fähigkeit, seine Gefühle und Bedürfnisse auszudrücken, seine Meinungen und Überzeugungen zu kommunizieren, und zwar auf offene, ehrliche und direkte Art und Weise. Wenn Sie assertiv kommunizieren, respektieren Sie Ihre eigenen Rechte genauso wie die Rechte und Gefühle der anderen. Sie treten für Ihr Recht ein, anständig behandelt zu werden, und das wird Ihren Stress in sämtlichen Lebensbereichen reduzieren – daheim, bei der Arbeit und im menschlichen Miteinander allgemein. Jeder zeigt einen anderen Grad der Selbstbehauptung (oder Nicht-Selbstbehauptung), den man irgendwo auf einer Skala wie der unten abgebildeten verorten kann.

Der Grad an Selbstbehauptung kann auch bei ein und derselben Person variieren – man findet es womöglich schwierig, sich bei einem Vorgesetzten assertiv zu verhalten, hat bei einem alten Freund aber weniger Probleme damit. Wichtig ist: Assertives Verhalten ist keine unveränderliche Charaktereigenschaft, sondern eine Verhaltensweise, die wir erlernen und uns nutzbar machen können.

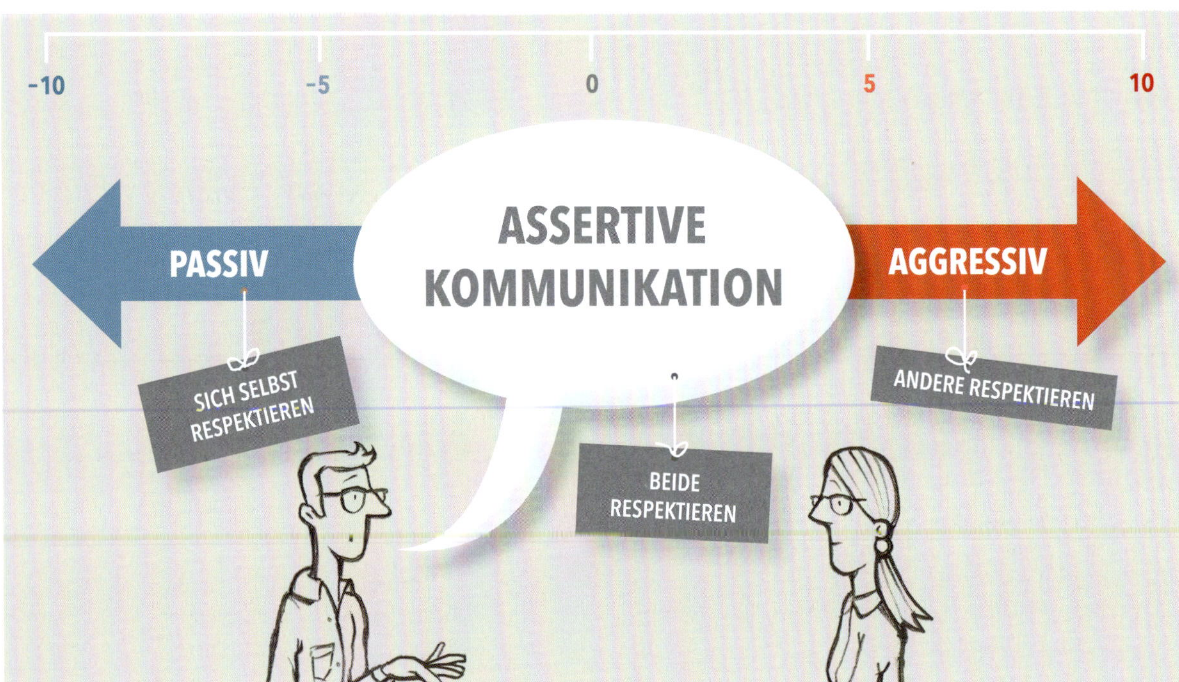

Warum sollten wir in der Lage sein, uns selbst zu behaupten?

Assertives Verhalten führt zu stärkeren, gesünderen Beziehungen, und diese wiederum fungieren als eine Art Puffer gegen Stress. Jeder möchte von anderen Menschen gerne gemocht und respektiert, für nett, umgänglich und insgesamt wunderbar gehalten werden. Wir können es mit der »Nettigkeit« aber auch übertreiben, und dann wird sie zum Problem. Wenn wir uns nicht trauen, unsere Meinung zu sagen, wenn wir immer Ja sagen, um die Gefühle anderer nicht zu verletzen, dann laufen wir Gefahr, ausgenutzt zu werden, insbesondere von den weniger sozialen Zeitgenossen.

Auf der anderen Seite kann sich das Erlernen von assertiven Verhaltensmustern als nützlich erweisen, wenn Sie normalerweise eher aggressiv vorgehen, also beispielsweise von jemand anderem etwas verlangen, ohne sich über die Konsequenzen für die betreffende Person Gedanken zu machen. Oder wenn Sie sich eher passiv-aggressiv verhalten, also etwas tun, was Sie eigentlich nicht gut finden, und dann dem Ganzen irgendwie im Weg stehen. Mit dieser Art von Verhalten kriegen Sie nicht etwa das, was Sie wollen, sondern fühlen sich wahrscheinlich schrecklich und fahren Ihre Beziehungen immer mehr an die Wand.

Assertive verbale Kommunikation

Wir müssen lernen, das zu sagen, was wir meinen. Dieses einfache Schema wird Ihnen dabei helfen, mit anderen auf assertive Art und Weise zu kommunizieren:

»Wenn du……………………………………………………«
(Bleiben Sie bei den Fakten – z. B. »mich ständig unterbrichst«)

»macht mich das…………………………………………«
(Fügen Sie ein einfaches Wort für Ihre Gefühle ein – z. B. wütend, traurig, verwirrt, sauer, verunsichert)

»weil ich……………………………………………………«
(Geben Sie etwas von sich preis – z. B. das Gefühl habe, dass dir meine Meinung nicht wichtig ist.)

»Für die Zukunft hätte ich gerne………………………«
(Fügen Sie eine konkrete Maßnahme ein – z. B. dass du dir meine Ansichten anhörst.)

Nicht nachgeben

Sicher kommt es manchmal vor, dass Ihr Gegenüber einfach keine Lust zu haben scheint, Sie mit Respekt zu behandeln, so sehr Sie sich auch um Selbstbehauptung bemühen. Sie haben dann den Eindruck, dass die andere Partei enormen Druck ausüben möchte, um das zu kriegen, was sie will, und deswegen Ihre höflichen Erwiderungen zu ignorieren scheint – etwa durch aggressives oder passiv-aggressives Verhalten.

Die beste Herangehensweise wäre in diesem Fall die »Sprung in der Platte«-Methode: Sie wiederholen eine geradlinige Aussage so lange wie nötig, um Ihrem Gegenüber ganz klar zu signalisieren, wie Sie sich fühlen und was Sie möchten oder eben nicht möchten. Und das geht so:

1. Bleiben Sie bei Ihrer Position und lassen Sie sich nicht von den Argumenten des Gegenübers ablenken.

2. Begegnen Sie Ihrem Gegenüber mit Respekt, benutzen Sie einfühlsame Formulierungen (z. B. »Ich sehe, dass du nicht weiterkommst, aber …«).

3. Fassen Sie Ihre Position in einem einfachen Satz zusammen (z. B. »Ich habe Pläne fürs Wochenende«), und wiederholen Sie ihn dann mit kleinen Änderungen, damit Sie nicht wie ein Roboter klingen, oder jemand, der nicht zuhört (z. B. »Ich habe fürs Wochenende schon jemand anderem zugesagt«).

4. Widerstehen Sie dem Drang, sich zu erklären (z. B. »Ich hatte schon ewig kein Wochenende mehr für mich, und *ich will meine Freundin heute auf jeden Fall sehen*«). Das ist unnötig und bringt Ihr Gegenüber vielleicht auf die Idee, es gäbe noch Verhandlungsspielraum. Bleiben Sie bei Ihrer Position und sagen Sie einfach: »Ich habe schon etwas ausgemacht«.

Mit Kritik richtig umgehen

Für die meisten von uns ist es eine große Herausforderung, auf Kritik assertiv zu reagieren und sie nicht persönlich zu nehmen, besonders wenn sie nicht gerade rücksichtsvoll vorgetragen wird. Wenn die Kritik berechtigt und zutreffend ist, *akzeptieren* Sie diese. Erinnern Sie sich daran, dass niemand perfekt ist und man nur aus Fehlern lernen kann. *Gestehen Sie ein,* was Sie ändern müssen, ohne dabei irgendwelche negativen Gefühle zum Ausdruck zu bringen, und *danken* Sie Ihrem Gegenüber für das Feedback.

Wenn Sie nicht sicher sind, ob die Kritik berechtigt und zutreffend ist, führen Sie sich vor Augen, dass Sie hier eine Gelegenheit zum Lernen haben, damit Sie sich verbessern können. Bitten Sie auf ruhige und offene Weise um mehr Details und seien Sie sich dabei Ihrer nonverbalen Signale bewusst (Seite 160/161). Sie könnten beispielsweise fragen:

- In welcher Hinsicht könnte ich Ihrer Meinung nach meine Arbeit verbessern?
- Hätten Sie vielleicht ein paar konkrete Ideen, wie ich es besser machen könnte?
- Das ist ein sehr wertvoller Hinweis. Würden Sie mir Ihr Anliegen noch mal näher erläutern, damit ich das Ganze besser machen kann?

Wenn die Kritik berechtigt und zutreffend ist, wird diese Strategie ein Gespräch in Gang setzen. Ist sie nicht berechtigt und zutreffend, wird sie Ihren Kritiker in Verlegenheit bringen.

DESTRUKTIVE KRITIK KONTERN

Leider ist Kritik nicht immer aufrichtig, und sie wird auch nicht immer freundlich vorgetragen. Um auf destruktive Kritik assertiv reagieren zu können, müssen Sie möglicherweise zuerst die obenstehende Strategie des Nachfragens anwenden. Wenn die weiteren Informationen dann ergeben, dass es sich nicht um eine berechtigte oder zutreffende Kritik handelt, widersprechen Sie ganz nüchtern und sachlich, und geben Sie dabei auf Ihre nonverbalen Signale acht – bleiben Sie ruhig, lassen Sie Ihre Stimme keinen bedrohlichen Tonfall annehmen und halten Sie Blickkontakt. In dieser Situation kann man nur allzu leicht in aggressives oder passiv-aggressives Verhalten verfallen. Hier einige Beispiele dafür, wie Sie destruktiver Kritik das Wasser abgraben:

Kritik: »Du machst immer alles falsch.«
Antwort: »Nein, ich mache nicht immer alles falsch. Ich begehe manchmal Fehler, aber ich mache nicht immer alles falsch.«

Kritik: »Du kommst nie pünktlich.«
Antwort: »Nein, ich komme zwar manchmal zu spät, aber das passiert nicht die ganze Zeit.«

Eine weitere mögliche Vorgehensweise ist die Vernebelung (auch als *Fogging* bezeichnet). Dabei stimmen Sie dem Kritiker teilweise zu, weil Sie die Situation entschärfen möchten. Sie suchen sich irgendeinen kleinen Teil der Kritik aus, um ihr zuzustimmen, was der zerstörerischen Kraft die Spitze nehmen wird.

Kritik: »Auf dich ist einfach kein Verlass. Gestern Vormittag bist du zu spät gekommen, du bist einfach nie da, wenn ich dich brauche.«
Antwort: »Du hast auf jeden Fall recht, gestern bin ich zu spät gekommen.«

Sie stimmen also nicht der kompletten Kritik zu, sondern nur einer einzigen Tatsache. Das wird dem Ganzen den Wind ein wenig aus den Segeln nehmen und den Weg freimachen für weitere Gespräche.

Der Kern assertiver Kommunikation

Bedienen Sie sich der untenstehenden Techniken (vielleicht in Kombination mit etwas Bauchatmung), um sich auf unangenehme Gespräche oder Situationen vorzubereiten, die Stress auslösen können.

- Sagen Sie ganz klar, was Sie wollen.
- Verwenden Sie »Ich«-Sätze, um mitzuteilen, was Ihnen wichtig ist – »ich brauche, ich glaube, ich möchte gerne erklären ...«.
- Üben Sie! Gehen Sie vor dem Gespräch durch, was Sie sagen könnten und wie Sie es am besten sagen. Auf den nächsten beiden Seiten erfahren Sie, wie assertive Kommunikation »aussieht«. Überlegen Sie sich, wie Ihr Gegenüber vermutlich reagieren wird; bereiten Sie sich darauf vor, das zur Kenntnis zu nehmen, um dann neu zu formulieren, was Sie wollen, was Ihnen wichtig ist und was Ihrer Meinung nach passieren soll.

Diejenigen,
die fair kämpfen,
streiten oder debattieren,
werden es weit bringen.

NONVERBALE KOMMUNIKATION

Es ist die nonverbale Kommunikation, die sich bei unserem Umgang miteinander am deutlichsten äußert. Wir senden und empfangen nonstop wortlose Signale, die starke Botschaften darüber übermitteln, ob wir etwas wichtig nehmen oder nicht, ob wir die Wahrheit sagen und ob wir zuhören (oder eben nicht).

Nonverbale, assertive Kommunikation

Nehmen wir uns eine Reihe weitverbreiteter nonverbaler Kommunikationsformen vor und sehen uns an, wo diese auf der Skala assertiven Verhaltens (Seite 156) angesiedelt sind. Um assertiv und effektiv zu kommunizieren, müssen Sie sich sicher sein, dass Ihre nonverbalen Signale mit dem übereinstimmen, was Sie sagen. Das schafft Vertrauen, ermöglicht, dass Sie richtig verstanden werden, und sorgt für eine stärkere Verbindung zwischen Ihnen und Ihrem Gegenüber.

Die Beispiele in der Tabelle auf der folgenden Seite liefern Ihnen eine gute Ausgangsbasis, auf der Sie aufbauen können.

		PASSIV	ASSERTIV	AGGRESSIV
NONVERBALE VERHALTENSFORMEN		Vermiedener Blickkontakt	Häufiger Blickkontakt, gelegentliche Blicke zur Seite	Direkter, fixierter, beinahe stechender Blick in die Augen
		Nach vorn gebeugter Oberkörper (sich kleinmachen), Kopf gesenkt	Aufrechte Haltung, Schultern nach hinten, dem Gegenüber zugewandt	Über dem anderen thronen oder stehen (sich größer machen), Hände in die Hüfte gestemmt oder verschränkte Arme
		Leise Stimme	Angemessener Tonfall (weder zu leise noch zu laut)	Laute (oft zornige) Stimme
		Zaghaftes Sprechen. Häufiges Zögern; langsames oder zu schnelles Reden	Höfliches, aber bestimmtes Sprechen. Die Worte fließen ohne Eile oder Zögern	Das Gegenüber aggressiv überfahren. Kein Zögern; »heraussprudelnde Wut«
		Besorgter oder ängstlicher Gesichtsausdruck	Freundlicher oder neutraler Gesichtsausdruck	Bedrohlicher Gesichtsausdruck
ZUSAMMENFASSUNG		Sie bringen Gedanken und Gefühle nicht ehrlich zum Ausdruck; das erlaubt anderen, Sie zu übervorteilen oder Ihre Rechte nicht zu respektieren. Sie wollen es anderen recht machen und Konflikte vermeiden. (»Was ich möchte, zählt nicht, was du möchtest, ist wichtiger.«)	Sie drücken sich klar und ehrlich aus, wobei Sie Ihre eigenen Rechte und die der anderen respektieren. Eine Ausdrucksweise, die nicht demütigend, dominant oder beleidigend ist. (»Unser beider Wünsche sind wichtig.«)	Sie treffen Aussagen, die die Rechte anderer nicht respektieren. Sie dominieren andere und drängen sie in eine Verliererposition. (»Das ist es, was ich möchte, und was du möchtest, spielt keine Rolle.«)
ERGEBNIS	(SIE/IHR GEGENÜBER)	**Verlieren – Gewinnen**	**Gewinnen – Gewinnen**	**Gewinnen – Verlieren**

ACHTSAME IMAGINATION BEI PROBLEMATISCHEN GEDANKEN

Beziehungen können uns in Bedrängnis bringen und unser gesamtes Denken okkupieren. Wie gut, dass wir auf die Achtsamkeit zurückgreifen können, um etwas Raum für das zu schaffen, was wir eigentlich wollen. Wenn Sie sich damit noch immer schwertun, sei Ihnen versichert, dass jedem von uns während der Achtsamkeitsübungen alle möglichen Gedanken kommen. Wenn Sie gedanklich also abschweifen, heißt das noch lange nicht, dass Achtsamkeit nichts für Sie ist – es heißt einfach nur, dass Sie ein Mensch sind und einen niemals schweigenden Kritiker in sich tragen, so wie wir anderen auch.

Und da wir diese Gedanken nun mal haben, machen wir sie einfach bei ein paar weiteren Achtsamkeitsübungen zu Objekten der Beobachtung. Dadurch können wir sie nämlich beruhigen, ohne zu versuchen, sie wegzuschieben. Denn, wie wir wissen: »Wogegen du dich wehrst, das bleibt bestehen!«

Wolken am Himmel

Stellen Sie sich vor, wie Sie auf einer weichen, üppigen Wiese liegen, in den klaren blauen Himmel schauen und die Wolken beobachten. Stellen Sie sich den blauen Himmel als Ihren Geist vor und die Wolken als Ihre Gedanken. Jedes Mal, wenn das Bild von einem Gedanken gestört wird, stellen Sie sich vor, er ruhe auf einer vorbeischwebenden Wolke. Lassen Sie sich nicht auf den Gedanken ein, ärgern Sie sich nicht über sich selbst; schauen Sie einfach nur zu, wie er auf einer Wolke vorbeizieht. Vielleicht möchten Sie ihm einen Namen geben – »Arbeitsgedanke« oder »Familiengedanke« – und beobachten, wie er auf der vorbeiwehenden Wolke ruht. Jedes Mal, wenn Sie merken, dass Sie abgeschweift sind, bringen Sie Ihre Aufmerksamkeit sanft zurück zu diesem Bild, wo die Wolken kommen und gehen.

Kleine Wellen im Bach

Stellen Sie sich vor, dass Sie in einem seichten Bach stehen. Das kühle Wasser umspült Ihre Knöchel in einer leichten Strömung. Während Sie dort stehen, beobachten Sie die Gedanken, die Ihnen kommen. Stellen Sie sich die Gedanken als kleine Wellen im Wasser vor. Beschäftigen Sie sich nicht weiter mit ihnen und sehen Sie ihnen beim Davonfließen zu. Wenn Sie merken, dass Sie einem Gedanken trotzdem folgen, bringen Sie Ihre Aufmerksamkeit einfach zurück zu der Beobachtung, wie er den Bach entlangtreibt. Tun Sie Ihr Bestes, den Gedanken nicht zu bewerten. Beobachten Sie stattdessen nur ganz ruhig, wie er in die Ferne davongetragen wird.

Such
dir
was
aus

Herabfallende Blätter im Wald

Stellen Sie sich vor, wie Sie in einem dichten Herbstwald stehen, den Klängen der Natur lauschen und die Bäume, von denen Sie umgeben sind, betrachten. Während Sie so dastehen, bemerken Sie die bunten Blätter, die von den Baumwipfeln langsam herabfallen. Jedes Mal, wenn Ihnen ein Gedanke kommt, stellen Sie sich vor, wie er auf einem der auf den dunklen Waldboden herabsegelnden Blätter ruht.

Schauen Sie jedem Blatt beim Herabfallen zu, und wenn ein Gedanke in Ihnen aufsteigt, stellen Sie sich vor, dass Sie ihn aufheben und auf einen passend benannten Haufen legen. Taucht etwa ein Gedanke darüber auf, was Sie zum Abendessen kochen sollen, legen Sie ihn auf den Haufen für »Planungen«. Wenn es darum geht, dass Sie die E-Mail an eine Kollegin nicht vergessen dürfen, legen Sie ihn auf den Haufen für die »Arbeitsgedanken«.

Versuchen Sie, nicht zu bewerten, dass Sie sich von einem der Gedanken haben davontragen lassen, oder ob Sie die Gedanken korrekt einsortieren. Das Benennen ermöglicht Ihnen nämlich einfach nur, sich davon zu distanzieren, die Gedanken als etwas zu betrachten, das unabhängig von Ihnen existiert, worin Sie sich nicht verfangen müssen. Heben Sie jedes Blatt auf und legen Sie es auf einen Haufen.

Manchen Menschen fällt es schwer, sich Bilder wie die oben beschriebenen vorzustellen. Das macht nichts – es geht darum, die Übungen zu finden, die für Sie funktionieren. Vielleicht ist Ihnen eine angeleitete Achtsamkeitsübung lieber, in der Sie jemand durch eine Szene führt, oder eine der anderen Übungen in diesem Buch. Hauptsache, Sie probieren alle einmal aus. Womöglich werden Sie davon überrascht sein, was bei Ihnen funktioniert!

Übung: Den Blick nach innen richten

Diese wirklich wundervolle Übung hilft Ihnen, sich zu sammeln, wenn Sie alle Gedanken beisammen haben müssen. Sie entstammt der Dialektisch-Behavioralen Therapie und wirkt unterstützend, wenn wir wichtige Entscheidungen treffen oder Phasen bewältigen müssen, in denen der Stress von allen Seiten über uns hereinbricht. Mit ihrer Hilfe können wir unsere naturgegebene innere Weisheit für uns nutzbar machen.

Wie bei allen Achtsamkeitsübungen rate ich auch bei dieser dazu, sie sich laut vorlesen zu lassen oder sich selbst aufzunehmen und sich das anschließend vorzuspielen.

1. Stellen Sie sich vor, Sie befänden sich an einem wunderschönen wolkenlosen Tag an einem riesigen See mit klarblauem Wasser, umgeben von saftig grünen Bergen. Nun stellen Sie sich vor, sie seien ein Kieselsteinchen – leicht, dünn und flach. Jemand schnipst Sie auf den See, und nun segeln Sie ganz weich und sanft durch das ruhige klarblaue Wasser in Richtung des sandigen Grunds.

2. Während Sie sich beim Hinabsinken zuschauen, atmen Sie tief in Ihre Körpermitte hinein. Spüren Sie, wie Sie von Frieden und Entspannung durchströmt werden. Malen Sie sich aus, wie Wellen der Entspannung Ihren Körper durchziehen, den Oberkörper hinauf in Brust, Rücken, Arme und Beine. Spüren Sie, wie Ihre Muskeln weich und locker werden und sich Ihr ganzes Wesen entspannt.

3. Während Sie langsam auf den Grund des Sees hinabsinken, beobachten Sie, was Sie sehen und fühlen. Sie bemerken, wie Ihr innerer Lärm dabei allmählich verstummt. Fühlen Sie sich ruhig, friedlich und entspannt. Wenn Sie den Seegrund erreicht haben, blicken Sie nach oben und sehen in der Ferne den Himmel. Anschließend bringen Sie die Aufmerksamkeit tief nach innen. So wie Sie sich der Stille des Sees bewusst geworden sind, werden Sie sich nun der Ruhe und Stille in Ihrem Innern bewusst. Sobald Sie in Ihrer Mitte angekommen sind, lassen Sie Ihre Aufmerksamkeit dort ruhen, in dem Wissen, dass dieser Frieden im Innern stets für Sie erreichbar ist, was um Sie herum auch passieren mag. Verharren Sie dort, in dem Wissen, dass Sie die Antwort auf Ihre Frage finden werden.

Seien Sie. Im Hier.
Und Jetzt.

11 | EINE LEKTION ÜBER EIN PAAR MINUTEN

von Matthew Johnstone

Als ich stellvertretender Kreativdirektor bei einem großen Projekt war, wurde unser Team einmal zu einem frühmorgendlichen Meeting ins Zentrum von Manhattan zitiert. Ich machte mich auf eine schwierige und angespannte Besprechung gefasst – es ging um die Musikauswahl für eine Fernsehwerbung, die wir produzieren sollten. Wir gaben unser Bestes, um das »fantastische« Stück durchzubringen, das wir ausgesucht hatten, doch der Kunde bestand auf einem anderen, das wir alle furchtbar fanden.

Als wir besiegt und geschlagen in die Agentur zurückkehrten, lästerte und maulte ich – so wie es alle Kreativen bekanntermaßen tun –, was das Zeug hielt und erzählte jedem, der es hören wollte, dass der Fernsehspot nun kompletter Mist wäre. Man hätte meinen können, mir wäre eine Niere oder mein Erstgeborener geklaut worden.

Als wir uns am nächsten Morgen bei einer Tasse Kaffee noch immer aufregten, stieß ich auf eine kleine Zeitungsmeldung über eine Frau, die tragisch ums Leben gekommen war, als eine Mauer wegen einer nahegelegenen Baustelle einstürzte. Ich wusste ganz genau, wo das war – an einer Straße, die ich gerade mal 20 Minuten vor dem Unfall auf dem Weg zu diesem bescheuerten Meeting entlanggegangen war. Das war der Moment, der in meinem Kopf alles schlagartig in eine andere Richtung drehte, denn hätte mein Zug Verspätung gehabt, hätte ich mir einen Kaffee geholt oder zufällig jemanden getroffen, dann hätte ich diese Meldung vielleicht nicht mehr lesen – und diese Worte hier nicht mehr tippen – können.

Der tragische Tod dieser armen Frau führte mir mehrere Dinge vor Augen:

- Das Leben kann auf grausame Weise zufällig und schnell zu Ende sein.
- Ein Haufen von dem *Zeug*, das wir für unfassbar wichtig halten, ist es einfach *nicht*.
- Ein Großteil des Stresses, den wir uns selbst antun, hat sehr viel mit unserem Stolz und unserem Ego zu tun, und diese Art von Stress sollten wir einfach *ablegen*.
- Wir sollten jeden Tag als eine Chance begrüßen, unser Leben voll und ganz, ruhig und besonnen, in Güte und Dankbarkeit zu leben – wir wissen einfach nicht, was an der nächsten Ecke auf uns wartet.

DIE MORAL VON DER GESCHICHTE

Das Leben ist ein Glücksspiel.
Spielen wir es so gut wir können.

Bis hierher und nicht weiter

7 ENERGIE

IHR BESTES ZUM VORSCHEIN BRINGEN

In diesem Kapitel zeigen wir Ihnen:

- Wie Sie Ihre Potenziale entfalten
- Wie Sie sich neu aufladen, wenn Sie sich leer und ausgebrannt fühlen
- Wie Sie Resilienz entwickeln, einen Rückfall vermeiden und sich lebendig und gut fühlen!

DIE VIER GRUNDLAGEN DES WOHLBEFINDENS

Hier eine Tatsache, auf die wir uns alle einigen können: Weil wir so furchtbar beschäftigt sind, tun wir uns viel zu wenig Gutes, obwohl wir wissen, dass dies für unser Wohlbefinden unabdingbar ist. Verlieren Sie bitte nicht aus den Augen, dass Ihre Stimmung tagtäglich von der zahlenmäßigen Relation positiver und negativer Dinge abhängt.

Wenn Sie sich mehr Gutes tun, fühlen Sie sich auch dann vergleichsweise besser, wenn Sie eine Menge Termine und sehr viel Stress haben.

Fassen wir noch einmal die vier Grundlagen der Selbstfürsorge zusammen, die Sie dabei unterstützen, zu großer Form aufzulaufen, besser mit allem fertigzuwerden und klügere Entscheidungen zu treffen.

REGELMÄSSIGER SPORT

Bewegung versteht sich von selbst. Betätigen Sie sich wenigstens jeden zweiten Tag 30 Minuten lang. Wenn ich einen Klienten zum ersten Mal vor mir sitzen habe, beantwortet er meine Frage nach Sport in der Regel mit »Nein«. Ich lege ihm dann nahe, damit anzufangen – die dabei freigesetzten Endorphine kurbeln das Wohlbefinden an. Tipps dazu gibt es auf den Seiten 132–134.

GESUNDER SCHLAF

Eine erholsame Nacht ist ein Muss, damit Ihr Gehirn abschalten, Ihr Körper sich regenerieren und Ihr Kopf ausmisten kann. Investieren Sie Zeit und Mühe, das richtig hinzukriegen. Tipps dazu gibt es auf den Seiten 140–141.

GUTE ERNÄHRUNG

Unsere Ernährungsweise spielt für unser Körpergefühl und unsere Selbstwahrnehmung eine entscheidende Rolle. Betanken wir unseren Körper mit schlechtem Kraftstoff, gibt unser Motor irgendwann den Geist auf. Schauen Sie sich hierzu noch einmal die Seiten 120–131 im Kapitel »Gesundheit« an.

SELTENER SÜNDIGEN

Die üblichen Verdächtigen sollten Sie reduzieren oder sogar ganz aufgeben: Rauchen, Koffein, Alkohol und Drogen. Denken Sie darüber nach, was Sie sich von diesen Substanzen erwarten (z. B. Entspannung, mehr Energie, Ablenkung) und ob Sie das nicht aus anderen Dingen ziehen können: Entspannungsübungen, um herunterzukommen (Seite 74–86), Sport, um Energie zu tanken (Seite 132–134) und Achtsamkeitsübungen, um das Gedankenkarussell abzustellen (Seite 62–70).

Betrachten Sie Sport, Schlaf, Ernährung und das Beruhigen des Geistes als ultimativen Ausdruck des Selbstmitgefühls. Sie tun das für sich selbst, aber die Resultate werden auch auf Ihre Mitmenschen abfärben.

SORGEN SIE FÜR GESUNDEN SCHLAF – UND DER TAG WIRD GUT
TREIBEN SIE SPORT – WIRKT WIE EINE THERAPIE
KLOPF
KLOPF
MACHEN SIE SICH GESUNDES ESSEN – IHR KÖRPER DANKT ES IHNEN
ÜBEN SIE ACHTSAMKEIT UND MEDITATION – BESSER ALS JEDE MEDIZIN

NEUE ENERGIE TANKEN

Wahrscheinlich ist Ihnen bereits aufgefallen, dass Sie keine Lust auf gar nichts haben, wenn Sie sich sehr gestresst oder niedergeschlagen fühlen. Sie ruhen sich vielleicht mehr aus und unternehmen weniger, nur um sich noch antriebsschwächer zu fühlen. Dann laufen Sie Gefahr, Ihren negativen Gedanken Gehör zu schenken und keine Dinge mehr zu tun, die Ihnen guttun, ganz zu schweigen von all dem organisatorischen Kram, der erledigt werden muss – wodurch Sie sich nur noch schlechter fühlen. Dann stecken Sie in einem *Erschöpfungskreislauf.*

Dagegen gibt es ein einfaches Mittel: die *Verhaltensaktivierung*, eine klassische Methode aus der Psychotherapie, mit deren Hilfe wir neue Energie tanken und uns wieder auf Kurs bringen können. Verhaltensaktivierung, das klingt komplizierter, als es in Wahrheit ist. Es geht einfach nur darum, das Level Ihrer Aktivitäten zu erhöhen, um den *Erschöpfungskreislauf* zu durchbrechen und den *Regenerationskreislauf* in Gang zu setzen, siehe die Grafik gegenüber.

Wenn Sie sich aufraffen, fühlen Sie sich gleich besser, grübeln nicht mehr so viel nach und haben das Gefühl, dass etwas weitergeht. Es wirkt so, als ob ein Schalter umgelegt wird. Wenn Sie sich also gerade so fühlen, als ob Sie nur noch künstlich am Leben erhalten würden, stehen Sie auf und hüpfen Sie auf und ab, rennen Sie ganz schnell auf der Stelle oder tanzen Sie ein bisschen. Sie mögen sich dabei ein wenig albern vorkommen, aber innerhalb weniger Minuten stellen Sie auf positive Energie um. Mehr Aktivität nimmt Ihnen keine Energie, sie schenkt Ihnen Energie.

Auch Ihre Motivation, in Bewegung zu bleiben, wird wachsen. Planen Sie dafür eine Mischung aus einfachen Alltagsverrichtungen und einigen komplexeren Aufgaben ein und gleichen Sie diese durch ein paar Vergnügungen aus, die Ihre Stimmung heben. Beginnen Sie mit einer sportlichen Aktivität, denn allein die Bewegung führt zu größerem Wohlbefinden und lässt Sie den nächsten Punkt auf Ihrer Liste angehen, was wiederum die Laune noch mehr hebt. Das baut eine positive Dynamik auf, die den Erschöpfungskreislauf durchbricht.

Lassen Sie sich von Ihrem Verstand nicht einreden, dass Sie sich erst dann eine Vergnügung und irgendetwas Schönes verdient hätten, wenn Sie die komplette Liste abgearbeitet haben. Denken Sie daran: Arbeit allein macht nicht glücklich – nur gestresst und depressiv. Wenn Sie erst einmal ein paar schöne Freizeitaktivitäten einplanen, kriegen Sie viel mehr erledigt.

Wenn Sie das nächste Mal niedergeschlagen sind, stehen Sie auf und gehen Sie los. Schultern nach hinten, Brust raus und ein kleines Lächeln im Gesicht – so schreiten Sie einher, während Sie die Blicke der Passanten erwidern. Das Sein verändert das Bewusstsein.

DER ERSCHÖPFUNGSKREISLAUF
Viel Stress/
schlechte Stimmung
Müdigkeit.
Wenig Lebensenergie,
wenig Engagement.
Weniger Betätigung.
Vermeidung von Pflichten.
Schuldgefühle.
Verminderte Leistungsfähigkeit
und Effektivität.

DER REGENERATIONSKREISLAUF
Mehr Aktivität
Positives und
selbstbewusstes Lebensgefühl,
keine Schuldgefühle
Weniger Stress,
bessere
Stimmung
Mehr Motivation,
mehr Energie

Den Kreislauf in Gang setzen

Mit nur zwei einfachen Maßnahmen stoßen Sie den Regenerationskreislauf an:

1. SCHRITT

Einen Zeitplan erarbeiten

Erstellen Sie in einem Kalender oder Ihrem **NOTIZBUCH** eine abgewandelte To-do-Liste für die kommende Woche. Darin sollten die kleineren Aufgaben und Verpflichtungen enthalten sein, die Sie vor sich hergeschoben haben (z. B. Besorgungen machen, Arzttermine vereinbaren), die sich relativ leicht erledigen lassen. Aber auch ein paar größere Ziele sollten nicht fehlen (z. B. die Steuererklärung machen, ein Arbeitsprojekt abschließen). Zu viele dürfen es allerdings nicht sein, Sie wollen sich die Woche erst einmal nicht überladen. Für diese größeren Ziele könnten Sie auch eine Prioritäten-Liste erstellen (Seite 111).

Schon wenn Sie damit fertig sind, werden Sie sich leichter und unbeschwerter fühlen. Mit einer schriftlichen Liste wirkt irgendwie alles gleich viel überschaubarer. Ich persönlich habe festgestellt, dass sich die Aufgaben vermehren und verkomplizieren, wenn wir versuchen, sie nur in unserem Kopf abzuspeichern.

2. SCHRITT

Gleichen Sie die Verpflichtungen mit Vergnügungen aus

Wenn Ihr Plan auch wirklich funktionieren soll, müssen Sie realistisch einschätzen, was Sie schaffen können – besonders in dieser frühen Phase des Regenerationskreislaufs. Sie wollen sich schließlich gleich auf Erfolgskurs setzen, indem Sie sich ein paar schnelle Siege gönnen, nicht auf die Verliererposition, indem Sie sich unnötig überfordern.

Dasselbe gilt für Ihr Freizeitvergnügen. Lassen Sie sich von der nebenstehenden Liste inspirieren, einige der Beschäftigungen könnten Sie als Belohnung für erledigte Aufgaben ausprobieren. Manches davon haben Sie vielleicht früher gerne getan und jetzt nicht mehr, weil Sie ja »keine Zeit dafür haben«. Da Sie jetzt aber neue Kräfte sammeln … ist die Zeit dafür gekommen.

REGENERIERENDE AKTIVITÄTEN

- In der Natur sein (in einem Park oder auf dem Land)
- Ein Picknick machen/sich mit Freunden treffen
- Ins Kino gehen
- Spazieren gehen
- Sich künstlerisch betätigen und/oder Musik machen
- Einen Ausflug oder Urlaub machen
- Auswärts essen gehen
- Zu einer Sportveranstaltung gehen
- Ins Theater, Kabarett oder in ein Konzert gehen
- An den Strand oder in den Wald gehen
- Ein gutes langes Gespräch mit einem Familienmitglied oder Freund führen
- Irgendwo ins Wasser springen
- Einer sportlichen Betätigung nachgehen, die Ihnen Spaß macht
- Etwas Leckeres kochen und Freunde dazu einladen
- Zeit allein genießen
- Zeit mit der Familie verbringen
- Einen geistlichen oder spirituellen Ort aufsuchen
- Gärtnern und/oder handwerken
- Ihr Lieblingslied hören oder singen
- Ein Buch lesen.

GÖNN DIR WAS
EIS
GELATO

DIE FÜNF-SINNE-MEDITATION

Mittlerweile wissen Sie, dass Sie nicht über die Beweglichkeit eines Yoga-Meisters verfügen müssen, um sich in Achtsamkeit üben und davon profitieren zu können. Wir hoffen, dass bei der Vielzahl der Achtsamkeitsübungen mit ihren unterschiedlichen Schwerpunkten etwas dabei war, was für Sie funktioniert.

Diese letzte Meditation wird Ihnen noch einmal zeigen, wie einfach, vielseitig und sofort verfügbar die Methode der Achtsamkeit ist. Wie immer können Sie sich die Anleitungen vorlesen lassen oder sich selbst aufnehmen und anschließend (mit dem Gerät im Flugmodus) vorspielen.

❶ Setzen Sie sich bequem und aufrecht hin, die Füße stehen flach auf dem Boden. Lassen Sie die Hände auf den Oberschenkeln ruhen und versuchen Sie, sich zu entspannen. Atmen Sie einfach ganz unangestrengt und gleichmäßig. Denken Sie sich nicht groß über Ihre Atmung nach, lassen Sie den Atem einfach kommen und gehen und spüren Sie, wie er Ihren Geist entschleunigt. Machen Sie das etwa eine Minute oder so lange, bis Sie allmählich zur Ruhe kommen.

❷ Sie werden nun jeden Ihrer 5 Sinne ansteuern, einen nach dem anderen, jeweils mindestens eine Minute lang. Wenn Sie mehr Zeit haben, gerne länger. Halten Sie Ihre Aufmerksamkeit in der Gegenwart und beobachten Sie, wie Ihre Sinne mit der jeweiligen Aufgabe beschäftigt sind.

SEHEN

Richten Sie Ihr Augenmerk auf Ihre gesamte Umgebung. Nehmen Sie alle Farben, Formen, Gegenstände und Texturen wahr. Bewerten Sie dabei nicht, ob Ihre Umgebung schön oder schäbig, alt oder neu etc. ist. Nehmen Sie alles einfach nur wahr. Mit dieser Fokussierung fallen Ihnen womöglich Dinge auf, die Sie nie zuvor bemerkt haben: neue Gegenstände, neue Farbnuancen und so weiter. Es wird schwer sein, die anderen Sinne komplett zu ignorieren, aber versuchen Sie, sich nur auf das zu konzentrieren, was Sie sehen. Sie werden währenddessen feststellen, dass so gut wie nichts die gleiche Form und Farbe hat, und dass schon die Art, wie das Licht auf die unterschiedlichen Bereiche eines Gegenstandes trifft, verschieden ist. Ihre Aufgabe besteht darin, alles völlig urteilsfrei zu beobachten.

HÖREN

Richten Sie Ihre Aufmerksamkeit nun auf die Geräusche, von denen Sie umgeben sind. Nehmen Sie diese einfach nur wahr. Versuchen Sie nicht herauszufinden, worum es sich dabei handelt oder woher sie kommen. Sie sind weder gut noch schlecht, bewerten Sie sie also nicht, akzeptieren Sie einfach, dass sie da sind. Mit der Zeit werden Sie womöglich mehr Geräusche wahrnehmen als am Anfang – fast unhörbare Geräusche vielleicht. Denken Sie daran, weiterhin gleichmäßig zu atmen.

RIECHEN

Jetzt lenken Sie Ihre Aufmerksamkeit auf die Gerüche, die Sie wahrnehmen. Einige sind womöglich stärker als andere. Wenn Sie die Augen schließen, nehmen Sie die zarteren Gerüche vielleicht noch besser wahr. Registrieren Sie diese nur, ohne sie zu bewerten. Der eine oder andere Geruch ruft womöglich eine Erinnerung in Ihnen wach, aber dann bringen Sie die Aufmerksamkeit einfach wieder zum Geruch an sich zurück – fokussieren Sie sich auf seine Intensität, seinen Duft und seine anderen Eigenschaften. Achten Sie auf eine gleichmäßige Atmung.

TASTEN

Jetzt konzentrieren Sie sich auf das, was Sie in Ihrer Reichweite ertasten können. Richten Sie Ihre Aufmerksamkeit auf den Kontakt Ihrer Hände mit den Oberschenkeln. Nehmen Sie wahr, was Ihre Hand bei der Berührung verschiedener Oberflächen spürt – vielleicht den Stoff Ihrer Kleidung, die Wärme Ihrer Oberschenkel, die Kälte des Plastiks oder Metalls Ihres Stuhls. Nehmen Sie den Druck zwischen den Füßen und dem Boden wahr, spüren Sie Ihre Füße in Ihren Schuhen, Ihre nackten Füße auf dem Boden, Ihre Verbindung mit der Erde. Bringen Sie Ihre Aufmerksamkeit zu anderen Bereichen Ihres Körpers und den

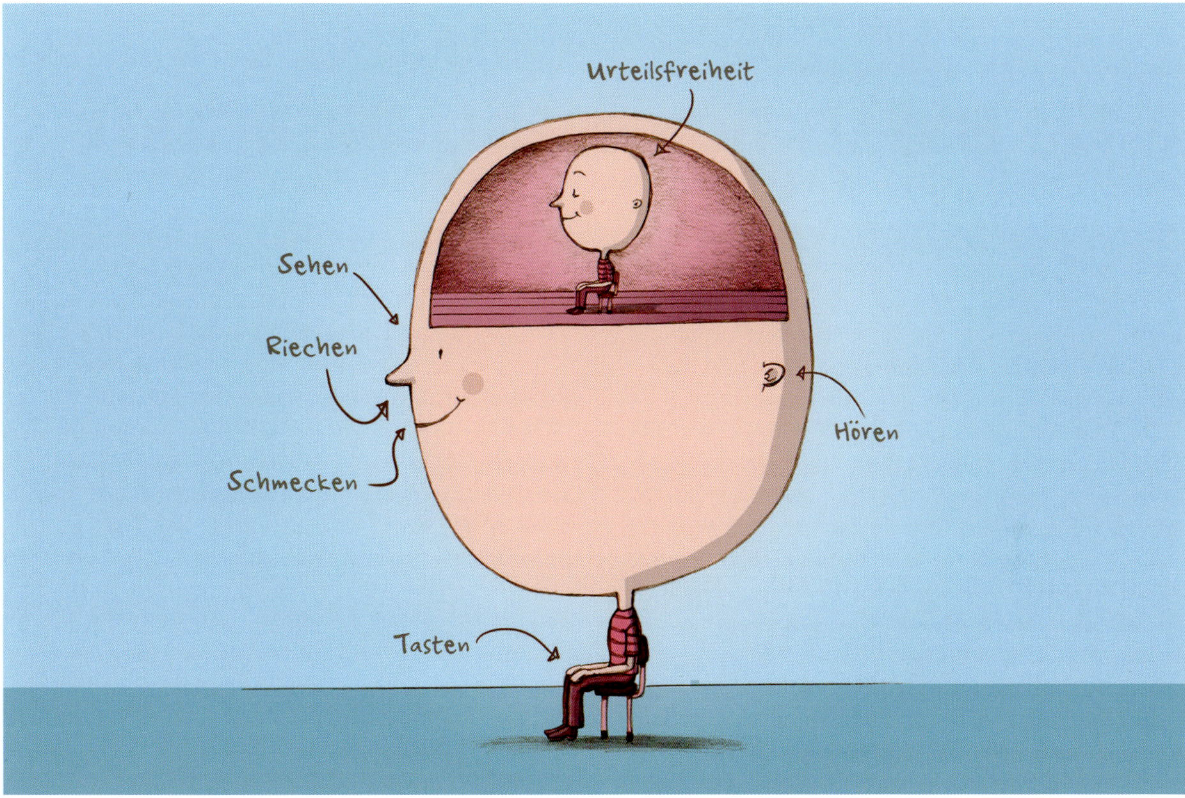

Empfindungen, die Sie dort wahrnehmen – vielleicht die Kühle der Luft, die Sie einatmen, und die Wärme der Luft, die Sie wieder ausatmen.

SCHMECKEN

Zu guter Letzt lenken Sie die Aufmerksamkeit auf den Geschmackssinn. Auch wenn Sie sich kein Essen in den Mund stecken, können Sie sich darauf fokussieren – nehmen Sie irgendwelche Aromen wahr? Geschmäcker haben wir beinahe immer im Mund, wir nehmen sie nur nicht immer wahr. Falls Sie etwas zu essen zur Hand haben, beißen Sie ein kleines Stück ab und registrieren Sie alle entstehenden Geschmäcker und Texturen, als ob es sich um die letzte Speise Ihres Lebens handeln würde. Wenn Sie nichts dahaben, spüren Sie einfach nur der Zunge in Ihrem Mund nach, dem Speichel und dem Atem beim Ausatmen. Fahren Sie mit der Zunge über die Zähne und die Wangeninnenseite – wie könnten Sie jemandem Ihre Wahrnehmung beschreiben? Atmen Sie mindestens eine Minute lang gleichmäßig weiter.

❸ Wenn Sie dazu bereit sind, bringen Sie Ihre gesamte Aufmerksamkeit zurück in den Raum und entspannen sich mit jeder Ausatmung noch ein Stück mehr. Denken Sie daran, dass wir bei jedem Ausatmen die Gelegenheit haben, uns tief in uns hinein zu entspannen und den Blick nach innen zu richten (Seite 164).

Auch wenn es schön ist, ausreichend Zeit zu haben, müssen Sie nicht immer 15 bis 20 Minuten erübrigen, um still zu sitzen und Frieden zu finden. Diesen Frieden sollten wir mitnehmen und den ganzen Tag mit uns tragen, wie unseren Lieblingspullover.

12 | EINE LEKTION ÜBER LAMPENFIEBER

von Matthew Johnstone

Es heißt, die größte Angst des Menschen sei das Reden vor Publikum – gleichauf mit dem Operiertwerden am offenen Herzen. Wenn Angst zu Stress führt, folgt daraus wohl, dass meine Berufswahl eine schlechte war!

Am Vorabend meines allerersten Keynote-Vortrags vor den Studenten einer Universität, im Jahr 2005, bekam ich einen Anruf von meinem Co-Redner Gordon Parker, Psychiatrieprofessor und Gründer des Black Dog Institute: »Hallo Matt, ich wollte nur kurz Bescheid geben, dass der Hörsaal mittlerweile voll ausgebucht ist.« Nervös fragte ich ihn: »Wie viele Plätze heißt ›voll ausgebucht‹?«, woraufhin er entgegnete: »Ach, ungefähr 140 Plätze. Das Problem ist, dass keiner weiß, wohin mit den restlichen 650 Leuten, die sich angemeldet haben.«

In Erwartung dieses Vortrags hatte ich sowieso schon nächtelang nicht schlafen können, aber jetzt war eine neue Dimension erreicht. Um es kurz zu machen: Ich hielt die Rede, und es lief gut. Danach wollte ich einfach nur noch so schnell wie möglich von der Bühne, doch der Moderator hielt mich auf und bat mich, noch ein paar Publikumsfragen zu beantworten. Woraufhin ich mir die größte Mühe geben musste, mich nicht auf seinen schönen Anzug zu übergeben.

Nach dem Vortrag wurde mir klar: Wenn ich vor einem Publikum dieser Größenordnung und dieses Kalibers reden konnte, würde ich es auch überall sonst und vor jedem Publikum schaffen. Danke, Professor Parker!

Mittlerweile stelle ich mich ungefähr alle zwei Wochen vor irgendwelche Menschen und rede. Nervös werde ich zwar immer noch, aber diese Vorträge haben mich dazu gezwungen, den Stress zu unterdrücken und mich an Praktiken zu halten, die das Herzrasen, den trockenen Mund, die feuchten Hände und die Übelkeit eindämmen. Es sind folgende:

- Die Nacht zuvor ausreichend schlafen
- Morgens Sport treiben
- Vor der Rede meditieren
- Mich während der Rede in Achtsamkeit üben
- Die ganze Zeit über tief, ruhig und langsam atmen.

DIE MORAL VON DER GESCHICHTE

Vermeintliche Herausforderungen setzen manchmal große Stärken frei.

Resilienz ist die Kunst,
wieder auf die Beine zu kommen.

RESILIENZ ENTWICKELN

Das Risiko für einen Stressrückfall lässt sich deutlich minimieren, wenn Sie für die unweigerlichen Höhen und Tiefen des Lebens Resilienz aufgebaut haben. Resilienz ist die tiefe innere Gewissheit, dass Sie mit allem fertigwerden, komme, was da wolle.

Ich finde, Resilienz ist ein sehr ermutigendes Konzept. Mir persönlich sagt es, dass keiner unserer Kämpfe umsonst war, und es macht die unvermeidbaren zukünftigen Prüfungen etwas erträglicher. Jeder von uns hat bereits zahlreiche Herausforderungen bestanden, deshalb verfügen wir über ein gewisses Maß an Resilienz. Es ist aber beruhigend zu wissen, dass wir diese Fähigkeit noch weiter ausbauen können.

Wenn Sie dieses Buch durchgearbeitet haben, haben Sie bereits eine Menge für Ihre Resilienz getan. Sie haben gelernt, wie Sie einen sinnvolleren Blick auf Ihre Probleme entwickeln, Ihre Emotionen in den Griff kriegen und besser mit den körperlichen Aspekten des Stresses umgehen. Blättern Sie jetzt einmal Ihr **NOTIZBUCH** durch und führen Sie sich dabei vor Augen, welche Fortschritte Sie gemacht haben. Und nun knöpfen wir uns einige der wichtigsten Grundsätze vor, die Sie und Ihre Beziehungen stärken und Ihnen dabei helfen, Ihren Stress zu bewältigen. Denken Sie darüber nach, welche davon Sie bereits beherzigen und welche Sie noch mehr berücksichtigen könnten.

Halten Sie durch

Manchmal kommt es hart auf hart, dann fühlen Sie sich einen Tag, eine Woche lang oder sogar noch länger richtig gestresst. Erinnern Sie sich in solch einer schwierigen Phase daran: »Auch dies geht vorbei«. Seien Sie zuversichtlich, es hat schließlich schon mehrere dunkle Stunden in Ihrem Leben gegeben, und Sie haben alle überstanden.

Seien Sie offen für Unterstützung

Wenn wir gestresst oder niedergeschlagen sind, erliegen wir nur allzu leicht der Versuchung, uns abzuschotten, obwohl wir uns dadurch umso stärker isoliert fühlen. Freunde und Angehörige schützen uns davor, dass wir uns einsam und verlassen fühlen. Sie sorgen für einen anderen Blickwinkel, für hilfreiche Ablenkung und für Unterstützung, wenn wir wieder festen Boden unter die Füße kriegen. Sie zeigen uns, dass wir Ihnen wichtig sind, genauso wie wir sind. Auch wenn Sie nur ungern zugeben, dass Sie zu kämpfen haben oder sich klein und schwach fühlen, sollten Sie also offen für die Hilfe anderer sein, dann kommen Sie schneller wieder auf die Beine. Es winkt Ihnen keine Goldmedaille, wenn Sie versuchen, es allein zu schaffen.

Gönnen Sie Ihrem Geist ein wenig Urlaub

Unser Kopf ist immer vielbeschäftigt und fast immer macht er sich Sorgen. Sie dürfen deshalb nicht vergessen: Wenn Sie sich komplett in das versenken, was Sie im gegenwärtigen Augenblick tun, ist das eine lebensnotwendige Auszeit für den Geist.

Suchen Sie sich also jeden Tag eine Beschäftigung, in der Sie sich ganz und gar verlieren können. Denken Sie an all die Dinge, die Sie gerne tun würden, und suchen Sie sich dann etwas aus, das Sie hier und jetzt angehen möchten. (Bei Stress sollte das etwas sein, das Ihnen Spaß macht.) Sobald Sie damit beginnen, sagt Ihnen Ihr Verstand womöglich, dass tausend andere Dinge erledigt werden wollen. Hören Sie nicht hin und gehen Sie dann voll und ganz in Ihrer Beschäftigung auf. Scheren Sie sich nicht darum, ob Sie Ihre Sache gut oder schnell genug machen; konzentrieren Sie sich einzig und allein aufs Genießen.

Lachen Sie, denn Lachen ist gesund!

Humor ist das Gegengift für Stress. Wenn wir gestresst sind, nehmen wir uns selbst und unsere Lage viel zu ernst. Lachen zeigt uns, dass das Leben mehr zu bieten hat und schützt uns vor der lebensbedrohlichen »Überernstitis«! Lachen verringert die Ausschüttung von Stresshormonen und verlangsamt die Stressreaktion. Das hat zur Folge, dass wir die Dinge von einer anderen Warte aus betrachten und über einen Ausweg nachdenken können.

Legen Sie also eine kurze Pause ein und tun Sie irgendetwas, das Sie zum Lachen bringt. Denken Sie sich Witze aus, spielen Sie einem Freund einen Streich, rufen Sie eine Arbeitskollegin an und sagen Sie ihr, dass Sie »zu beschäftigt sind, um mit ihr zu reden« und legen anschließend auf. Was immer Ihnen einfällt!

Suchen Sie sich ein Hobby

Mit erholsamen Hobbys, die uns Spaß machen und die uns entspannen, kompensieren wir den Stress und tanken uns neu auf. Damit unser Gehirn gut funktionieren kann, muss es regelmäßig komplett von den alltäglichen Sorgen befreit werden, so als ob Sie das »Löschen«-Tastenkürzel in Ihren Kopf eintippen würden. Solche Pausen führen Ihnen vor Augen, dass sich nicht alles nur um ein Thema drehen muss und dass viel Schönes auf uns wartet.

Seien Sie dankbar

Sich am Ende des Tages oder der Woche ein paar Minuten lang hinzusetzen und aufzuschreiben, was wir alles erreicht haben, sorgt für ein größeres allgemeines Wohlbefinden und hilft uns, mit Stress zurechtzukommen. Ob Sie nun viel oder wenig haben, Dankbarkeit bietet Ihnen den Raum, all Ihre Sorgen abzustellen und den Blick auf die kleinen und großen guten Aspekte in Ihrem Leben zu richten.

Dadurch bekommen Sie eine positivere Einstellung zum eigenen Leben und gehen optimistischer in den nächsten Tag oder in die folgende Woche.

SELBSTFÜRSORGE UND BELOHNUNGEN

Belohnungen sind ein wichtiges Mittel, um uns in unserem positiven Lebenswandel zu bestärken. Wenn wir uns für das Ändern alter Muster belohnen, fühlen sich unsere Erfolge noch erstrebenswerter an und werden viel eher wiederholt. Wir wollen für das Heute leben, aber auch für das Morgen. Mit welchen schönen, ermunternden Belohnungen könnten Sie sich davon abhalten, in schwierigen Zeiten wieder so wie früher zu agieren?

BELOHNEN SIE SICH MIT EINFACHEN FREUDEN!

- Spazierengehen
- Sich mit einer Freundin treffen
- Einen Film schauen
- Etwas Leckeres kochen
- Schön essen gehen
- Sich eine kleine Nascherei gönnen
- Sich massieren lassen
- Einen (kinderfreien) Abend mit dem Partner verbringen
- Zeit mit der Familie verbringen
- Ein gutes Buch lesen
- Schwimmen gehen
- Einen guten Freund anrufen
- Musik hören
- Nichts tun …

Genießen Sie die Momente des Glücks in vollen Zügen. Lassen Sie sie nicht einfach vorbeiziehen.

EINEN PLAN FÜR IHR WOHLBEFINDEN ENTWERFEN

Unser Gehirn sieht in jeder Veränderung, auch wenn sie noch so positiv ist, eine lebensgefährliche Bedrohung – diese Erfahrung hat bestimmt jeder von uns schon gemacht. Veränderung jagt uns immer Angst ein, weil wir uns von unserem alten Ich wegbewegen. Wenn wir also Anregungen aus diesem Buch umsetzen, entscheiden wir uns für ein *unbekanntes* zukünftiges Ich.

Unser Unbehagen vor dem Unbekannten führt im Allgemeinen dazu, dass wir uns lieber mit dem unglücklichen, gestressten, aber eben wohlvertrauten Ich abfinden. Dann hoffen wir auf irgendetwas, das uns dieses Wagnis wirklich lohnenswert oder schlicht unumgänglich erscheinen lässt.

Denken Sie einen Moment lang darüber nach, was passiert, wenn Sie *nichts* verändern. Wie sieht Ihr Leben dann aus? Wollen Sie das? Verdienen Sie nicht etwas Besseres? Doch, das tun Sie. Legen wir also gleich los.

Bei diesem Plan für Ihr Wohlbefinden geht es im Wesentlichen darum, die für Sie passendsten Techniken zur Stressreduktion, die wir uns in diesem Buch näher betrachtet haben, zu identifizieren. Dieser Plan listet die erforderlichen Schritte für Ihr Ziel – Stress zu reduzieren – auf. Er dient Ihnen als eine Art Landkarte, an die Sie sich halten können, wenn widrige Umstände Ihnen den Blick auf den Weg verstellen.

Sich motivieren

Hier ein paar Tipps, damit Ihr Wohlfühlplan ins Rollen kommt:

- Fokussieren Sie sich aufs Anfangen statt aufs Zu-Ende-Bringen.
- Räumen Sie jegliche Ablenkungen aus dem Weg.
- Suchen Sie nicht die Bestätigung anderer. Wenn Sie aufblühen, werden es Ihre Mitmenschen begreifen (und nachahmen).
- Denken Sie nicht darüber nach, wie die Dinge sein sollten, sondern akzeptieren Sie die Dinge so, wie sie sind.
- Bringen Sie sich in Schwung, indem Sie sich eine Frist für Ihren Plan setzen.
- Denken Sie daran: Je mehr Sie in den Plan hineinstecken, desto mehr kriegen Sie heraus.
- Sehen Sie zu, dass Sie Spaß dabei haben, und belohnen Sie sich für Ihre Mühen.

Realistisch bleiben

Wenn ich mich mit gestressten Klienten darüber unterhalte, wie sie sich wieder auf die richtige Spur bringen, werden sie oft ganz euphorisch über eine strahlende Zukunft und entwerfen völlig überzogene Pläne. Ich erinnere mich noch gut an einen Klienten, der viermal pro Woche zu Fuß zur Arbeit, dreimal pro Woche ins Fitnessstudio gehen, sich jeden Tag um 17.30 Uhr in den Feierabend verabschieden und sonntags eine Runde Golf spielen wollte. Das Problem war nur, dass er zum damaligen Zeitpunkt jeden Abend bis 21 oder 22 Uhr arbeitete, zwischendurch Fertigessen verdrückte und überhaupt keinen Sport trieb. Ich riet ihm, mit einem Plan anzufangen, der machbar war, und stellte ihm meine »Skala von Null bis Zehn« vor. Diese Skala steht für die Wahrscheinlichkeit, mit der ein Plan für das eigene Wohlbefinden in die Tat umgesetzt wird (Null heißt, es wird niemals passieren, Zehn heißt, es ist so leicht wie Zähneputzen). Anschließend schlug ich vor, dass er für den Anfang eine Sieben anstreben sollte – zweimal die Woche 10 Minuten um den Block spazieren.

Erfolg bedeutet in diesem Fall, ein paar kleine Siege davonzutragen und den Glauben zu stärken, dass Sie Ihr Leben sehr wohl ändern können. Die positiven Auswirkungen der Aktivitäten werden dieses Verhalten von ganz allein verstärken, sodass Sie definitiv weitermachen und vorwärtskommen werden. Peilen Sie also die Sieben an und setzen Sie den Veränderungsprozess in Gang. Wieso sollten Sie sich zum Scheitern verdammen, wenn sich ein Erfolg so leicht erreichen lässt?

Wie Sie den Plan für Ihr Wohlbefinden aufbauen

Suchen Sie sich die Techniken aus diesem Buch aus, die Ihnen gut gefallen haben, und ordnen Sie diese in Ihrem **NOTIZBUCH** den Rubriken KÖRPER, GEIST und EMOTIONEN zu, so wie in der unten abgebildeten Tabelle dargestellt. Auf diese Techniken ist in kritischen Momenten Verlass. Wenn Sie sie schriftlich festhalten, müssen Sie nicht lange überlegen, was bei einem Anflug von Stress zu tun ist. In solchen Phasen fokussiert sich Ihr Gehirn nur auf die vermeintliche Bedrohung, nicht auf das große Ganze. Das tägliche Praktizieren dieser Techniken wird nicht nur Ihren Stresspegel unmittelbar senken, sondern auch dafür sorgen, dass sie zunehmend besser funktionieren, wenn es brennt.

Unten sehen Sie den Plan einer ehemaligen Klientin. Er bietet eine gute Mischung aus Entspannungsübungen und Aktivitäten für Geist und Körper, die einen im Gleichgewicht halten oder wieder aus dem Loch herausbringen.

KÖRPER	GEIST	EMOTIONEN
Bauchatmung	**IDEAL:** Systematische Problemlösung	Achtsamkeit beim Atmen
Regenerierende Aktivitäten	**Selbstcoaching:** Gedanken überprüfen	Affirmationen
Progressive Muskelentspannung	**SMART:** Richtiges Setzen der Ziele	Fünf-Sinne-Meditation
Schöne Dinge unternehmen	Kognitive Defusion	Selbstmitgefühl
Sport	ABC-Modell	Grundloses Nettsein

RÜCKFÄLLEN VORBEUGEN

Auch wenn Sie dieses Buch wieder und wieder lesen (oder nur die Bilder anschauen), werden Stress und Ärger Sie irgendwann wieder einholen, und Sie werden Rückschläge einstecken müssen. Doch das heißt noch lange nicht, dass Sie jedes Mal wieder zurück auf Anfang sind. Fragen Sie sich dann, ob dieser Rückschlag wirklich so ein Riesending ist (sind Sie vielleicht gerade am Katastrophisieren?). Wenn Sie sich nun einfach auf das Wesentliche besinnen, kommen Sie dann nicht sowieso wieder auf Kurs?

Nehmen Sie sich einen Moment Zeit

Stress kann sich wie ein starker Wind anfühlen, der uns die ganze Zeit entgegenweht. Seine Richtung können wir nicht ändern, doch wir sind durchaus in der Lage, unsere Segelstellung so anzupassen, dass wir den gewünschten Kurs steuern. Hier sind zwei Techniken, die Sie auf ruhigem Kurs halten und vor stürmischen Gewässern bewahren.

❶ Akzeptieren, was ist

Nehmen Sie die inneren und äußeren Gegebenheiten hin, das macht sich garantiert bezahlt. Akzeptieren bedeutet nicht, dass man aufgibt, dem zustimmt, was passiert, oder es in Ordnung findet. Es ist einfach nur ein erster wichtiger Schritt bei dem Prozess, alles wieder ins Lot zu bringen. Oder mit den Worten des Psychotherapeuten und Wissenschaftlers Leslie S. Greenberg: »Man muss an einem Ort ankommen, bevor man ihn verlassen kann.« Das Akzeptieren und Anerkennen verschafft uns einen Moment, um innezuhalten, ruhig zu werden, die negative Gedankenspirale zu beenden, unser Problem effektiv zu lösen und klug zu reagieren. Akzeptieren Sie einfach, und geben Sie sich ein wenig Raum zum Atmen.

❷ Achtsam reagieren

Achtsamkeit kann Ihnen sehr dabei helfen, einen potenziellen Stressauslöser zu identifizieren, oder Ihnen all die kleinen Dinge bewusst zu machen, die Sie langsam, aber sicher zermürben.

Das achtsame Reagieren vollzieht sich in drei einfachen Schritten:

1. SCHRITT

INNEHALTEN

Nehmen Sie wahr, was *jetzt gerade* mit Ihnen passiert. Was spüren Sie in Ihrem Körper? Erinnern Sie sich an die neurobiologische Seite der Stressreaktion und spüren Sie, wie sich das für Sie persönlich anfühlt. Akzeptieren Sie Ihre Empfindungen, in dem Wissen, dass sie bald vorübergehen. Das tun sie immer.

2. SCHRITT

ATMEN

Lenken Sie Ihre Aufmerksamkeit auf die Atmung. Atmen Sie in die Brust oder in den Bauch hinein? Verlangsamen Sie die Atmung und atmen Sie tief in den Bauch hinein. Erinnern Sie sich daran, dass Sie einen Ausweg finden werden, wenn Sie den Blick nach innen richten (Seite 164). Entscheiden Sie sich bewusst dafür, sich etwas Zeit zu geben und nicht einfach automatisch zu reagieren.

3. SCHRITT

DENKEN

Bringen Sie sich etwaige ungute (üblicherweise: repetitive) Gedanken ins Bewusstsein, die hochgekommen sind. Vergessen Sie nicht: Das sind nur Gedanken, keine Fakten oder Befehle. Stellen Sie sich die Frage, ob der jeweilige Gedanke Ihnen ein gutes oder ein schlechtes Gefühl gibt. Hilft er Ihnen vorwärtszukommen, oder bremst er Sie aus und hält Sie zurück?

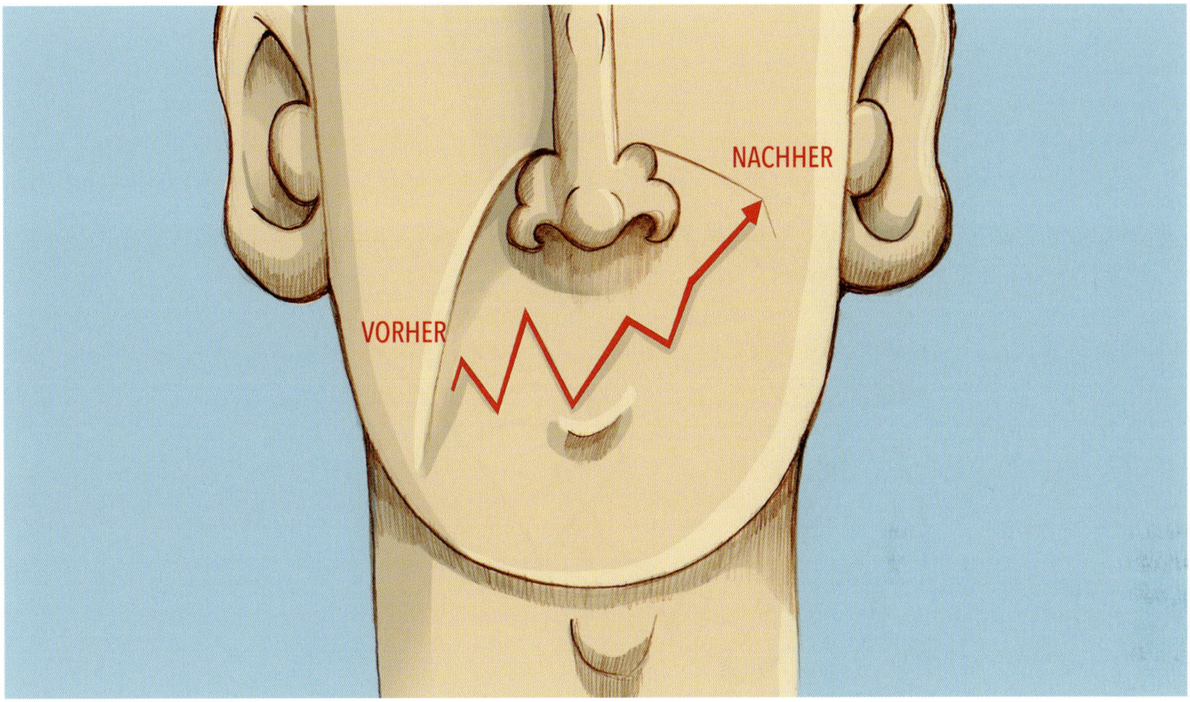
NACHHER
VORHER

ACHTSAME REAKTION
FÖRDERLICHE BEWÄLTIGUNGS-STRATEGIE
GEFÜHL VON GRÖSSERER KONTROLLE
WENIGER STRESS, BESSERE STIMMUNG
RÜCKFALL UNWAHR-SCHEINLICH
RISIKOSITUATION ODER BEKANNTER STRESSAUSLÖSER
AUTOMATISCHE REAKTION
HINDERLICHE BEWÄLTIGUNGS-STRATEGIE
GEFÜHL VON GERINGERER KONTROLLE
GRÖSSERER STRESS, SCHLECHTE STIMMUNG
ERHÖHTES RÜCKFALLRISIKO

Nichts hasst Stress mehr
als einen gut durchdachten Plan.

Frühe Warnsignale und ein Aktionsplan

Ihre persönlichen frühen Warnsignale sollten Sie bereits von anderer Stelle kennen (Seite 16). Hier ein Beispiel für eines meiner Warnsignale.

FRÜHES WARNSIGNAL	GEFÜHLE UND EMOTIONEN	FOLGEN
Ich war bissig zu den Kollegen.	Überfordert, schuldbewusst, reumütig.	Habe mich den Rest des Tages in meinem Büro versteckt; abends bin ich Freunden und der Familie ausgewichen.

Ein Aktionsplan sorgt dafür, dass Sie das nächste Mal besser reagieren. Tragen Sie zunächst Ihre persönlichen frühen Warnsignale in Ihr **NOTIZBUCH** ein und versuchen Sie, jedes davon mit einer positiven Bewältigungsstrategie zu paaren, die ein anderes Verhalten zur Folge hat als das, was Ihnen Ihre Stimmung diktiert. Ist Ihnen beispielsweise danach, sich abzuschotten, sorgen Sie dafür, dass Sie unter Leute kommen; fühlen Sie sich traurig und lethargisch, planen Sie etwas ein, das Ihre Energien weckt. Es ist wichtig, dass Sie bei der Auswahl der Gegenaktionen die Vor- und Nachteile bedenken, damit sich die Anfangsmühen (die immer am größten sind) auch wirklich lohnen.

FRÜHES WARNSIGNAL	AKTIONSPLAN	VORTEILE	NACHTEILE
Ich schotte mich ab, bin gereizt, ernähre mich ungesund.	An einem Kochkurs für gesunde Ernährung teilnehmen.	Ich lerne neue Leute kennen, habe ein schönes und lustiges Miteinander in entspannter Atmosphäre, übe mich in Achtsamkeit, lerne etwas Neues, esse leckere Sachen.	Muss erst mal den Veranstaltungsort finden, außerdem meine Antriebslosigkeit und Unsicherheit fremden Menschen gegenüber überwinden.
Fühle mich überfordert, mache keinen Sport, schlafe schlecht.	Ehrenamtlich mit Hunden aus dem Tierheim Gassi gehen.	Ich werde aktiv, komme an die frische Luft, tue was für meinen Körper und die tägliche Schrittzahl, habe Umgang mit Tieren und neuen Leuten und tue etwas Gutes.	Ich bin wohl zu beschäftigt dafür, ich hänge mein Herz zu sehr an die Tiere, ich erwische vielleicht ein verwildertes Tier.

Einen erfreulichen Moment auskosten

Es gibt eine entscheidende Maßnahme, um den gefürchteten Negativkreislauf, der vor oder während eines Rückfall in Gang kommt, zu verhindern: etwas an der Art zu verändern, wie wir schöne Momente erleben. Das geht ziemlich einfach:

❶ **Überlegen Sie, was Sie Schönes unternehmen könnten – es muss nichts Ausgefallenes sein.**

❷ **Kosten Sie den Moment richtig aus.**

Falls Sie Warnsignale an sich bemerken, dann planen Sie mindestens eine schöne Unternehmung pro Tag ein, damit Sie nicht in den Würgegriff von Stress und Grübelei geraten. Reden Sie sich nicht ein, dass Sie zu beschäftigt oder zu gestresst dafür seien! Führen Sie in diesen Phasen ein simples Tagebuch in Ihrem **NOTIZBUCH,** siehe unten.

BESCHREIBEN SIE DAS ERLEBTE	BESCHREIBEN SIE IHRE KÖRPERLICHEN EMPFINDUNGEN	BESCHREIBEN SIE IHRE GEFÜHLE, GEDANKEN UND STIMMUNGSLAGE	WAS HABEN SIE DARAUS GELERNT?
MONTAG Als ich nach der Arbeit nach Hause ging, machte ich in einem Park halt. Ich setzte mich hin, zog mir die Schuhe aus, spürte das Gras zwischen den Zehen und schaute und hörte einfach nur den Vögeln zu.	Meine Gesichtszüge entspannten sich. Auch im Schulterbereich fuhlte ich mich entspannt und insgesamt leichter. Ich musste unwillkürlich lächeln.	Leichtigkeit und Befreiung. »Ist die Natur nicht etwas Wunderbares? Die Sonne wird auf- und wieder untergehen, und auch an einem schlechten Tag singen die Vögel.«	Es ist gar nicht so schwer, zu Ruhe und Entspannung zurückzukehren. Man muss nur daran denken!

Das grüne Schilf, das im Winde sich biegt,
ist stärker als die mächtige Eiche,
die im Sturm zerbricht.

KONFUZIUS

Im Leben läuft
nicht immer alles rund,
und dennoch läuft es. Akzeptieren
Sie das und lassen Sie los.

Ein letzter Gedanke

An dieser Stelle möchten wir uns gerne verabschieden. Vielleicht erinnern Sie sich noch an das Konzept der Stress-Sensibilisierung aus der Einleitung. Es erklärt, warum unsere Nerven auf übertrieben starke Art und Weise auf Stress reagieren und unserem Körper noch heftigere Emotionen, Gefühle und Körperempfindungen bescheren. Durch die ständige Angst und Anspannung in unserem modernen Leben sind unsere Nerven derart alarmiert, dass sie auf diese übertriebene Art reagieren, und das verstärkt den Stresspfad im Gehirn und zehrt an Körper und Geist. Indem wir aufhören zu kämpfen und beginnen, die Dinge zu akzeptieren, wie sie sind, und das hinnehmen, was nicht in unserer Hand liegt, erhalten wir Zugang zu den Hirnregionen, die uns zur Lösung dieses Dilemmas befähigen, und es wird unserem Körper möglich, zu entspannen und in den »Alles ist gut«-Modus zu wechseln. So einfach ist das. Einige der *Kein Stress!*-Techniken mögen sich anfangs etwas mühsam und schwierig anfühlen, das heißt aber noch lange nicht, dass sie nichts taugen oder bei Ihnen nichts bringen werden – Sie müssen eben diese neuen Pfade in Ihrem Gehirn erst einmal ausbilden. Wenn Sie das geschafft haben, werden sie sich ganz natürlich anfühlen, Körper und Geist werden anders reagieren, und Sie werden sich fortan weit weniger stressen!

Danke, dass Sie diesen Weg mit uns gehen.

Danksagungen

Ein riesiges Dankeschön an Ingrid Ohlsson, Danielle Walker, Nicola Young, Naomi van Groll und das wunderbar engagierte und hilfsbereite Team von Pan Macmillan Australia dafür, dass dieses uns wichtige Buch Wirklichkeit werden konnte.

Danke an unsere Agentin Pippa Masson und das Team von Curtis Brown für die kontinuierliche Unterstützung und Beratung.

Auch unseren früheren und aktuellen Recherche-Teams – insbesondere Ariane Dahlheimer, Liesbeth Geerlings und vor allem Dr. Kathryn Fletcher – danken wir fürs Nachforschen, Konzipieren, Beraten und Bearbeiten.

Danke an Susanne Geppert für ihre unschätzbare Hilfe bei Layout und Design, und an Kelly Angel, die uns beim Kolorieren der Bilder unterstützt hat.

Und Danke an all die großartigen Menschen – Familie, Freunde, Forscher, Kollegen und Klienten –, die uns unterstützt, beraten, ermutigt, gelobt und inspiriert haben auf unserer Reise, den Menschen dieser Welt beim Stressabbau zu helfen.

Danke, Danke und nochmals Danke!

Der
Anfang

LITERATURHINWEISE UND QUELLEN

UNSERE GESCHICHTEN VOM STRESS

Stress schadet dem Gehirn:
Es gibt jede Menge Beweise dafür, dass Stress sowohl bei Menschen als auch bei Tieren zu kognitiven Störungen und Hippocampus-Atrophie führt; die folgenden Artikel führender Wissenschaftler fassen dies hervorragend zusammen:
Lupien, S.J. et al.: Cortisol levels during human aging predict hippocampal atrophy and memory deficits. In: *Nature Neuroscience*, Band 1, Nr. 1, S. 69–73 (1998).
Lupien, S.J. et al.: Effects of stress throughout the lifespan on the brain, behaviour and cognition. In: *Nature Reviews Neuroscience*, Band 10, Nr. 6, S. 434–445 (2009).

EINLEITUNG

Zu Dr. Hans Selye und den frühen Vorstellungen von Stress:
Szabo, S. et al.: The legacy of Hans Selye and the origins of stress research: a retrospective 75 years after his landmark brief "letter" to the editor of nature. In: *Stress*, Band 15, Nr. 5, S. 472–478 (2012).

Stress und Krankheiten:
Salleh, M.R.: Life event, stress and illness. In: *Malaysian Journal of Medical Sciences*, Band 15, Nr. 4, S. 9–18 (2008).
Simmons, S. & J.C.: *Measuring Emotional Intelligence*. New York: Summit, 1997.
Nerurkar, A. et al.: When physicians counsel about stress: results of a national study. In: *JAMA Internal Medicine*, Band 173, Nr. 1, S. 76–77 (2013).
Avey, H. et al.: Health care providers' training, perceptions, and practices regarding stress and health outcomes. In: *Journal of the National Medical Association*, Band 95, Nr. 9, S. 833, 836–845 (2003).
Thomas, J. & Cummings, J. (Hrsg.): *The Value of Psychological Treatment: The Collected Papers of Nicholas A. Cummings*. Phoenix, Arizona: Zeig, Tucker & Theisen, 2000.

Die Weltgesundheitsorganisation drängt auf Aktionspläne für psychische Gesundheit:
WHO-Regionalkomitee für Europa: Faktenblatt – Psychische Gesundheit, 2013.
euro.who.int/__data/assets/pdf_file/0012/216210/RC63-Fact-sheet-MNH-Ger.pdf?ua=1

Stressursachen:
Die Stressstudie der Techniker Krankenkasse 2016. tk.de/resource/blob/2026630/9154e4c71766c410dc859916aa798217/tk-stressstudie-2016-data.pdf
Bundesanstalt für Arbeitsschutz und Arbeitsmedizin: Stressreport Deutschland 2012. Psychische Anforderungen, Ressourcen und Befinden. baua.de/DE/Angebote/Publikationen/Berichte/Gd68.pdf?__blob=publicationFile
Allianz Stress-Studie Österreich 2017. allianz.at/ueber-allianz/media-newsroom/news/aktuelle-news/20170222pa-allianz-stressstudie/
Gesundheitsförderung Schweiz: Wissenschaftliche Grundlagen für eine nationale Strategie zur Stressprävention und Förderung psychischer Gesundheit in der Schweiz. npg-rsp.ch/fileadmin/npg-rsp/Themen/PsychGesundheit_GF-CH_2005.pdf

Wie sich Stresspfade formen und verfestigen:
Cicchetti, D. & Walker, E.F.: Stress and development: biological and psychological consequences. In: *Development and Psychopathology*, Band 13, Nr. 3, S. 413–418 (2001).

1 WAS IST STRESS?

Warum fühlen wir uns gestresst?

Dr. Kelly McGonigal und ihre Kollegen haben gezeigt, dass es von der Art und Weise, wie wir über Stress denken, abhängt, ob Stress gut oder schlecht für uns ist:
McGonigal, Kelly: Glücksfaktor Stress. Warum Stress uns erfolgreich und gesund macht. Stuttgart: TRIAS, 2018.
Crum, A.J. et al.: Rethinking stress: the role of mindsets in determining the stress response. In: *Journal of Personality and Social Psychology*, Band 104, Nr. 4, S. 716–733 (2013).
Crum, A.J. et al.: The role of stress mindset in shaping cognitive, emotional, and physiological responses to challenging and threatening stress. In: *Anxiety, Stress and Coping*, Band 30, Nr. 4, S. 379–395 (2017).

Im Rahmen der Stressreaktion wird der rationale Teil des Gehirns ausgeschaltet:
Arnsten, A.: Stress signalling pathways that impair prefrontal cortex structure and function. In: *Nature Reviews Neuroscience*, Band 10, Nr. 6, S. 410–422 (2009).
Arnsten, A. et al.: This is your brain in meltdown. In: *Scientific American*, S. 48–53 (2012).

2 GEHIRN UND GEIST

Dem Verstand kann man nicht trauen

Dr. Russ Harris über die Bedeutung des Gehirns für unser Überleben in der Urgeschichte:
Harris, Russ: *Wer dem Glück hinterherrennt, läuft daran vorbei. Ein Umdenkbuch.* München: Goldmann, 2013.

Das menschliche Gehirn

Wissen über die Neurobiologie des Gehirns, seine Reaktionen und die Auswirkungen von Stress und Trauma vermittelt das wunderbar aufschlussreiche Buch eines führenden Trauma-Forschers und

-*Therapeuten:* van der Kolk, Bessel: *Verkörperter Schrecken. Traumaspuren in Gehirn, Geist und Körper und wie man sie heilen kann.* Lichtenau: G.P. Probst Verlag, 2018.

Emotionen versus Gefühle

Professor Antonio Damasio ist auf diesem Fachgebiet ein Genie:
Damasio, Antonio: *Im Anfang war das Gefühl. Der biologische Ursprung menschlicher Kultur.* München: Siedler, 2017.
Damasio, A. & Carvalho, G.B.: The nature of feelings: evolutionary and neurobiological origins. In: *Nature Reviews Neuroscience,* Band 14, Nr. 2, S. 143–152 (2013).

Gute und schlechte Botenstoffe des Gehirns

Allgemeines:
Gunnar, M. & Quevedo, K.: The neurobiology of stress and development. In: *Annual Review of Psychology,* Band 58, S. 145–73 (2007).

Eine leicht verständliche Darstellung der Welt der Hormone sowie Tipps zur „Neuverdrahtung" des Gehirns gibt es im Buch der oftmals exzentrischen Dr. Loretta Breuning (schauen Sie sich mal ihre Videos an!):
Breuning, Loretta: *Die Chemie des Glücks. Wie wir unsere Hormone beeinflussen und das Gehirn dauerhaft auf Glücklichsein einstellen.* München: mvg Verlag 2018.

Wie wir auf Stress reagieren

In den Gehirnen von Kindern gestresster Mütter wurden Veränderungen nachgewiesen, die sie anfälliger für Stress macht:
Lupien, S.J. et al.: Effects of stress throughout the lifespan on the brain, behaviour and cognition. In: *Nature Reviews Neuroscience,* Band 10, Nr. 6, S. 434–445 (2009).

Stress und psychische Erkrankungen machen beinahe die Hälfte aller Erkrankungen bei Kindern aus:
Gore, F.M. et al.: Global burden of disease in young people aged 10–24 years: a systematic analysis. In: *Lancet,* Band 377, S. 2093–2102 (2011).

Das transaktionale Stressmodell von Lazarus und Folkman:
Lazarus, R.S. & Folkman, S.: *Stress, Appraisal, and Coping.* New York: Springer, 1984.
Folkman, S.: Personal control and stress and coping processes: a theoretical analysis. In: *Journal of Personality and Social Psychology,* Band 46, Nr. 4, S. 839–852 (1984).

Wie wir mit Stress umgehen

Geschlechtsunterschiede bei Stresserleben und Bewältigungsstrategien:
Matud, M.P.: Gender differences in stress and coping styles. In: *Personality and Individual Differences,* Band 37, Nr. 7, S. 1401–1415 (2004).
Nolen-Hoeksema, S.: Gender differences in risk factors and consequences for alcohol use and problems. In: *Clinical Psychology Review,* Band 24, Nr. 8, S. 981–1010 (2004).
Chaplin, T.M. et al.: Gender differences in response to emotional stress: an assessment across subjective, behavioral, and physiological domains and relations to alcohol craving. In: *Alcoholism Clinical and Experimental Research,* Band 32, Nr. 7, S. 1242–1250 (2008).
Lemke, S.: Gender differences in social influences and stressors linked to increased drinking. In: *Journal of Studies on Alcohol and Drugs,* Band 69, Nr. 5, S. 695–702 (2008).

Einige Forschungsergebnisse meines Teams zum Thema Bewältigungsstrategien von Männern:
Whittle, E.L. (2015) et al.: Men, depression, and coping: Are we on the right path? In: *Psychology of Men and Masculinities,* Band 16, Nr. 4, S. 426–438 (2015).
Fogarty, A.S. et al.: Men's use of positive strategies for preventing and managing depression: A qualitative investigation. In: *Journal of Affective Disorders,* Nr. 188, S. 179–187 (2015).
Player, M.J. et al.: What interrupts suicide attempts in men: A qualitative study. In: *PLoS ONE,* Band 10, Nr. 6 (2015).
Harvard Medical School: Why stress causes people to overeat. In: *Harvard Mental Health Letter,* Harvard Health Publishing, 2012. health.harvard.edu/staying- healthy/why-stress-causes-people-to-overeat

Wie wir uns noch mehr Stress herbeidenken

Allgemeines:
Padesky, Christine A. & Greenberger, Dennis: *Gedanken verändern Gefühle. Fertigkeiten, um Stimmungen, Verhalten und Beziehungen grundlegend zu verbessern.* Paderborn: Junfermann, 2017.
Leahy, Robert L.: *Techniken kognitiver Therapie: Ein Handbuch für Praktiker.* Paderborn: Junfermann, 2007.
Chopra, D.: Why meditate?, Deepak Chopras Blog. deepakchopra.com/blog/article/4701 (5.3.2017)

Denkfehler:
Centre for Clinical Interventions, Department of Health of Western Australia: Unhelpful thinking styles. cci.health.wa.gov.au/Resources/For-Clinicians/Unhelpful-Thinking-Styles
Wolf, D.: Gesunde und krankmachende Gedanken. angst-panik-hilfe.de/gesundes-denken.html

Stress und das ABC-Modell

Wieso sich die kognitive Verhaltenstherapie zur Bewältigung Ihres gedanklichen Stresses eignet:
Beck, Aaron T. et al.: *Kognitive Therapie der Depression.* Weinheim: Beltz, 2010.
Edelman, Sarah: *Change Your Thinking: Positive and Practical Ways to Overcome Stress, Negative Emotions and Self-Defeating Behaviour using CBT.* Sydney: ABC Books, 2013.
Becks Cognitive Behaviour Therapy: What is cognitive behaviour therapy (CBT). beckinstitute.org/get-informed/what-is-cognitive-therapy

Training: Überprüfen Sie Ihre Gedanken

Hilfreiche weiterführende Informationen:
CRUfAD Clinic, St Vincent's Hospital: Tackling thoughts, This Way Up. thiswayup.org.au/wp- content/uploads/2016/03/Module-3-Thought-challenging.pdf

Gehen Sie auf Abstand zu Ihren Gedanken

Die kognitive Defusion erlernen:
Harris, Russ: *Wer dem Glück hinterherrennt, läuft daran vorbei. Ein Umdenkbuch.* München: Goldmann, 2013.

Ein kurzes Video zum Verständnis der kognitiven Defusion finden Sie hier:
Oliver, J.: The unwelcome party guest: an ACT metaphor. youtube.com/watch?v=VYht-guymF4
Harris, R.: Defusion, ACT Mindfully. actmindfully.com.au/upimages/Using_the_ACT_Companion_App_for_defusion.pdf
Seibt, M.: Abstand zu Gedanken – die kognitive Defusion. mbsr-coaching-tuebingen.de/wp-content/uploads/2017/11/Abstand-zu-Gedanken-die-kognitive-Defusion-31.5.2016.pdf

Die Macht der Ablenkung

Linehan, Marsha M.: *Handbuch der Dialektisch-Behavioralen Therapie (DBT). Skills Training Manual: Zur Behandlung psychischer Störungen* (Band 1). München: CIP-Medien, 2016.

Achtsamkeit vor Achtlosigkeit

Allgemeines:
Es ist vielfach untersucht worden, wie sich die Methode der Achtsamkeit auf Körper und Geist auswirkt – äußerst positiv nämlich, und teilweise auf überraschende Art und Weise.
Khoury, B. et al.: Mindfulness-based therapy: a comprehensive meta-analysis. In: *Clinical Psychology Review,* Band 33, Nr. 6, S. 763–771 (2013).
Tang, Y.Y. et al.: The neuroscience of mindfulness meditation. In: *Nature Reviews Neuroscience,* Band 16, Nr. 4, S. 213–225 (2015).
Lutz, A. et al.: Attention regulation and monitoring in meditation. In: *Trends in Cognitive Sciences,* Band 12, Nr. 4, S. 163–169 (2008).
Grossman, P. et al.: Mindfulness-based stress reduction and health benefits: a meta-analysis. In: *Journal of Psychosomatic Research,* Band 57, Nr. 1, S. 35–43 (2004).

Die Umprogrammierung des Verstands – Leerlauf- und Aufmerksamkeitsnetzwerk:
Killingsworth, M.A. & Gilbert, D.T.: A wandering mind is an unhappy mind. In: *Science,* Band 330, Nr. 6006, S. 932 (2010).
Andrews-Hanna, J.R. et al. (2014): The default network and self-generated thought: component processes, dynamic control, and clinical relevance. In: *Annals of the New York Academy of Sciences,* Band 1316, Nr. 1, S. 29–52 (2014).
Brewer, J.A. et al.: Meditation experience is associated with differences in default mode network activity and connectivity. In: *Proceedings of the National Academy of Sciences,* Band 108, Nr. 50, S. 20254–20259 (2011).
Sood, A. & Jones, D.T.: On mind wandering, attention, brain networks, and meditation. In: *Explore,* Band 9, Nr. 3, S. 136–141 (2013).

Mehr zur Methode der Achtsamkeit finden Sie hier:
Linehan, Marsha M.: *Handbuch der Dialektisch-Behavioralen Therapie (DBT). Skills Training Manual: Zur Behandlung psychischer Störungen* (Band 1) & *Arbeitsbuch: Arbeitsbuch mit Handouts und Arbeitsblättern* (Band 2). München: CIP-Medien, 2016.
MBSR-MBCT-Verband für den deutschsprachigen Raum. mbsr-verband.de/mbsr-mbct/literatur.html
Europäisches Zentrum für Achtsamkeit. mbsr-freiburg.de/home/

Zudem gibt es eine Menge kostenloser geführter Achtsamkeitsübungen im Internet. Hier einige Beispiele:
Deutsches Fachzentrum für Achtsamkeit: Audio-Anleitung Achtsamkeitsmeditation „Das stille Sitzen" nach Jon Kabat-Zinn. dfme-achtsamkeit.de/gratis-downloads/
Zentrum für Achtsamkeit Köln: Geführte Meditationen zur Achtsamen Stressbewältigung (MBSR). zentrum-fuer-achtsamkeit.koeln/gratis-downloads-gefuehrte-meditationen/

3 ANGST

Allgemeines:
Seaward, B.L.: *Essentials of Managing Stress.* Burlington: Jones & Bartlett Learning, 2017.
Seaward, B.L.: *Managing Stress: Principles and Strategies for Health and Well-being.* Burlington: Jones & Bartlett Learning, 2015.
Varvogli, L. & Darviri, C.: Stress management techniques: evidence-based procedures that reduce stress and promote health. In: *Health Science Journal,* Band 5, Nr. 2, S. 74–89 (2011).

Die Bauchatmung

Video mit geführter Bauchatmungsübung:
AOK Rheinland/Hamburg: Bauchatmung in Stresssituationen. youtube.com/watch?v=6dlm64za5Uw

Progressive Muskelentspannung

Kostenlose Audiodateien zur Progressiven Muskelentspannung:
Techniker Krankenkasse, Wirksam entspannen: Progressive Muskelentspannung. tk.de/techniker/magazin/life-balance/aktiv-entspannen/progressive-muskelentspannung-zum-download-2021142

Den Stress wegdehnen

Weitere Dehnungsübungen:
Wir empfehlen sanftes Stretching zum Stressabbau; im Internet gibt es jede Menge kostenlose Übungen, aber eine definitiv seriöse Quelle ist:
Trökes, Anna: *Das große Yogabuch.* München: Gräfe und Unzer, 2010.

Die liebevolle Hand

Allgemeines:
Neff, K.: The chemicals of care: how self-compassion manifests in our bodies. self-compassion.org/the-chemicals-of-care-how-self-compassion-manifests-in-our-bodies

Weitere Forschungsergebnisse und Techniken:
Neff, K.: The science of self-compassion. self-compassion.org/wp-content/uploads/publications/SC-Germer-Chapter.pdf

Affirmationen: Merksätze zur Stressbewältigung

Allgemeines:
Hayes, S.C. et al.: The effect of coping statements on progress through a desensitization hierarchy. In: *Journal of Behavior Therapy and Experimental Psychiatry,* Band 14, Nr. 2, S. 117–129 (1983).

Sorgenzeit

Borkovec, T.D. et al.: Stimulus control applications to the treatment of worry. In: *Behaviour Research and Therapy,* Band 21, Nr. 3, S. 247–251 (1983).
McGowan, S.K. & Behar, E.: A preliminary investigation of stimulus control training for worry: effects on anxiety and insomnia. In: *Behavior Modification,* Band 37, Nr. 1, S. 90–112 (2013).

Mitgefühl für sich selbst entwickeln

Allgemeines:
Die besten Arbeiten zum Thema Selbstmitgefühl stammen von der führenden Wissenschaftlerin auf diesem Gebiet, Dr. Kristin Neff:
Neff, Kristin: *Selbstmitgefühl. Wie wir uns mit unseren Schwächen versöhnen und uns selbst der beste Freund werden.* München: Kailash, 2012
Germer, C.K. & Neff, K.D.: Self-compassion in clinical practice. In: *Journal of Clinical Psychology,* Band 69, Nr. 8, S. 856–67 (2013).
Neff, K.: Self-compassion publications. self-compassion.org/the-research/

Weiterführende Informationen und Übungen:
Germer, C. & Neff, K.: *Achtsames Selbstmitgefühl. Wie man sich von destruktiven Gedanken und Gefühlen befreit* (2 Audio-CDs). Freiburg: Arbor Verlag, 2012.

Grundlos nett zu anderen sein

Allgemeines:
Curry, O.S. et al.: Happy to help? A systematic review and meta-analysis of the effects of performing acts of kindness on the well-being of the actor. In: *Journal of Experimental Social Psychology,* Band 76, S. 320–329 (2018).
Random Acts of Kindness Foundation: The science of kindness. randomactsofkindness.org/the-science-of-kindness

Ideen für grundlose Nettigkeiten:
Random Acts of Kindness Foundation: Kindness ideas. randomactsofkindness.org/kindness-ideas
Random Acts of Kindness Foundation Blog: 50 ways to pay it forward. randomactsofkindness.org/the-kindness-blog/2917-50-ways-to-pay-it-forward
Random Acts of Kindness Foundation: How to change the world with kindness. youtube.com/watch?v=ju3ygNPFH98

Dankbar sein

Allgemeines:
Davis, D.E. et al.: Thankful for the little things: a meta-analysis of gratitude interventions. In: *Journal of Counseling Psychology,* Band 63, Nr. 1, S. 20–31 (2016).
Wood, A.M. et al.: Gratitude and well-being: a review and theoretical integration. In: *Clinical Psychology Review,* Band 30, Nr. 7, S. 890–905 (2010).

Lesen Sie die Texte von Dr. Robert Emmons, einem der weltweit führenden Wissenschaftler zum Thema Dankbarkeit:
Emmons, Robert: *Das kleine Buch der Dankbarkeit: Bewusst das Leben wertschätzen für mehr Zufriedenheit und Glück.* München: Heyne, 2018.

Mind & body: articles and more, *Greater Good Magazine.* greatergood.berkeley.edu/article/item/why_gratitude_is_good

Liste von Dankbarkeiten als Anregung:
Chua, C.: 60 things to be grateful for in life, Tiny Buddha Blog. tinybuddha.com/blog/60- things-to-be-grateful-for-in-life

Ein Dankbarkeitstagebuch führen:
Ackerman, C.: Gratitude journal: 67 templates, ideas, and apps for your diary. positivepsychologyprogram.com/gratitude-journal

Vergeben und hinter sich lassen

Allgemeines:
Lichtenfeld, S. et al.: Forgive and forget: differences between decisional and emotional forgiveness. In: *PLoS ONE,* Band 10. Nr. 5, Artikelnr. e0125561 (2015).
Wade, N.G. et al.: Efficacy of psychotherapeutic interventions to promote forgiveness: a meta-analysis. In: *Journal of Consulting and Clinical Psychology,* Band 82, Nr. 1, S. 154–170 (2014).

Das REACH-Modell von Psychologieprofessor Everett Worthington:
Everett Worthington: REACH forgiveness of others. evworthington-forgiveness.com/reach-forgiveness-of-others

Weiterführende Forschungsergebnisse von Everett Worthingtons Team sowie kostenlose Übungen:
Everett Worthington: DIY workbooks. evworthington-forgiveness.com/diy-workbooks

4 ZEIT

Das Leben besteht aus mehr als Arbeit

Burnout-Selbsttest:
Mit diesem wissenschaftlich fundierten, kostenlosen Test nach Maslach können Sie Ihren Umgang mit Stress und Ihre Gefährdung bemessen:
Burnout- und Stress-Test (BST). psychomeda.de/online-tests/burnout-test.html

Auf dem Gebiet der Imagination zur Stressbewältigung ist Dr. Emmett Miller ein Pionier: drmiller.com

Den Kampf gegen die Zeit gewinnen

Zeitmanagement:
Umfassende kostenfreie Fragebögen zur Einschätzung Ihrer

Zeitmanagement-Kompetenzen finden Sie hier:
gu.de/media/media/42/52615645693603/zeitmanagement-gu-selbsttest.pdf

IDEAL – Probleme systematisch lösen

Allgemeines:
Diese – von uns leicht abgeänderte Problemlösungsmethode – stammt ursprünglich hierher:
Bransford, J.D. & Stein, B.S.: *The IDEAL Problem Solver: A Guide for Improving Thinking, Learning, and Creativity.* New York: W.H. Freeman, 1984.

SMART – Ziele richtig setzen

Allgemeines:
Doran, G.T.: There's a S.M.A.R.T. way to write management's goals and objectives, *AMA Forum*, S. 35–36 (1981). community.mis.temple.edu/ mis0855002fall2015/files/2015/10/S.M.A.R.T-Way-Management-Review.pdf

Wie Sie sich ein Ziel setzen:
Falls Ihnen unsere Vorlage nicht gefällt, schauen Sie mal im Internet nach Arbeitsblättern und Checklisten, die Ihnen bei der Formulierung neuer effizienter und effektiver Ziele helfen.

Eine digitale Entgiftungskur machen

Allgemeines:
Gazzaley, Adam & Rosen, Larry D.: *Das überforderte Gehirn. Mit Steinzeitwerkzeug in der Hightech-Welt.* München: Redline, 2017.
Rosen, L.D. et al. (Hrsg.): *The Wiley Handbook of Psychology, Technology and Society.* Chichester: John Wiley & Sons, 2015.
Cheever, N.A. et al.: When does Internet and smartphone use become a problem? In: *Moreno, M. & Radovic, A. (Hrsg.): Technology and Adolescent Mental Health.* Cham: Springer, S. 121–131 (2018).

Außerdem empfehle ich Ihnen, sich dieses interessante und erfrischend ehrliche Interview anzuhören:
Dr. Larry Rosen on activism and imagination in the age of the Distracted Mind. Blog von Rob Hopkins. robhopkins.net/2018/01/23/dr-larry-rosen-on-activism-and-imagination-in-the-age-of-the-distracted-mind

Weitere Tipps zur digitalen Entgiftung:
Hummel, T.: Sieben Tipps zur digitalen Entgiftung. sueddeutsche.de/leben/digital-detox-sieben-tipps-zur-digitalen-entgiftung-1.3754567

5 GESUNDHEIT

Unsere Ernährung kann uns entweder nutzen oder schaden

Allgemeines:
„Wiener Erklärung" der WHO für gesunde Ernährung 2013. sozialministerium.at/site/Gesundheit/Reiseinfos_Verbrauchergesundheit/Ernaehrung_und_Lebensmittel/Vienna_Declaration_Wiener_Erklaerung_der_WHO_fuer_gesunde_Ernaehrung_2013
World Health Organization. *Global Strategy on Diet, Physical Activity and Health 2004.* who.int/dietphysicalactivity/strategy/eb11344/strategy_english_web.pdf

Auf dieser Weltkarte sehen Sie, wie groß der Anteil übergewichtiger Einwohner in den jeweiligen Ländern ist:
World Health Organization: Prevalence of overweight among adults, ages 18+, 1975–2016 (age standardized estimate): both sexes. gamapserver.who.int/gho/interactive_charts/ncd/risk_factors/overweight/atlas.html

Stress kann zu Übergewicht führen:
Jackson, S.E. et al.: Hair cortisol and adiposity in a population-based sample of 2,527 men and women aged 54 to 87 years. In: *Obesity* (Silver Spring), Band 25, Nr. 3, S. 539–544 (2017).
Kuo, L.E. et al.: Chronic stress, combined with a high-fat/high-sugar diet, shifts sympathetic signaling toward neuropeptide Y and leads to obesity and the metabolic syndrome. In: *Annals of the New York Academy of Sciences*, Band 1148, Nr. 1, S. 232–327 (2008).
Kyrou, I. & Tsigos, C.: Stress hormones: physiological stress and regulation of metabolism. In: *Current Opinion in Pharmacology*, Band 9, Nr. 6, S. 787–793 (2009).

Das Körpergewicht kann sich auf den Schlaf auswirken und umgekehrt:
Cappuccio, F.P. et al.: Meta-analysis of short sleep duration and obesity in children and adults. In: *Sleep*, Band 31, Nr. 5, S. 619–626 (2008).
Taheri, S. et al.: Short sleep duration is associated with reduced leptin, elevated ghrelin, and increased body mass index. In: *PLoS Medicine*, Band 1, Nr. 3, Artikelnr. e62 (2004).

Auf Dauer Gewicht verlieren

Den Bauchumfang messen:
AOK Baden Württemberg (2018): Zu viel Bauchfett? So misst du deinen Bauchumfang. aok.de/bw-gesundnah/vorsorge-und-gesundheit/bauchumfang-messen

Den eigenen Grundumsatz berechnen:
Energieberechnungen, Lehrunterlagen für den Sportunterricht. sportunterricht.ch/Theorie/Energie/energie.php.

Die eigene Kalorienzufuhr berechnen:
Einen Lebensmittelrechner gibt es u. a. auf der Website der Apotheken-Umschau. apotheken-umschau.de/Abnehmen/Rechner-Wie-viele-Kalorien-enthaelt-Ihr-Lebensmittel--106981.html.
Und natürlich gibt es hierfür zahlreiche Apps.

Alles, was Sie über Lebensmittelkennzeichnung wissen müssen (mit vielen weiterführenden Links):
Deutsches Bundesministerium für Ernährung und Landwirtschaft: Lebensmittel-Kennzeichnung. bmel.de/DE/Ernaehrung/Kennzeichnung/kennzeichnung_node.html

Die richtige Portionsgröße ermitteln:
Bundeszentrum für Ernährung: Ernährungspyramide – Wie groß ist eine Portion? bzfe.de/inhalt/wie-gross-ist-eine-portion-985.html

Richtlinien für den Alkoholkonsum:
Deutsche Hauptstelle für Suchtfragen: Empfehlungen des wissenschaftlichen Kuratoriums der DHS zu Grenzwerten für den Konsum alkoholischer Getränke. dhs.de/fileadmin/user_upload/pdf/dhs_stellungnahmen/Grenzwerte_Alkoholkonsum_Jul10.pdf
Bundespsychotherapeutenkammer: Leitlinien-Info Alkoholstörungen. bptk.de/wp-content/uploads/2019/04/bptk_Leitlinien-Info_Alkoholstörungen-1.pdf

Wie Sie in Bewegung kommen:
Deutsche Herzstiftung e.V.: Trotz Zeitknappheit mehr Bewegung im Alltag unterbringen, 5 Tipps. herzstiftung.de/Bewegung-im-Alltag.html

Je mehr wir sitzen, desto größer unser Risiko:
Tigbe, W.W.: Time spent in sedentary posture is associated with waist circumference and cardiovascular risk. In: *International Journal of Obesity,* Band 41, Nr. 5, S. 689–696 (2017).

Verbrennen Sie mehr Kalorien durch weniger Sitzen und mehr Bewegung nebenher:
Öffentliches Gesundheitsportal Österreichs: Sitzender Beruf? Bewegung gefragt! gesundheit.gv.at/leben/lebenswelt/beruf/arbeitsplatzgestaltung/sitzender-beruf

Selbst bei der Hausarbeit nehmen Sie ab – wenn Sie daran glauben:
Crum, A. & Langer, E.J.: Mind-set matters: exercise and the placebo effect. In: *Psychological Science,* Band 18, Nr. 2, S. 165–171 (2007).

Den Energieverbrauch berechnen:
Öffentliches Gesundheitsportal Österreich: Sport & Abnehmen. gesundheit.gv.at/leben/bewegung/koerpergewicht/abnehmen

Wissenschaftlich fundiertes Programm zur langfristigen Gewichtsabnahme:
Morgan, P.J. et al.: SHED-IT randomized controlled trial: evaluation of an internet-based weight-loss program for men. In: Obesity (Silver Spring), Band 17, Nr. 11, S. 2025–2032 (2009).

Variablen bei der Gewichtsreduktion:
Young, M.D. et al.: Behavioral mediators of weight loss in the SHED-IT community randomized controlled trial for overweight and obese men. In: *Annals of Behavioral Medicine,* Band 49, Nr. 2, S. 286–292 (2015).
Coughlin, L.W. et al.: Behavioral mediators of treatment effects in the Weight Loss Maintenance Trial. In: *Annals of Behavioral Medicine,* Band 46, Nr. 3, S. 369–381 (2013).

Sport verringert den Stress

Allgemeines:
Warburton, D.E.R. et al.: Health benefits of physical activity: the evidence. In: *Canadian Medical Association Journal,* Band 174, Nr. 6, S. 801–809 (2006). cmaj.ca/content/174/6/801.long
Hamer, M. et al. (2008): Dose-response relationship between physical activity and mental health: the Scottish Health Survey. In: *British Journal of Sports Medicine,* Band 43, S. 1111–1114 (2008).
Mayo Clinic: Exercise and stress: get moving to manage stress. mayoclinic.org/healthy-lifestyle/stress-management/in-depth/exercise-and-stress/art-20044469

Wir bewegen uns einfach nicht genug:
Kohl, H.W. et al.: The pandemic of physical inactivity: global action for public health. In: *Lancet,* Band 380, Nr. 9838, S. 294–305 (2012).
Stults-Kolehmainen, M.A. & Sinha, M.: The effects of stress on physical activity and exercise. In: *Sports Medicine,* Band 44, Nr. 1, S. 81–121 (2014)
Le Ker, H.: Weltweite Studie: Wo die Bewegungsmuffel wohnen. spiegel.de/gesundheit/ernaehrung/who-studie-wo-die-bewegungsmuffel-wohnen-a-1226502.html

Wie Sie beim Sport die meisten Kalorien verbrennen:
Kalorienverbrauch nach Sportarten berechnen. sportunterricht.ch/Theorie/Energie/kalorienverbrauch.php

Motivationshilfen für den Sport:
Richards, S.E.: 4 science-backed ways to motivate yourself to work out. dailyburn.com/life/fitness/workout-motivation-tips

Zentrale gesundheitsbezogene Behauptungen auf dem Prüfstand:
Dr. Mosley, M.: Trust Me I'm a Doctor – The BIG experiments. bbc.co.uk/programmes/articles/3wRFFFFCSPR0QHxCcZQHsQS/the-big-experiments

Auf Altersstufen zugeschnittene Ernährungs- und Bewegungstipps sowie Infos zum Körpergewicht:
gesundheitsfoerderung.ch/grundlagen/publikationen/ernaehrung-und-bewegung.html

Bodyscan: Achtsamkeit für den Körper

Achtsamkeitsübung Bodyscan:
Im Internet gibt es eine Menge kostenloser Anleitungen, z. B.:
Deutsches Fachzentrum für Achtsamkeit: Den Bodyscan verstehen und richtig üben. dfme-achtsamkeit.de/bodyscan-mbsr-lieben-lernen
Kostenlose geführte Mediationen zur Achtsamen Stressbewältigung zum Download:
Zentrum für Achtsamkeit Köln. zentrum-fuer-achtsamkeit.koeln/gratis-downloads-gefuehrte-meditationen/

Eine Frage des Schlafs

Allgemeines:
US National Health Foundation: Sleep health. sleep.org
US National Institute of Neurological Disorders and Stroke: Brain basics: understanding sleep. ninds.nih.gov/Disorders/Patient-Caregiver-Education/Understanding-Sleep

Wie viel Schlaf brauchen wir?:
Harvard Medical School, Division of Sleep Medicine, Get Sleep: Assess your sleep needs. healthysleep.med.harvard.edu/need-sleep/what-can-you-do/ assess-needs

Schlaf und Gesundheit:
Harvard Medical School, Division of Sleep Medicine, Get Sleep. healthysleep.med.harvard.edu/need-sleep
Talbot, L.S. et al.: Sleep deprivation in adolescents and adults: changes in affect. In: *Emotion,* Band 10, Nr. 6, S. 831–841 (2010).
Taheri, S. et al.: Short sleep duration is associated with reduced leptin, elevated ghrelin, and increased body mass index. In: *PLoS Medicine,* Band 1, Nr. 3, Artikelnr. e62 (2004).
Williamson, A.M. & Feyer, A.M.: Moderate sleep deprivation produces impairments in cognitive and motor performance equivalent to legally prescribed levels of alcohol intoxication. In: *Occupational and Environmental Medicine,* Band 57, Nr. 10, S. 649–655 (2000).

Schlafprobleme:
Deutsche Gesellschaft für Schlafforschung und Schlafmedizin (DGSM, 2011): Patientenratgeber Ein- und Durchschlafstörungen. dgsm.de/downloads/dgsm/arbeitsgruppen/ratgeber/neu-Nov2011/Schlafstoerung_A4.pdf

Der weltbeste Schlafplan
Mehr dazu, wie Sie in den Genuss des besten Schlummers aller Zeiten kommen:
US National Sleep Foundation: Sleep Diary. sleepfoundation.org/sites/default/files/inline-files/SleepDiaryv6.pdf
Helpguide.org: How to Sleep Better. helpguide.org/articles/sleep/getting-better-sleep.htm

Die 4–7–8-Atemübung
Wie die Übung funktioniert:
Sehen Sie sich Dr. Andrew Weils Version dieser uralten Pranayama-Atemtechnik an: *Video:* Breathing Exercises. drweil.com/videos-features/videos/breathing-exercises-4-7-8-breath/

6 BEZIEHUNGEN

Stress in der Partnerschaft
Der Beziehungsstress-Teufelskreis:
In meiner Arbeit mit Paaren sowie bei meiner Interpretation der Negativspirale in Beziehungen beziehe ich mich größtenteils auf die Emotionsfokussierte Therapie (EFT) nach Sue Johnson und die Bindungstheorie nach John Bowlby.
Johnson, Sue M.: *Praxis der Emotionsfokussierten Paartherapie: Verbindungen herstellen.* Paderborn: Junfermann, 2009.
Johnson, S.M. & Whiffen, V.E. (Hrsg.): *Introduction to Attachment: A Therapist's Guide to Primary Relationships and Their Renewal from Attachment Processes in Couple and Family Therapy.* New York: Guilford Press, 2003.
Johnson, S.M.: Bonds or bargains: relationship paradigms and their significance for marital therapy. In: *Journal of Marital and Family Therapy,* Band 12, Nr. 3, S. 259–267 (1986).

Bindungstheorie:
Bowlby, John (2006): *Bindung.* München: Ernst Reinhardt Verlag, 2006.
Bowlby, J. (1944): Forty-four juvenile thieves: their character and home life. In: *The International Journal of Psychoanalysis,* Band 25, S. 19–52, 107–127 (1944).

Warum wir (und unsere Partner) tun, was wir tun:
Wenn Sie nur ein einziges Buch zum Thema Liebesbeziehungen lesen möchten, dann dieses:
Johnson, Sue M.: *Halt mich fest. Sieben Gespräche zu einem von Liebe erfüllten Leben. Emotionsfokussierte Therapie in der Praxis.* Paderborn: Junfermann, 2011.
Auch folgende Arbeiten lege ich Ihnen ans Herz:
Gottman, John M. & Silver, Nan: *Die sieben Geheimnisse der glücklichen Ehe.* Berlin: Ullstein, 2014.
Gottman, J.M.: *What Predicts Divorce? The Relationship between Marital Processes and Marital Outcomes.* Hillsdale: Erlbaum Associates, 1994.
Buehlman, K.T. et al.: How a couple views their past predicts their future: predicting divorce from an oral history interview. In: *Journal of Family Psychology,* Band 5, Nr. 3 & 4, S. 295–318 (1992).

John Gottmans berühmte Analogie der „vier apokalyptischen Reiter" für die Kommunikation in Paarbeziehungen:
Gottman Relationship Blog, Gottman Institute: The four horsemen: criticism, contempt, defensiveness, and stonewalling. gottman.com/blog/the-four-horsemen-recognizing-criticism-contempt-defensiveness-and-stonewalling
Gottman Relationship Blog, Gottman Institute: The four horsemen: the antidotes. gottman.com/blog/the-four-horsemen-the-antidotes

Interaktionsmuster, die Stress verursachen
Die „Collaborative Couple Therapy" des Paartherapeuten Daniel B. Wile:
Wile, D.B.: Collaborative couple therapy: turning fights into intimate conversations. In: *Psychotherapy in Australia,* Band 17, Nr. 3, S. 52–59 (2011).
Wile, D.B.: Opening the circle of pursuit and distance. In: *Family Process,* Band 52, Nr. 1, S. 19–32 (2013).
Weitere Artikel von Wile können Sie hier einsehen:
danwile.com/writings/downloadable-articles

Die Umdeutung
Die kognitive Umdeutung („Reframing"):
Vagos, P.: A cognitive perspective for understanding and training assertiveness. In: *European Psychologist,* Band 21, Nr. 2, S. 109–121 (2016).

Miteinander reden
Vergleichen Sie hierzu die bereits erwähnten Zeitschriften- und Online-Artikel von John Gottman, Daniel Wile, Sue Johnson u. a.

Assertiv sein: Sich selbst behaupten können
Allgemeines:
Lloyd, S.R.: *Developing Positive Assertiveness: Practical Techniques for Personal Success.* Menlo Park: Crisp Publications, 2002.
Paterson, R.J.: *The Assertiveness Workbook: How to Express Your Ideas and Stand Up for Yourself at Work and in Relationships.* Oakland: New Harbinger Publications, 2000.

Wie man assertiv kommuniziert:
Real Training Right Now: Being assertive. youtube.com/watch?v=ubSL1tFmgDc

Assertive verbale und non-verbale Kommunikation:
Stanford University School of Medicine: Assertiveness Skills. med.stanford.edu/oac/manuals/CBT therapist/Chapter 7_therapist.pdf
Centre for Clinical Interventions, Western Australian Health. Workbook – Assert Yourself. cci.health.wa.gov.au/Resources/Looking-After-Yourself/Assertiveness

Achtsame Imagination bei problematischen Gedanken

Geführte achtsame Imagination:
Es gibt viele kostenlose Audio- und Videodateien mit Fantasiereisen, etwa: „Ocean retreat", McKinley Health Center, Urbana, Illinois. mckinley.illinois.edu/sites/default/files/media/Ocean Retreat.mp3

Mehr Übungen zur „Inneren Weisheit" finden Sie hier:
Linehan, Marsha M.: *Handbuch der Dialektisch-Behavioralen Therapie (DBT) Arbeitsbuch: Arbeitsbuch mit Handouts und Arbeitsblättern* (Band 2). München: CIP-Medien, 2016.

7 ENERGIE

Die vier Grundlagen des Wohlbefindens

Wissenschaftliche Forschung zum Thema Verbesserung des Wohlbefindens:
Konsultieren Sie das hervorragende Literaturverzeichnis auf dieser Website, wenn Sie Experten-Informationen zu bestimmten Leiden oder Interventionen suchen: Global Wellness Institute: Mental wellness initiative evidence. globalwellnessinstitute.org/initiatives/mental-wellness-initiative/mental-wellness-evidence

Verlässliche Informationen zu Gesundheit und Wohlbefinden:
In Zusammenarbeit mit der WHO oder staatlichen Institutionen entstandene Leitfäden zur Förderung des mentalen und körperlichen Wohlbefindens (mit zahlreichen weiterführenden Adressen):
WHO Europa: Psychische Gesundheit: Herausforderungen annehmen, Lösungen schaffen (2006). euro.who.int/__data/assets/pdf_file/0009/96453/E87301G.pdf?ua=1
Deutsches Bundesministerium für Gesundheit: Ratgeber zur Prävention und Gesundheitsförderung (2016). bundesgesundheitsministerium.de/fileadmin/Dateien/5_Publikationen/Praevention/Broschueren/2016_BMG_Praevention_Ratgeber_web.pdf
Gesundheitsförderung Schweiz: Psychische Gesundheit über die Lebensspanne (2016). gesundheitsfoerderung.ch/assets/public/documents/de/5-grundlagen/publikationen/psychische-gesundheit/berichte/Bericht_006_GFCH_2016-04_-_Psychische_Gesundheit_ueber_die_Lebensspanne.pdf
Fonds Gesundes Österreich: Gesundheitstipps für die Bevölkerung. fgoe.org/Gesundheitstipps_fuer_die_Bevoelkerung

Neue Energie tanken

Tipps zur praktischen Umsetzung:
Leicht anwendbare Arbeitsblätter zum „negativen" und „positiven" Stresskreislauf finden Sie hier: University of Texas Counseling and Mental Health Center: The stress cycles. cmhc.utexas.edu/stressrecess/Level_One/cycle.html

Resilienz entwickeln

Southwick, S.M. & Charney, D.S.: *Resilience: The Science of Mastering Life's Greatest Challenges.* New York: Cambridge University Press, 2012.
Werfen Sie auch einen Blick auf diesen Artikel, der biologische und verhaltensbezogene Komponenten der Resilienz beleuchtet:
Russo, S.J. et al.: Neurobiology of resilience. In: *Nature Neuroscience,* Band 15, Nr. 11, 1475–1484 (2012).

Selbstfürsorge und Belohnungen

Allgemeines:
Nähere Informationen zum Thema Selbstfürsorge sind auch in der zum 3. Kapitel aufgeführten Literatur von Dr. Kristin Neff zu finden.
IBP-Magazin Schwerpunktthema Selbstfürsorge von September 2012. markfroesch.ch/de/documents/ibp_magazin_3_120830.pdf

Empfehlungen dafür, wie Allgemeinärzte die Selbstfürsorge ihrer Patienten stärken können:
Greaves, C.J. & Campbell, J.L.: Supporting self-care in general practice. In: *British Journal of General Practice,* Band 57, Nr. 543, S. 814–821 (2007).

Rückfällen vorbeugen

Achtsamkeitsbasierte Rückfallprävention:
Witkiewitz, K. et al.: Mindfulness-based treatment to prevent addictive behavior relapse: theoretical models and hypothesized mechanisms of change. In: *Substance Use and Misuse,* Band 49, Nr. 5, S. 513–524 (2014).

Kognitive Verhaltenstherapie zur Rückfallprävention:
Bowen, Sarah; Chawla, Neha; Marlatt, G. Alan: *Achtsamkeitsbasierte Rückfallprävention bei Substanzabhängigkeit: Das MBRP-Programm. Mit Online-Materialien.* Weinheim: Beltz, 2012.
Larimer, M.E. et al.: Relapse prevention: an overview of Marlatt's cognitive-behavioral model. In: *Alcohol Research and Health,* Band 23, Nr. 2, S. 151–160 (1999).

Weitere Quellen finden Sie hier:
Mindfulness-based Relapse Prevention. mindfulrp.com

Notizen

Notizen

Notizen

WEITERE BESTSELLER VON MATTHEW JOHNSTONE

Mein Schwarzer Hund
Ein Trostbuch für Betroffene – und ein wunderbarer Weg für Angehörige und Freunde, ins Gespräch zu kommen

Mit dem schwarzen Hund leben
Ein unentbehrliches Begleitbuch für Angehörige und Freunde von Menschen, die an Depressionen leiden

Den Geist beruhigen
Meditation für Anfänger in eindrucksvollen Bildern – inspirierend und praktisch

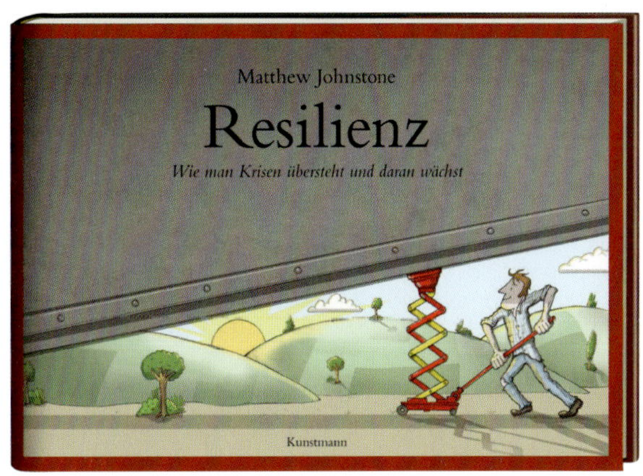

Resilienz
Was Resilienz bedeutet, wie man diese unsichtbare Kraft entwickeln und aufrechterhalten kann

Dieses Buch ersetzt keinesfalls die fachliche Beratung durch einen Arzt und kann nicht als Grundlage einer eigenständigen Diagnose verwendet werden. Konsultieren Sie bei ernsthaften Beschwerden immer den Arzt Ihres Vertrauens.

Die Namen der im Buch vorkommenden Personen wurden geändert, um ihre Identität zu schützen.

info@kunstmann.de
Die Originalausgabe des Buches erschien unter dem Titel *StressLess. Proven Methods to Reduce Stress, Manage Anxiety and Lift Your Mood* bei Macmillan Australia, Sidney 2019.

Layout der Originalausgabe: Susanne Geppert in Zusammenarbeit mit Matthew Johnstone
Layout für diese Ausgabe: Maria Grimm, Verlag Antje Kunstmann
Druck und Bindung: Pustet, Regensburg
ISBN 978-3-95614-328-1